湖南省湘学研究院系列成果

推进中国现代化进程的湘学名人丛书

主 编：刘建武 执行主编：刘云波 副主编：郭钦

推进中国思想现代化进程的十大湘学名人

刘云波◎主编

中国社会科学出版社

总　序

　　在五千多年的历史长河中，中华民族以自己的勤劳、勇敢和智慧创造了灿烂的古代文明，为人类社会发展做出了卓越贡献。但18世纪中叶以后，古老的中国却在世界工业革命的浪潮中落伍了。从1840年鸦片战争开始，西方列强的坚船利炮打破了清朝政府"天朝上国"的迷梦，中国逐渐沦为半殖民地半封建社会，中华民族进入了百年苦难时期。也正是从那时起，推进中国现代化进程，实现中华民族伟大复兴，成为无数志士仁人矢志不渝的梦想。

　　"一本湘人奋斗篇，半部中国近代史。"在百年艰难曲折的中国早期现代化进程中，湖南人做出了突出贡献。在近代史上，涌现了魏源、曾国藩、左宗棠、谭嗣同、黄兴、宋教仁、蔡锷等杰出人物，开启了中国早期现代化的思想闸门和实践进程；近现代以来，又涌现了一大批经济文化和科学教育等领域的杰出人物，比如，民族矿业先驱梁焕奎、民族化学工业之父范旭东、"盐碱大王"李烛尘等实业家，著名工程师宾步程、兵工大师李待琛、医学微生物学家汤飞凡等科学家，画家齐白石、历史学家翦伯赞、剧作家田汉等文化大师；特别是新民主主义革命时期，在争取民族独立和人民解放、推进中国现代化进程中，涌现了以毛泽东、刘少奇、任弼时、蔡和森、彭德怀、贺龙、罗荣桓等为代表的湘籍无产阶级革命家群体，领导中国人民推翻三座大山，建立了社会主义新中国，开辟了中国历史新纪元。这些湘籍杰出人物，都是源远流长的湖湘文化孕育出来的湘学名人，他们以其文韬武略，叱咤风云，对中国的现代化进程产生了巨大推动作用。

如此众多的政治、军事、思想和文化名人，在百余年内高度集中地出自湖湘大地，其勋名之著、业绩之丰、人数之众，全国无出其右，这绝非偶然。可以说，正是湘学所倡导的心忧天下的爱国情怀、敢为人先的进取精神、经世致用的务实学风、兼容并蓄的开放胸襟，激励着湖湘人士为民族独立和人民解放、为国家富强和人民富裕而鞠躬尽瘁、死而后已。"惟楚有才，于斯为盛"，这既是时代大潮呼唤催生的产物，更是千年湘学氤氲荏苒的结果。

为了深入研究和生动揭示中国现代化进程，进一步激发和凝聚实现中华民族伟大复兴中国梦的强大精神力量，湖南省湘学研究院组织专家学者，推出了这套《推进中国现代化进程的湘学名人》丛书。丛书包括思想卷、政治卷、军事卷、经济卷、科技卷五卷，集中展现了我国现代化早期 50 位湘学名人在思想、政治、军事、经济、科技等方面的成就，生动诠释了湖湘文化的精神特质，深刻揭示了湖南在中国近现代独领风骚的历史之谜，为我们传承和弘扬湖湘文化优良传统，增强三湘儿女的文化自觉和文化自信，推动湖南改革发展，提供了难得而宝贵的精神养料。

习近平总书记强调，博大精深的中华优秀传统文化是我们在世界文化激荡中站稳脚跟的根基，要使中华优秀传统文化成为涵养社会主义核心价值观的重要源泉。湘学是中华传统文化百花园中的一朵奇葩。加强湘学研究，努力把湘学研究院打造成为有影响的"湘"字号文化品牌，对传承和发扬中华优秀传统文化，推进湖湘文化的创新和发展，都具有重要意义。丛书的出版，是我省湘学研究的又一有价值的成果，必将有力地推动湘学研究和宣传的进一步深入，引导人们不断弘扬湖湘文化优良传统，为加快富民强省凝聚起更大更强的正能量。

当前，实现国家富强、民族振兴、人民幸福的中国梦，正激励着全体中华儿女为之不懈奋斗。7200 万三湘儿女理当传承湘学名人优秀品质，发扬光大湘学优良传统，自觉担当共筑中国梦的时代责任，为加快我省改革发展，推进中国现代化进程，实现中华民族伟大复兴，做出无愧于历史、无愧于时代的新贡献。

是为序。

许又声

2014 年 6 月

（作者系中共湖南省委常委、宣传部部长，湖南省湘学研究院名誉院长，湖南省湘学研究指导委员会主任）

目　录

前　言

　　作为《推进中国现代化进程的十大湘学名人》中的一卷，本书主要选取了晚清以来在思想解放方面影响较大，直接或间接推进了中国思想现代化进程的十位湘学名人。

　　众所周知，清代中期以前湖南在全国的影响和地位是"碌碌无所轻重"的，直到清代中期以后，湖南和湖南人在全国的地位和影响才逐渐显现。特别是曾国藩、左宗棠领衔的湘军兴起之后，整个近百年历史上，湖南人在全国可谓异军突起、大放光彩。他们领导或参与了推动中国历史发展的每一次重大运动，他们的影响也不仅仅局限在政治、军事方面，其他方面同样是不甘人后，特别是在思想观念方面，秉承了湘学"经世致用"历史传统的湖南人紧扣时代主题、紧跟时代潮流，提出和阐发了一系列先进的思想主张，在很大程度上推进了中国思想现代化的历史进程。

　　本书名为《推进中国思想现代化进程的湘学名人》，那么"推进思想现代化进程"无疑是本书选择人物的唯一标准。换言之，在思想界有大影响并不见得就能入选本书，因为有些人思想保守，影响也可能很大，但它对现代化进程不能起到推进作用，反而只能起到阻碍作用，自然就不能入选。所以本书所选人物必须契合"推进中国现代化历史进程"这一主题。"现代化"这一概念在学术界有着不同的阐释，但就中国近现代社会而言，现代化的主题应该是国家富强和民族独立。任何历史人物的言行，只要是契合这两大主题，并对近代中国实现这两大历史任务做出了重要贡献的，我们就可认为它推进了中国现代化进程。就思想现代化而言，他（她）的言论、思想应该体现出对国家富强和民族独立的强烈追求，提出了实现国家富强和民族独立的可行方法和途径，并对时人和后人产生过深远影响。这是我们在挑选相关人物时的主要或者说唯一标准。如魏源，在嘉道之际内忧外患的危机背景下，他提出了符合时代主题和发展趋势的改革思想，尤其是面对西方强敌的侵略，他破天荒提出了向西方学习的主张，打破了当时中国人对于西方的蒙昧无知，直接推进了中国思想由传统向现代的转化；如唐鉴，他虽然是一位典型的传统学者，但他顺应时代潮流，提出了理学经世的重要思想，对中国传统学术的现代化转化起到了重要作用；如郭嵩焘，作为晚清中国出使西方的第一人，他以敢冒天下之大不韪的勇气，积极鼓吹西学和洋务，并且提出了"学习西方，必辨本末"的进步观念，开阔了中国人对世界的认识，推动了中国近代思想由"洋务"到"维新"的重要转变；如皮锡瑞，作为晚清著名的经学大师，他以今文经学为指导探索变法理论，为维新变法提供了强有力的思想武器，使得维新变法思想主张与中国传统思想文化资源相融合，更加普遍地为中国社会所接受；如陈天华，他的著作《猛回头》、《警世钟》等文字通俗易懂、文锋犀利且朗朗上口，在传播资产阶级民主革命思想方面起到了巨大的作用，极大地推动了中国近代民主革命进程；如杨毓麟，他的民族主义与民主革命思想契合了中国社会变革的要求，拓深了国人对社会现实和国家前途命运的认识，有效传播了资产阶级民主革命思想，进行了有力的革命思想动员；如杨昌济，其所提出的有关伦理思想吸取了中西之精华、顺应了时代之潮流，在强化国人的民族意识、国家观念，培育国人的爱国情感方面发挥了很大作用；如易白沙，作为新文化运动中反对尊孔读经的第一人，他对历代帝王荒淫腐朽、残暴不仁的罪恶行径进行了集中揭露和批判，为反袁斗争提供了重要的理论支撑，引领了当时反对封建专制、追求民主自由的时代潮流；如蔡和森，作为中国早期重要的马克思主义者和党的理论家、宣传家，他主动接受和信仰马克思主义，并在中国革命的实践之中发展和丰富了马克思主义，称得上是马克思主义中国化的第一人，并对毛泽东思想的形成做出了重要贡献；

如李达，作为中国共产党的主要创始人之一和中国共产党早期重要的马克思主义理论家，他出版了中国人自己写的第一本马克思主义哲学教科书，卓有成效地促进了马克思主义在中国的传播，新中国成立后更致力于毛泽东思想的研究和宣传，为推进马克思主义中国化做出了重大贡献。

必须说明，晚清以来在推进中国思想现代化进程方面有影响的湘学名人远不止10个，本书仅仅遴选出以上10人，绝不能说只有这10人对推进中国思想现代化进程做出过贡献，其他还有许多名人没能入选本书，大致不外乎以下两点原因：

第一，相较于我们选取的以上10人而言，他们在推进思想现代化进程方面的影响和地位可能要稍逊一筹，所以只能排除在10人之外。这当然是篇幅所限的结果。

第二，更需要强调的是，还有一些湘学方面的杰出人物，他们在中国现代化进程的各个领域都有着重大影响和很高地位，入选任何一卷都有据可依。所以我们在遴选时只能看他发生影响领域的侧重点。比如曾国藩、毛泽东等少数几位湘学翘楚，他们在推动中国思想现代化进程方面也有不逊于以上十位的地位，但综合比较来看，曾国藩和毛泽东在政治、军事等方面的影响可能更大，放在政治卷或军事卷可能更为合适，所以在思想卷只能忍痛割爱予以舍弃了。

当然，无论以上哪种理由，这都仅仅是我们编撰者的一家之见，一定会有许多不准、不周之处，还请广大专家、读者批评指正。

本卷具体分工如下：主编和统筹为刘云波。《唐鉴》、《李达》、《易白沙》、《杨昌济》、《杨毓麟》由郭辉撰写，《郭嵩焘》、《陈天华》、《皮锡瑞》、《蔡和森》由邵华撰写，《魏源》由李鹏撰写。

唐鉴　近代中国义理学派巨擘之一

　　作为近代中国义理学派的代表人物，唐鉴服膺程朱理学，主张"重宋学而轻汉学"、"重义理而轻文章"、"重视经济之学并倡导守道救时"。希望借助程朱理学来拯救时弊，能够对国家社会有所裨益。唐鉴及其学术思想对咸同年间理学的复兴及晚清经世学风的形成产生了重要影响，从而在一定程度上影响了咸同以后中国思想的走向，可视为影响中国思想现代化进程的湘学人物之一。

　　唐鉴是近代中国义理学派的巨擘之一。他的理学思想、经世思想、教育思想，对近代中国产生了较大的影响。他的思想直接关联咸同之际的理学复兴，对曾国藩、倭仁等人都有积极的影响。

一　生活环境与道统论思想

唐鉴（1778—1861），字栗生，号镜海，湖南长沙县人。祖籍江西丰城县，明永乐中期迁往善化居住。唐鉴的祖父名唐焕，父亲唐仲冕。他在 6 岁时即入塾读书，深受老师喜欢。12 岁开始读《纲鉴》，并能达到每遇一事便能发一论的境界。16 岁时应童子试，屡列前茅。1809 年，他 32 岁，成进士，钦点为翰林院庶吉士。1811年，授职检讨，充当国史馆协修。后历任御史、府、道、臬、藩等官。1840 年，被召为太常寺卿。

唐鉴所生活的年代，不管是在政治上还是学术上，都是一个发生急剧变化的时代。清代中后期，隐藏在王朝内部的危机开始逐渐暴露出来。特别是社会经过白莲教起义，以及林清、李文成领导的天理教起义的打击后，清政府开始呈现出种种衰亡迹象，比如说吏治的腐败、道德的沦丧、社会的黑暗，民不聊生。唐鉴长期在地方任职，对清朝种种社会败象观察得尤为深刻。唐鉴作为一个笃信程朱理学的封建官僚，在观察和认识社会危机和败象之后，试图在传统的儒学中去寻找能够拯救时弊的方法和措施。他将这种败象归于人心的浇漓，甚至进一步将之归结到学术的不明，认为社会的败乱正是由于纲常、伦纪、政教等方面受到邪说的影响。其实，唐鉴是试图在文化方面追寻这个社会堕落的原因。

站在一个理学家的角度来说，唐鉴认为学术不明，导致社会败乱不无道理。元明以来，统治者一直将程朱理学视作国家统治意识形态的工具，而原本具有社会批判精神的程朱理学流于空疏的阐释和无谓的呻吟，学术上的创新几乎丧失，陷入了僵化状态之中。清朝之际，虽然理学依然被认为是国家意识形态，但只能在文化高压政策下，简单重复官僚话语，进行机械的阐释而已。在这种情况之下，迫不得已转向文献考据研究，所以才有与占统治地位的意识形态"宋学"相反方向的"汉学"研究，希望能够从中获得某些方面的突破和创新。正是在一大批学者的鼓动下，"汉学"逐渐在社会上兴盛，并成为当时的显学。理学在相当一部分人的视野中，只不过被当作考试的工具，只是借此进身仕途，很难再在学术上有所发展。

不过，到了乾隆末期，这种考据学一统天下的局面出现了某种程度的转机，因为当时极盛的清王朝出现了显著的社会危机，一些社会有识之士开始质疑当时的显学，也就是标榜"汉学"的考据之学，开始从新的角度思考儒学传统。在嘉、道之际，由于社会危机的进一步加深，盛极一时的清王朝开始走上衰败的道路，各种社会问题都呈现出来。统治阶级的生活表现得非常奢侈，皇室庆典的耗费巨大。乾隆皇帝为他母亲祝寿所耗费的白银就达到数百万两，他自己生日庆典的耗费更大。除了皇室成员之外，王公贵族、文武百官，甚至一般的地主、商人的生活都非常奢靡。这种奢靡的生活必然导致吏治的腐败。官员以送礼的名义向上司行贿，造成社会的极度腐化。这些社会现象的造成，在唐鉴看来，都是因为纲常伦纪、政教禁令松弛，是异端邪说的鼓动所致。他在太常寺卿的任期内，开始在京师讲学，宣扬道统思想。

太常寺卿虽然名列九卿之首，实际上为闲曹冷职，仅仅是负责坛庙祭祀的相关事宜。唐鉴在太常寺卿的职位上，没有半点怨言和失落，能够细致地从事相关事务，恪于职守。比如，每到冬天的时候，京城坛庙里面已经长得非常大的树木都被砍伐掉，以补种上新的树木，在当时被认为是"去枯补新"。所以，就会有人乘机砍掉树木，对坛庙的环境造成严重的破坏，唐鉴为了能够更好地保护坛庙，提出天坛为国家重地，与国家的风水有重要关系，不应该轻易动土，以此来禁止树木的砍伐。并且，唐鉴在公务闲暇之时，都会端坐在陋室之中，面貌庄重恭敬，不管是三伏热天，还是严寒的冬天皆是如此，他想以此端正的形象感怀世人。唐鉴在京师居住于狭窄的辗儿胡同内，平时也是以程朱理学作为自己的修身之道。他在世风日下的社会环境中，能够洁身自好，独善其身。他虽然外官经历多年，但依旧两袖清风，过着清贫的日子，这对于一个在官场中浮沉的人来说确实不容易。唐鉴利用两年时间撰成了《国朝学案小识》，再次从理学的角度，接续了清代儒学的道统，希望借助韩愈以及朱熹所提出的道统论以扩大儒学的旨趣，以求能够弘扬已经处于弱势地位的儒学。在唐鉴的心目中，儒学即程朱理学的不振，实际上也是种种社会危机产生的根源。认为社会的忧患，主要是礼义廉耻的丧失。所以，极力振兴清代儒学道统已刻不容缓。

唐鉴对程朱极力推崇，非常重视。在《朱子学案目录序》中，唐鉴认为孔孟之道的精髓只有朱熹才真正得其要义，"孔子之学之精，非朱子不能及其蕴奥；孔子之德之盛，非朱子不能仰其高深；孔子之道之大，非朱子不能及其分量"[1]。唐鉴心中的道统自然就是程朱理学，认为程朱理学是儒学的正统。他评价清代学者中哪些属于儒学道统，哪些不属于儒学道统，就是以是否谨守程朱理学为标准。唐鉴不遗余力地对程朱理学进行赞扬，极力突出和肯定程朱特别是朱熹在儒学道统中的位置和价值，反复论及程朱是孔孟之道的正统。他以此来衡量清代的学者，看他们是否遵循程朱理学，如果遵循的话，就将之列入道统之内，背离程朱理学，就将之排斥在外。

唐鉴推崇程朱，却极力贬低陆王，认为陆王心学是导致明王朝灭亡的罪魁祸首，指出，陆王心学是有心无性，人都不是人，世道所以才乱了。他甚至认为，陆王心学是乱世之学，要想长治久安，一定不能提倡陆王心学，还必须对这些进行严厉的禁止。由此不难看出，唐鉴的基本主张是尊朱贬王。朱熹主要是选择了周、程、张作为道统接受的主要脉络，将汉唐的诸儒排斥在道统之外，而唐鉴的道统论则是从孔孟直接到程朱再到清代诸儒。唐鉴认为儒学之道从孔子传到颜渊、曾子，再传到子思子、孟子。在汉唐的时候，则没有传承儒学道统的圣人。只有宋代，二程和朱熹才接续了一度中断的道统，将儒学发扬光大，缔造出新的思想体系，即程朱理学。这个时候的程朱理学被认为是儒学的正统。所以，清代学者若不尊

---

① 《朱子学案目录序》，载唐鉴《唐确慎公集》（卷1），中华书局1924年版，第11页。

崇程朱理学，则不能被列入儒学道统之中。

　　唐鉴还明确指出，怎样才能够紧随程朱之学而传承儒学道统。朱熹为学有四纲，即"立志以定其本，居敬以持其志，穷理以致其知，反身以践其实"。唐鉴认为这四者就是"求道"的方法和途径。他认为圣人的学问，在于格致诚正修齐治平，离开这四者，则远离了道。这就是唐鉴对"求道"之法的具体解释，即格致诚正、修齐治平，背离这样的途径就是背叛了儒学之道，如果实践的程度不够也就背离了儒学之道。在唐鉴的《国朝学案小识》中，被唐鉴列入儒学道统的共有 67 人，这些人基本上都是以格致诚正、修齐治平作为他们治学的根本来追求。当然，每个人的实践程度会存在差别。

　　唐鉴对清儒学者进行悉心的安排，按照"传道"、"翼道"、"守道"三个部分。这三个部分儒学者的地位呈阶梯状。"传道"者的地位最高，受人尊崇。其次是"翼道"者，然后是"守道"者。在《国朝学案小识》中，这三者的人数是依次递增的，而叙述的详细程度上则依次递减。这样排列清代儒学者是按照他们在遵守、维护程朱理学上的程度，也就是他们的思想与程朱理学的接近程度如何。唐鉴将儒学者进行如此的三分法，在整个儒学的发展中属于独创。

　　唐鉴认为道的最高代表者是孔孟程朱，所以，所谓的传道之"道"就是指要传授孔孟程朱之道。然而，孔孟程朱之道晦涩深奥，必须加以阐发，这样道才能够更加明晰，才能够流传永久。传承孔孟程朱之道的人就是"传道者"，唐鉴在《学案提要》中对"传道"者进行如此的表述："传何由得其道乎？曰：孔孟程朱。道何由而传得人乎？曰：述孔孟程朱。述孔孟程朱何由遽谓之传乎？曰：孔孟程朱之道晦，而由斯人以明孔孟程朱之道。废而由斯人以行孔孟程朱之道，何由而遽明遽行乎？曰：辩之严，异说不能乱；行之力，同志服其真。虽未必遽能大明大行，而后之学者可由是进乎明，进乎行也。"[①] 唐鉴认为传道的人就是传孔孟程朱之道的人。这些人能够身体力行将"道"传播于世，能够排斥理学之外的其他学说，起

────────────

　　① 《学案提要》，载唐鉴《唐确慎公集》（卷1），中华书局 1924 年版，第 17 页。

到"正人心"的作用。唐鉴认为，这些传道者像程朱接受孔孟之道一样，他们接受了孔孟程朱之道，并且能够持这种道而不改变，将之昌明于社会。这样的话，就使孔孟程朱的宗旨能够长久地保持，使社会中的异端邪说没有可乘之机。因此，传道者地位最高者可以与孔孟程朱并称，于此对传道者进行高度的颂扬。

唐鉴对"传道"者的筛选非常严格，所以符合唐鉴"传道"标准的清儒学者就如凤毛麟角，难能可贵。唐鉴所谓的"传道"者的清儒只有四位，他们分别是陆陇其、张履祥、陆世仪、张伯行，尤以陆陇其、张履祥为最重要，他们的最大共同点就是严格遵守程朱理学，在对孔孟之道、程朱理学的研究和宣传上倾注了毕生的心血，可以称为真正的"儒者"、治学的楷模。

唐鉴将陆陇其看成是朱熹的传人，认为要追寻理学思想的正统的话，那首先就应该是陆陇其。陆陇其正是在清初儒学道统被陆王心学败坏的时候，信守程朱的嫡传，排斥了那些异端邪说，格致诚正以守卫道统。陆陇其在去世两年后，被以"千秋理学正宗"的名义入祀文庙。唐鉴评价他为"有宋之朱子，即有今之陆先生也。与先生同时诸儒以及后之继起者，间多不及先生之纯"，对陆陇其进行高度的评价，肯定其在继承朱熹道统上的贡献。张履祥致力于程朱之学，格物求理，无一念、无一事非学问。晚年评价王阳明的《传习录》，其条分缕析，详揭其阳儒阴释之弊，受到清儒的高度赞赏。唐鉴在评价他的时候，称："穷理居敬，宗法考亭；知行并进，内外夹持；无大无小，无粗无精；无一念非学问，无一事非学问。盖所谓言有教，动有则，书有为，宵有得，瞬有存，息有养者是也。"陆世仪学以程朱为旨归，得到了道统的纯正，并且能卫道，与陆陇其、张履祥没有什么差别。同时，他也不贬低陆王的学问，持经世之学。唐鉴对他有这样的评价："笃志圣贤，谨守程朱。家法以格致诚正修齐治平为程，以居敬穷理省察克己治学为工夫。"最后一位是张伯行。张伯行非常推崇程朱之学，并且能够谨守程朱的宗旨，在治学上追求循序渐进。唐鉴评价他为："学以程朱为准的，不参异说，不立宗旨。主敬以端其本，穷理以致其知，躬行以践其实。以圣人之道为必可学,以圣人之功为必不可蹴而致,循序渐进。"这些受到唐鉴推崇的"传道"清儒,就是孔孟程朱的真正传人,人数极少,地位极高。

在"翼道"上,唐鉴认为这与"传道"有非常密切的关系。"翼道"就是翼卫"传道"者所传的"道"。也就是说,"翼道"者对"道"起的保护作用,儒学的道统必须要有人来进行保护才能在现实中立足。那些"传道"者由于人少,力量也比较微薄,不能够捍卫儒学的道统。而"翼道"者的人数较多,能够形成较大的势力,翼道者要起的作用就是可以避免儒学道统因为处于孤立的境地而遭受异端邪说紊乱的危险。唐鉴在《学案提要》中指出,翼道者的人数比较多,并且起到保护道统的作用,但并不是说翼道者的作用比传道者更重要,翼道者使传道者不孤立,从而使那些乱道者不至于造成道统的丧失。唐鉴还进一步描述了"翼道"者与"传道"者之间的关系,即两者之间能够相辅相成,能够唇齿相依,"传道"是根本,而"翼道"是传道的保障,两者之间的共同作用才能够保证儒学道统的纯正与完整,两者缺一不可。

被唐鉴视作"翼道"者的共有19人,这些人包括汤斌、顾炎武、张而岐、王夫之等。19位"翼道"者对于理学思想学习的纯正度来说,较传道者稍差,他们在研习程朱理学上也稍逊。他们中的有些人并不排斥王学,在理学与王学之间摇摆不定,甚至某些人的思想与程朱理学相去甚远。但是,大致而言,他们的治学思想依旧以理学为根本,这部分人对保障儒学道统地位而言还是起到了非常重要的作用。唐鉴对此有明确的认识,他将这些人列为"翼道"者,与"传道"者进行区分,认为他们的地位仅次于"传道"者。唐鉴在《国朝学案小识》中对这些"翼道"者的处理方式是只论及他们推崇程朱理学之一面,对他们的其他方面略而不谈。就顾炎武而言,他的学问博大,但不离崇实致用。顾炎武所主张的经世致用之实学,开启了清代汉学的先锋,实际上他也可以说是反理学的先锋。不过,他对宋明理学的批判首先指向了陆王心学,而没有明显地批判程朱理学的痕迹,往往还是在扬程朱之学而贬斥陆王。唐鉴将他列为

"翼道"者，完全是出于弘扬程朱理学的需要。

对于"守道"，唐鉴赋予儒学之道以具体的社会现实内容，他明确地指出儒学之道是人民救济时弊的原则和依据。"道"给予人正直、刚健、庄严等凛然正气的力量，这就好比战胜邪恶的武器，掌握着道，则可以用以斩妖除魔，以此来端正社会的风气。"守道"者都是社会正气的化身，是道德教化的模范。唐鉴如此评述"守道"者："今夫救时者，人也。而所以救时者，道也。正直可以慑回邪，刚健可以御强梗，壮严可以消柔佞，端悫可以折侵侮，和平可以息横逆，简易可以综繁赜，抱仁戴义可以淑心身，周规折拒可以柔血气，独立不惧可以振风规，不折不回可以识定力，守顾不重乎哉？"① 这无疑道出了"守道"的重要性。尤其在社会风气日益败坏的情况之下，"守道"就显得越发重要，而"守道"之人也就凸显出其地位和价值。

身着官服的唐鉴

---

① 《学案提要》，载唐鉴《唐确慎公集》（卷1），中华书局1924年版，第19页。

"守道"者在唐鉴的论述中共有 44 人，其中包括于成龙、李光地、熊赐履，等等。这些人遵循探究程朱理学的程度很难和"传道"、"翼道"者相比，在学术思想上的成就也不是很大。在他们的身上更多地体现出程朱理学的治世功能。这些"守道"者大都为朝廷效命，在当时或居于朝廷要职，或者在地方掌握着实际权力。其中不少都官居大学士。他们上能够影响最高统治，下能够主宰普通老百姓的利益。不过他们都是以程朱理学的纲常伦理为原则，以此来治理国家和民众，这也是很好地弘扬程朱理学的重要环节。正是从这个意义上，唐鉴将这些号称以程朱理学作为行动宗旨的人列为"守道"者。

唐鉴提出的道统论，深刻地影响着当时的社会。他的道统论直接推动着晚清理学的一度复兴。清代的理学本来处于沉沦的过程，但是在这个过程中却一度出现回光返照的现象，那就是咸同年间理学的"中兴"。这个"中兴"的基础就直接指向了唐鉴道统论的提出。唐鉴的道统论还对晚清政治产生着间接的影响。他的道统论本身就带着强烈的现实政治目的，他企图通过昌明清代儒学道统，形成一股强大的社会道德力量，以改变清王朝道德沦丧、人心涣散的衰落局面，从而能够救济清王朝的内忧外患。唐鉴的道统论思想在儒学道统发展史上占有非常重要的地位，他的理论非常严密，明确了清代儒学的道统，也将清代学者按照"传道"、"翼道"、"守道"的顺序进行了排列。这三分法的模式在道统史上属于唐鉴的独创。

二　理学家的教育思想与教学实践

唐鉴虽然不是职业教育家，但一生非常重视文教，有丰富的教育实践和教育思想。唐鉴在多年的教育实践活动中形成几个方面的教育思想。

首先，唐鉴在教育目的和作用上有着他自己的认识，认为主要在两个方面。一方面是为培育人才，特别是经世人才。一个国家需要许许多多的各方面的人才，这些人才的获得主要依靠教育，唐鉴称之为"兴学立教"。尤其是在内忧外患之际，更是需要那些关注国计民生的经世人才，以求能够振奋国家精神，挽救国家危亡。另一方面，培养民众的和善，以形成社会风气，起到治理国家、安定社会的作用，形成良好的社会风气。

其次，唐鉴主张教育应该以讲学为主，特别强调"日讲"。他非常赞同朱熹所称的"轮讲不如日讲"，他认为日讲虽然有固定的教员，但是人数上有一定的限制，这样的话就可以得到需要的人，即得到"明新正学"的人才。"轮讲"的话，则因为听讲的人数太多，很难收到应有的效果。不过，唐鉴认识到社会人才的短缺，主要原因在学校之中只知道有时文诗赋，而不知道有明新正学。学校教育应该由校官负责，唐鉴认为，校官不太懂得时事，也不知道那些格致诚正、农桑礼乐之学，所以不能完全依靠校官。他觉得只有讲学才能够收到应有的效果。唐鉴指出，需要将周程张朱之书颁发给学官，不读这些书的人则不准入学。而且在各省乡官的选择上也应该严格把关。只有这样才能够使学术正统相传而人才辈出。在学习方法上，唐鉴主张要先专门后广博。他认为治经的话先需要专一经，如果一经能够真正搞懂的话，那么其他的也就迎刃而解了，能够收到举一反三触类旁通的效果。唐鉴在主讲书院的时候，他只要有课，都是亲自讲解，认为这样才能放心，才能收到效果。

在教育内容上，唐鉴是知名的理学家，显然，在教育的时候，他也侧重于对周程张朱理学的介绍，以此作为教学的内容。从唐鉴的著述、言论中可以看出，不管是蒙养童生，还是书院的学子，包括曾国藩等人，他都以周程张朱之学作为主要的课程，以致知主敬存省克治为主要的内容。不过，他也能够因材施教，对于蒙童，他主要以四书五经之外的《孝经》、《小学》作为最切要之书，读过这些书之后就能够知道"做人之道"，由此长大之后，就会是忠臣孝子，不济者也会是善士好人。对于刚刚发蒙的幼孩，他主要选取易于成诵的顺口溜、三字经、千字文等作为教育内容。

对于受教育者，唐鉴认为有四点应该做到。首先是要立志。唐鉴称读书人应该在刚刚开始读书起就树立远大的志向和抱负，因为只有志向远大的人，才能够有巨大的成就。他还指出，万万不能将起初的志向给忘记了，而是要时时将之存放在心头，保持着长久的坚持。其次是要"勤学"。要能够坚持着勤奋，保持不变，不断地受到诗书的浸染，受到礼义的熏陶，能够越学越精，能够保持每天都读几卷经，温习几卷史书。唐鉴并就如何作文、作诗进行了阐述。他认为作文必须要穷尽题中之理，用自己的意思进行阐发，不贵浮华。作诗则要追求风雅、温柔。如此坚持不懈，方能求得真学问。再次就是"敬师"。唐鉴认为老师对待学生应该严格，只有那样才能够得到尊重，才能够使学生知道尊敬老师，认为敬是做学生的要诀。如果不能敬重老师，则也不能指望对老师心存敬畏。那样就不会懂得"敬身"。然后是择友，孔子尝言，择友非常重要，唐鉴援引孔子的话，称好的朋友能够有益于身心的发展，能够有助于学问的追求。只有选择了好的朋友，才能够在学问上有所进展。

对于教育者，唐鉴则提出更多的要求。唐鉴关于教育者和教育管理者的论述有九条，即治身、取友、立教、育才、端士习、作士气、慎采访、审取舍、穷弊窦。首先是"治身"。因为"身正"，不令而行。要想正人的话则必须先从自身做起，身正需要治身，而且要下大力气进行治理。唐鉴指出治身的关键有四点：穷理、主敬、克治、扩充。并且进一步论述了什么是穷理、主敬、克治、扩充。假如真的能够做到这四点，则教育者或教育管理者（执事）"之所以能不难进而求之"。

第二条为"取友"。因为朋友能够起到帮助人变得善良，能够帮助做事。那么，选择朋友的标准则应该以直、谅、多闻为主。取友之道则必自治身始。

第三为"立教"。首先，唐鉴要立的教是程朱之教、孔孟之学，具体用以立教的是《弟子入则孝》一章及"可以辅翼六经"的朱熹《小学》、周敦颐《太极图说》、程颢《定性书》和张载《东铭》、《西铭》。其次，"前事为后事之师，前贤为后贤之表"，因而唐鉴主张"地方有名儒哲士、孝子忠臣淹没未彰，显扬有待，表而出之，崇而祀之"，以"挽颓波而励流俗"。另外，唐鉴更看重的是教育者或教育管理者（执事者）的言行、衣冠瞻视和举措行为，认为这些足以为典型、法则、"起人畏敬之心"、"示人趋向之道"，"则无往而非教矣"。

第四为"育才"。唐鉴认为士子不是没有才学、才能，而是要看培养得怎么样。这个培养就在于书院。唐鉴主张要使书院都能够以白鹿洞书院山长为规，以程氏的读书日程为功课。这样才能达到真正的效果，才能使书院所培养出来的人皆为贤士，天下的人才将越来越多。

第五为"端士习"。唐鉴认为读书人对礼乐之文，对孝悌忠信之行应该有必要的认识，要认真地学习。认为时下士子学习风气不正，教育者、管理者要特别注意加强端正士习。

第六为"作士气"。唐鉴指出士子读书经常是一时兴起，随性而为，很难有持续力，所以鼓舞士气则变得非常重要，成为那些教育（管理）者的职责所在。所以，应该能够使一邑内的在义理、经济、河防边略、考据训诂等方面有专长的人各发挥他们的特长，并且能够与他们讨论研究"以吐其平生之学"，"加之砥砺，以助其切磋之功。亲之若子弟，重之若手足，以通其爱敬之诚，成其向往之志"。唐鉴尤其重视"孝悌忠信"，指出有些在文辞上虽不太著名，但在孝悌忠信上著名者，必须将之作为榜样特别推崇，借此鼓动他人，鼓舞士气，以达到理想的效果。

第七为"慎采访"。唐鉴所称的采访实际上为"来访"，他指的"慎采访"，是指要慎重对待来访之人。他指出，可以相信的人只有那么几个，这几个人虽然不会欺骗他，但不能保证不被别人欺骗。那样的话，"或限于不知，或拘于意见"，结果使"意在沉潜，则庸腐者或逡巡而藉其推引；意在高明，则放纵者或慷慨以资其介绍。喜之而溢于情，则私好所加，即将登之上坐；憎之而过其实，则微瑕可拾，即将坠之深渊"。如果不慎重的话，不能明察秋毫，则很容易因为来访者而扰乱了心性，耽误了前程。所以，唐鉴主张能够察之密，择之细。

第八为"审取舍"。唐鉴指出取舍对于教化来说非常的重要，提学的职责在于教化，但教化的权分在于取舍。取舍什么，唐鉴列举了几点：舍其伪取其真、舍其浅取其深、舍其庸恶而取其超出之才。唐鉴还分别谈到对谈名理、经术、孝子、悌弟、端人正士者如何取舍，认为其关键在"审之又审"。

第九为"穷弊窦"。唐鉴详细列举了考试作弊的种种情形，他指出一方面要防患于未然，一方面要严厉惩治那些舞弊者。他认为防止贵在"约而明"，也就是要"究其原委制其要害，使之无隙可乘"；惩治贵在"严而恕"，也就是要"以惩创之意行其仁，以恻怛之心治其罪，使之知所改勉"，能够做到"约而明"、"严而恕"，唐鉴认为必须主敬、穷理、克治和扩充，先治己而后可以治人。以上几点都体现出唐鉴教育思想的合理性，体现出他作为一个非职业教育家对于为国家、社会培养人才的良苦用心。

唐鉴正是围绕着这样的教育思想进行了一系列的教育实践活动，他非常明了教育的重要性，并且在他的一生都异常重视教育。他每到一个地方任职，都会设立义学，修葺文庙、书院等，假如有闲暇的话，他还会延纳人士入署，亲自讲授。在离职的时候，他则主讲书院。

义学、学舍在当时应该属于儿童教育机构，针对一些无钱入学的乡人子弟开设，政府不会给予经费，教师的薪水、校舍桌凳等都是靠筹集，所以就存在着诸多的困难。但是义学、学舍在培育人才和"化民成俗"方面则有着重要的作用，所以，为官者每到一地，多要设立义学。唐鉴所设立的义学，供15岁以上的幼童就读，以15岁到20岁为限，并且还规定入学、放学、起馆、散馆的时间。除此之外，唐鉴在设置义学的时候，还注意订立条约条规，对学生行礼、做功课、教材使用等都有比较严格的规定。要求学生不能无故逃学，有事必须请假，老师有事也必须请假。学生如果不听老师的约束，则可以进行一定的训斥、责挞，如果屡教不改的话，则实行留校察看，再重者，则被开除。这些都是唐鉴对学生进行的处理方式。

唐鉴非常看中书院在教育中的地位，认为书院是培育人才的重要地方。所以他在离职的那段时间里，多次被邀请去书院讲学。在他母亲、父亲的丧事期间，他主讲山东泰安书院。在返回湖湘原籍的途中，他先后主讲过南京尊经书院、钟山书院和江西白鹿洞书院。他在主讲书院的时候，每次到了课期，都是亲自讲解、教诲，并且能够躬行为先。唐鉴还为广西平乐府道乡书院做过学规，从立志、勤学、敬师、择友等四个方面对学子做了严格的规定。

三　经世思想与晚清理学的复兴

程朱理学在唐鉴眼中，不仅是义理之学，同时还具有经世的功能。唐鉴讲学于京师的时候，倡导"正学"，培养出一批理学骨干，营造出了一种崇尚理学的社会风尚。唐鉴身体力行地将这些经世之学付诸实践之中，提倡革除地方陋习，兴办学校，妥善处理与少数民族之间的关系，在经世致用方面能够收到出色的成绩。

唐鉴在浙江道御史的任上，他就弹劾湖南武陵知县顾烺圻有贪劣行为，这被当时传为美谈。在任地方官的时候，唐鉴没有贪污一文钱，也不干那些龌龊的勾当。他为官20年，竟然没有多余的存款，被当时人认为是迂腐。"守平乐屡磔剧盗，境内肃然，安抚熟徭，立五原学舍，延师教度，徭大悦。在江宁拯灾修废，百度必张。总督陶澍寝疾，鉴代行使院事。"他一心勤于公务，受到陶澍的信任和推崇。

唐鉴在地方上能够革除陋弊、兴办学校，并且能够较好地调和汉族与少数民族的矛盾。道光元年，在刘镮之的举荐下，唐鉴被外放任广西平乐知府，在那里他平定了少数民族的叛乱，自此以后，为他赢得了显赫的政治声誉。此外，唐鉴也对边疆发生的危机感到忧心忡忡，"海疆事起，鉴劾琦善、耆英等，直声震天下"。道光二十年的时候，唐鉴被入召为太常寺卿，与曾国藩、倭仁、吴廷栋等一起担当起晚清理学重振的重任，成为理学振兴的核心人物。曾国藩在回忆唐鉴当年在京师讲学的情景时写道："唐先生之内召为太常卿也，以道光庚子僦屋于内城之西南，分厅事四之一为读书之室，袤得周尺之步广半步耳。自国藩之修，或月一至或再三至，未尝不见先生手一编，危坐其中，他人见者亦然。"

当然，不可否认，唐鉴的经世政绩与同时代的经世思想家相比，的确算不上是突出的，但从根本上而言，也难能可贵。尤其是他对其他人的影响和交游。在唐鉴看来，救世者不仅指政治上煊赫一时的人物，也包括那些学行卓异但无功名的乡贤，那些以理学为宗旨，挽世风、正统纪的人物。在现实生活中，他也是这样结交士子的。在唐鉴的倡导下，咸同年间朝野出现了一批理学名儒和治世能臣，从学者如曾国藩、倭仁、吴廷栋、贺长龄、贺熙龄等。正如梁启超所言：大部分学者依然继续他们考证的工作，但"绝对不问政治"的态度，。"时蒙古倭仁、湘乡曾国藩、六安吴廷栋、昆明窦垿、何桂珍皆从鉴考学问业，陋室危坐，精思力践。"唐鉴与他们诸人的交游情况，我们可从咸同年间的理学家如倭仁、曾国藩、吴廷栋、何桂珍、方东树等人的文集中得到考证。

唐鉴对曾国藩的影响尤大："曾国藩早年潜心举业，于理学实无所闻，比幸唐鉴入都，乃得追随其后，其立身之基，自此始耳。且不独国藩一人为幸，……京师之理学家乃得一领袖。"曾国藩还以师礼待之，在他 1846 年出都南归时，"故作师说一首，以识年来向道之由，且以告吾乡人"。1864 年，唐鉴受到咸丰帝 15 次召见，唐鉴获得这样的殊荣，曾国藩很为之高兴。他规劝曾国藩出山的事情则成为千古佳话，他的"经济不外看史"观对曾国藩产生了重要影响。萧一山认为，此说"亦可见镜海于湖南经世一派之主张，殆有宿契矣"。唐鉴与贺长龄、贺熙龄兄弟，既是姻亲又是同乡同学，关系非常好，因而他受二人经世思想的影响很深。他对当时义理、考据、辞章都不讲经世致用感到十分不满。1851 年（咸丰元年）唐鉴不以《省身日课》进呈，反以《畿辅水利备览》上咸丰帝，就是受到经世思想的影响。贺熙龄则称赞唐鉴"奉程朱为的，主敬以立其体，忠恕以致其用"。

　　1846 年（道光二十六年）唐鉴以年迈致仕，在返回湖南的过程中与湘乡的罗泽南初会于会垣。唐鉴将其《四砭斋省身日课》给罗泽南看，罗泽南也请唐鉴为他的《西铭讲义》作序。1851 年（咸丰元年）唐鉴再次应召入京，南归后主讲金陵书院。咸丰三年（1853 年）太平军入湖南时，唐鉴由浙江返回湖南，居住在宁乡的善岭山，深衣疏食，泊然自怡。1861 年卒，享年八十四岁。唐鉴逝世后，"曾国藩为上遗疏，赐谥确慎"。

∿∿∿∿∿∿∿∿∿∿∿∿∿∿∿∿∿∿∿∿∿∿∿∿∿∿∿∿∿∿∿

　　唐鉴的思想里面具有十分浓厚的经世思想，他提倡理学，批判心学和经学。如前所言，唐鉴所提倡的理学主要是指程朱理学，而对理学的其他派别则有所不满。同时，他还认为心学和经学的弊端最大，只知道好高骛远，专门注意辞章，而远离现实社会，无法解释和解决现实社会中的各种问题。

　　在当时的历史条件下，唐鉴的义理思想具有重要的意义和价值，符合国家社会的需要。因为，第一，唐鉴的道统论思想一度推动了晚清理学的复兴，在这个过程中促进了清代理学的回光返照。他的道统论本身就具有强烈的现实政治目的，企图通过昌明清代儒学道统，形成一股强大的社会道德力量，以改变清王朝道德沦丧、人心涣散的衰落局面，挽救清王朝的内忧外患。他的道统论思想在儒学道统发展史上占有非常重要的地位，尤其是将清代学者按照"传道"、"翼道"、"守道"进行排列，这种模式属于唐鉴的独创。第二，唐鉴非常看重书院在教育中的地位，认为书院是培育人才的重要地方。他对学子从立志、勤学、敬师、择友等四个方面做了严格的规定。第三，唐鉴讲学于京师的时候，倡导"正学"，培养出一批理学骨干，营造出了一种崇尚理学的社会风尚。唐鉴身体力行地将这些经世之学付诸实践之中，提倡革除地方陋习，兴办学校，妥善处理汉族与少数民族之间的关系，在经世致用方面能够做出出色的成绩。唐鉴一方面为程朱理学争道统的地位，一方面也确实看到了心学和经学不切实际的弊端。特别是在清政府处于内忧外患的关键时期，唐鉴希望理学能够革除时弊，拯救时代，以此来振兴社会和国家。唐鉴对咸同年间理学的复兴和晚清湖南经世学风的形成，确实产生了一定的影响和作用。

魏源　近代中国向西方学习的先行者

　　作为近代向西方学习的先行者，魏源以传统儒家经世思想为根基，形成了他具有鲜明特色的经世主张。他从抵抗列强侵略的战略出发，提出"师夷长技以制夷"的主张，将经世思想推向了顶峰。他的思想为当时中国解决内忧外患的危机提供了重要的方案，为国人思想的启蒙指明了方向，开启了国人向西方学习的先河。他的思想也是中国思想现代化进程中的重要一环，他本人也最终成为晚清乃至近代中国社会思想觉醒的启明星。

　　魏源作为近代中国著名的思想家，是中国向西方学习的先行者，"开眼看世界"，向西方学习，并且希望利用经世思想解决社会中的实际问题，他提出的"师夷长技以制夷"的思想，影响了整个晚清及近代中国。

一　敦厚家风与勤学不倦的少年时代

变革图强一直是清朝中后期政治生活的主旋律，而变革之路的起步当追溯于清中叶以来的诸多的经世思想家的努力。他们以挽救清朝经济社会危机为目的，逐步实践着学以致用的经世之风，为重现社会繁荣做着不懈的努力。在经历了鸦片战争的创伤之后，他们更是率先把眼光投向了海外，成为了开眼看世界的第一批人，为国人思想的启蒙指明了方向。可以说他们是中国近代化的最早的开拓者和实践者，而在这些人之中，魏源无疑是他们最杰出的代表。

魏源（1794—1857），名远达，字默深，又字墨生、汉士，号良图，汉族，湖南邵阳隆回人。1794 年（乾隆五十九年）3 月 20 日，魏源出生于宝庆府邵阳县（今邵阳市隆回县）一个名为金潭村的小村庄。这个湖南西部的小山村，四面环山，山清水秀，位于山间的一片沙洲正是村落的中心所在。村落的后面所依靠的山峰形似笔架，当地老人就曾言道：此地有笔架山，则必出有学问的大人物。魏家是当地颇有影响力的士绅，祖籍本在江西吉安，自元朝便迁入邵阳，已经经历了 12 代。魏氏家族秉持着耕读传家的祖训，从魏源的太祖起就在当地以仁孝闻名，曾有记载道，魏家祖上"家素封，累世好施予。敬斯文，至席儒公尤笃"。① 正是由于这样的好名声，魏家在当地的声名日盛，到魏源祖父孝立公一代时，通过种田经商，已经积累了相当多的财富，人称"万石君"。许多落魄的官宦也曾向魏家求助，孝立公皆施以援手，并从不计较回报，这其中就包括了后来嘉道年间的名臣陶澍。魏源家族的家风对于魏源后来思想的影响很大，可以说魏源以天下苍生为念的处世之道正是对魏氏家族秉义正直、好善乐施的家族传统的一种继承，同时魏家所具有的特殊人际

---

① 魏耆：《邵阳魏府君事略》，载《魏源集》（附录），中华书局 1983 年版，第 947 页。

影响力也为魏源后来能够行走各地、广结达人提供了条件。

魏源的父亲魏邦鲁，字钟毓，是孝立公的次子，一生好读书，更喜欢游览名山大川，所到之处则交往一些当地的豪杰之士。魏源年少时也曾喜游西方，不得不说是受了父亲的影响。嘉庆初年，魏邦鲁由监生捐入官场，由江苏巡检一直做到海州惠泽司，在任期间，他除弊兴利，组织官府捉拿了许多危害当地社会治安的匪徒，为当地老百姓提供了平安。他还关心百姓疾苦，"值岁大灾，捐赈施粥，昼夜在厂与饥民同寝食者数月"。以至于当魏邦鲁调任之时，"百姓夹盐河两岸送者十余里不绝"。邦鲁公是一个精通医术的人，每到一处视察民情，他总是主动为人们诊病访药，解决人们的实际困难。他还时常帮人解危济困，友人邓显鹤有一次向他说起有个他不曾谋面的同乡生活遇到了困难，他听到后立即向二人各寄送二十金以解救他们的危难。对不曾谋面的人尚且如此，魏邦鲁的仗义疏财可见一斑。当时官场弊病丛生，盐务和漕运都存在着不同程度的腐败，然而魏邦鲁在署理苏州官钱局事务期间却为官清廉，因而也得到了时任江苏巡抚陶澍和布政使林则徐的信任，魏家与这两位经世名臣的政治渊源也就此开始。为官时期的魏邦鲁并没有放松对在京师就学的儿子魏源的关心，他曾多次与魏源通信，勉励他做好学问。魏源在写诗追忆父亲的关爱时提到："寒雁江南至，严亲有报邮。关山三月地，风雪五胡舟；汝力贫中学，吾宽客里愁。寒衣曾赎否，年少慎交游。"① 父亲的深切期望和谆谆教诲不仅成为了魏源年少求学的动力，也成为之后魏源具有强烈的使命感和责任感的力量源泉。

中国传统家庭教育多被人所诟病，但传统家庭代代相传的家族精神却成为其后代思想的重要来源。封建传统中的封闭性和保守性虽然被视作是对传统儒家封建等级制度的继承，但其所保留的修齐治平的基本精神却对后代产生巨大的影响，也可以说是中国传统士大夫精神的源头。魏氏家族虽然只是中国传统封建家庭的一个代表，

---

① 魏源：《京师接家书》，载《魏源集》，中华书局 1983 年版，第 761 页。

但无论是太祖与祖父的与人为善还是父亲的为官清正，最终都成为了魏源思想形成过程中关键的要素，魏源思想中所具有的励精图治、心忧苍生的观念不能不说是受到其家风的影响。

出生在耕读之家的魏源，与旧时代其他青年相比，拥有着更为优越的读书条件。童年的魏源却并未如其他同龄人那样喜欢玩耍，而是时常选择在角落里静静地沉思。家人对这个喜爱思考的孩子抱以很大期望，希望他能在良好的教育中迅速地成长起来，成为家族的栋梁。

魏源故居

魏源并不是一个年少得志的神童，他少年的生涯大半都是在刻苦求学中度过的。1801 年（嘉庆六年），年方 7 岁的魏源开始入私塾就读。由于天性喜静，魏源一开始便独自徜徉在了书山学海之中，他日夜在书房内读书，极少出门，以至于"偶出，犬群吠"。即便这样，他仍不满足于白天读书的短暂时间，每到深夜父母熟睡之时，他便会"潜篝灯被底翻阅"。① 魏源的父母发现后，一方面为小儿勤奋好学的精神所打动，另一方面又担心他的身体，因此极力劝说他不要再秉烛夜读，要爱护自己的身体。懂事的魏源听从父母的劝解，这才稍稍放松了对自己的要求。

魏源的努力并非是没有回报的，常年的勤学苦读使得他的学业进步明显。8 岁时便达到了"受书即解大义"的境界。9 岁时魏源参加了童子试。童子试是当时能够进途科举的入门考试，其内容主要以做对联为主，由考官随意出对，转由考生应答。魏源的应试过程十分有趣，考试开始之后，考官拿起桌面上印有太极图案的茶杯随口吟道："杯中含太极"。这样随意的出题让很多考生都议论纷纷，似乎不知道如何回答。恰在此时，魏源却高声应道："腹中有乾坤"。在场的人无不为这一对仗工整的应答所惊异，而魏源似乎显得很平静。原来当考题一出之后，魏源突然想起母亲早起害怕他饿，出门时放了两个饼在其怀中，一时间便偶得此句。这句对仗不仅工整，而且大气磅礴，根本不似出自如此年幼的学童之口。考官听完之后，不禁大为感叹。魏源的学识自此开始为人所知，他的勤学成果也终于得到了展示。

在那个重视功名的年代里，魏源的成功对魏氏家族来说无疑是一个巨大鼓舞，全家陷入无尽的喜悦之中。但谁承想好景不长，突如其来的打击很快打破了这个家庭的美好憧憬。邵阳地区自古是苗人的聚居地，从乾隆年间开始的苗民起义，给当地的农业生产造成了很大的影响，魏家作为当地大户自然也不能幸免。直至 1804 年（嘉庆九年），恰逢邵阳地区遭遇大旱，全县农业减产。然而官府继续强征田赋，引起民怨沸腾，就在此时慷慨仗义的魏源祖父孝立公主动站出来担保了全县的税款，救百姓于水火之中。这一义举赢得了乡里的广泛赞誉，但魏家因此转为衰落，祖父孝立公不久便离开了人世，祖母也随即病倒。年幼的魏源失去了重要的精神依靠，漫

① 魏耆:《邵阳魏府君事略》，载《魏源集》（附录），中华书局 1983 年版，第 945 页。

长的日夜就只剩下留守在家的母亲和他相伴，在入夜的灯光下，魏源仍坚持着自己的学习。

　　家道中落并没有阻挡魏源求学的脚步，1808 年（嘉庆十三年），年方 14 岁的魏源来到了县城，在城内的爱莲书院读书。爱莲书院其实是宋代著名理学家周敦颐的故居，因其著名的作品《爱莲说》而得名，院内亭台楼榭，柳岸莺啼，环境十分优美。魏源在这样的环境中不仅感沐了古代大家的书卷气质，更陶冶了自身的性情，他曾咏诗赞美道："为人身兼妇，从师谊废亲。池莲应入梦，门柳正扶春。忧患攒千古，天人定此身。遗经须共正，交道岂无神。"①

　　在年少的魏源心中，爱莲书院是他一生求学的起点，更使他对未来抱有十分美好的憧憬。在这里魏源接受了系统的理学教育，为其后来的思想发轫转向经世致用打下了坚实的基础。入学后的第二年，魏源与同窗好友们一起参加了一系列考试，学问早已成熟的魏源连战连捷一路通过，获得入县学的机会。嘉庆十三年，15 岁的魏源获得了秀才的资格，进入县学学习。与同龄人比起来，魏源此刻颇有几分少年得志的优越感。但他并未就此放松对自己的约束，在家人的督促和自己的努力下，魏源仍刻苦学习。三年县学结束时，魏源的成绩名列前茅，成为了廪生。1811 年（嘉庆十六年），魏源回到自己的家乡，开始设立私塾来教授学生，同时他还进行著述，完成了如《孔子年表》、《孟子年表》等作品。

　　身虽在乡村，但魏源从未放弃自己的求学梦想。1814 年（嘉庆十九年），魏源毅然离开了邵阳的深山来到省城长沙，开始在岳麓书院学习。岳麓书院是湖湘文化的象征，在岳麓书院的短暂学习对魏源的人生道路产生了很大的影响。在这里魏源不仅接受了更为精深的程朱理学思想的洗礼，而且岳麓书院为他提供了更宽广的平台，使得他最终获得进入北京学习的机会。就在魏源入学的这一年，在由湖南巡抚广厚亲自主持的会试中，魏源顺利获得了贡生的资格，得以入京师就读。短短一年的岳麓书院学习让魏源感受到了湖湘文

---

　　①　魏源：《答友人书院读书之约》，载《魏源集》，中华书局 1983 年版，第 792 页。

化的博大，书院的教育不局限于对理学义理观念的宣讲，更将经世致用之学贯穿其中，使得初入学府的魏源感受到了新思想的冲击，成为魏源经世致用思想的启蒙之所。魏源的求学也逐渐走出书斋，开始自己行走天下的学习路途。

二　游学天下与思想的转寰

在获得进入京师学习的机会后，第二年魏源与父亲魏邦鲁一同北上，开始了此后长达 10 余年的京师求学生涯。这一时期的魏源不仅在京城浓郁的学风之中深入地学习了理学思想，更在遍布全国的游学旅途中进一步接触到了社会现实，逐步萌发出了自己的经世思想。可以说这一时期是魏源思想的形成期，年少的魏源在自由地徘徊在书斋与自然之间，思想上发生了很大的改变。

这次北上，父亲魏邦鲁并没有随魏源共同进京。在行至武昌时，魏邦鲁转道前往江苏任职，魏源则同友人邓显鹤继续北上。这次长途赴京，魏源的行程穿越了湖南、湖北、河南、直隶数省，沿途饱览了祖国的大好河山，使他的眼界为之大开，进而发出了"足不九州莅，宁免井蛙愚"的感叹。在阅尽美景的同时，魏源也深深地为大清国惨淡现实所震撼，在沿途经过的地区很多地方都因常年遭受水旱灾害而民生凋敝，魏源每到一处，只见人烟稀少、田地荒芜、村舍败落。魏源纵情山水的心情被触目惊心的场景所打破，他从愉悦的情绪中走了出来，开始思考社会现实。如何能够改变破落的乡村状态，如何能够缓解日益沉重的民生压力，魏源开始了对有关社会问题的思考。10 余年的书斋生活并没有磨灭一个读书人的现实关怀，被社会现实深深触动的魏源开始了他人生中的再一次成长。路途中他更注意观察所经地方的风土人情和社会经济状况，尤其对困扰农业生产的农田水利问题提出了很多自己的建议。当时北方地区黄河水患严重，大片农田经常会被洪水淹没，魏源注意到只有加强田间水利建设，才能彻底缓解北方农业日益废弛的现状，这在当时是极具建设性的。然而有关建设的思索并不能从根本上改变清中期以后衰落的现实，魏源在思考问题时也常发出一种无奈之感，他多么希望清政府能励精图治，实行改革，一解所有的社会问题。但是现实终归现实，眼见生民悲惨的生活状况而不得救，魏源也无奈地发出"陵谷复陵谷，太息重太息"的感叹。① 这次入京使得魏源的人生轨迹发生了重大转变。他从一个潜心学术的苦读者开始转变为关注现实的实践者，魏源此后的思想中便增添了更多经世的思考。

　　凭借自身的才华与努力，魏源很快便在京城站稳了脚跟。一时间"名满京师，中朝公卿争纳交焉"。② 作为当时全国的政治文化中心，京城名师云集，魏源虚心求教于各位名师，不仅进一步充实了自己的学问，还借此机会结识了很多进步学者和官员，他们的学术思想和政治见解对魏源思想的形成产生了巨大的影响。1819 年（嘉庆二十四年），魏源又一次参加了科举考试，但因为准备不足而未能高中。但魏源的心思显然已经不在科举之上，他开始将精力更多地投入到了社会实践中去。同年，同乡长辈贺长龄赴山西任学政，邀他为自己的幕僚，这是魏源幕僚生涯的开始，也是他人生一次重要的转折。此后的魏源开始游历各地，足迹遍及陕西、四川以及经济发达的东南诸省，再次得以在实践中感受现实变化。在此期间他又多次参加科举考试，并于道光二年考中举人，史料记载，"宣宗阅其卷，挥翰褒赏，名藉甚"。③ 但是科举的成功并不是魏源人生辉煌的终点，就在中举之后的数年中，魏源依旧读书访友，四处游历，不断增长着自己的见识。1825 年（道光五年），魏源受时任江苏布政使贺长龄的邀请，主持编辑《皇朝经世文编》，此后的数十年中魏源就一直生活在这里，开始了他经世致用思想的实践。通过一年多的整理和编辑，一百二十卷的《皇朝经世文编》终于完成，这一文编

---

① 魏源：《北上杂诗七首同邓湘皋孝廉》，载《魏源集》，中华书局 1983 年版，第576—577 页。

② 魏耆：《邵阳魏府君事略》，载《魏源集》（附录），中华书局 1983 年版，第946 页。

③ 《清史稿·魏源传》，载《魏源集》，中华书局 1983 年版，第 961 页。

汇集了清朝开国以来有关国计民生的文章，一经出版便对当时空疏的学风形成了极大的冲击，充分展现了经世致用的时代精神。文编的编辑工作不仅是对魏源学术能力的一种考验，也从另一方面提升了魏源对清政府政治经济状况的认识，魏源在阅读大量清朝开国以来有关漕运、治河、赋税等方面的政策文件之后，形成了新见解和社会改革思想。此后的魏源又先后在陶澍等人的手下任幕府，幕府的工作让魏源的改革思想有了实践的舞台，在时任两江总督陶澍的幕府时，针对当时弊病严重的治河与盐政问题，魏源先后写下了《淮北票盐记》与《筹河篇》等三篇重要时论的文章，提出了自己的社会改革主张。值得一提的是，无论是献策治河还是主张改革盐政，魏源的思想从来都不是脱离现实的空想，他十分重视对问题的调查研究，一方面对前人的理政经验进行总结，另一方面利用幕僚身份在跟随办事期间深入下层了解真实情况，因此魏源有关治河和盐业的建议一经实行便收到了良好的效果。魏源所主张的票盐法不仅稳定了乱象丛生的盐业市场秩序，还为政府带来了更多的经济收益，一时间为人所称道。

正当魏源所设想的改革在江南地区初建成效之时，鸦片战争的爆发打破了这一平静的局面。1840年（道光二十年），英国以商贸利益被损为由悍然发动了对华的侵略战争。江浙地区一时间战云密布，魏源的许多好友纷纷走上战场投身到反侵略战争中，并在战争中搜集到许多有关英国的情况。魏源以强烈的救国热忱将这些资料编辑成册，最终在1842年（道光二十二年）写成了五十卷本的《海国图志》。魏源的思想接受了战火的洗礼，在民族危机初现之时，其经世致用思想在此时实现了从传统到时代的跨越，"师夷长技以制夷"思想应运而生，揭开了近代中国思想文化启蒙的大幕。

战争结束后，历尽漂泊的魏源最终选择了科举致仕的道路，1845年（道光二十五年），魏源考中乙巳恩科三甲九十三名，赐同进士出身，赴江苏候补知州留用。从这年起直到咸丰三年，魏源便在江南各地开始他的为官生涯，在任期间，魏源极为重视国计民生，常叹民生疾苦。他曾向故交胡林翼写信言及盐业改革时谈道："谋生一事，视乎人之命运，人弃我取，固不必舍近而求远，舍逸而就劳也。"① 由此可见他对于民生问题的深刻认识。在晚清日益深重的危机面前，魏源也感到了几分无奈，他纵有一腔报国之志，也最终无力挽救清政府之将倾。晚年的他最终选择了寄情于佛学，在青灯古卷中，去追寻自己的精神世界。

不凡的人生经历造就了魏源不凡的思想。在嘉道时期深刻的社会变革中，他一方面继承了儒家传统思想中所特有的士大夫精神，表现出了以天下苍生为念的爱国情怀。另一方面他则不拘泥于旧有儒家的经学传统，以经世致用为治学原则，提出了许多变革主张。更可贵的是，在民族危机突然袭来之后，魏源并没有在民族仇恨的驱使下一意排外，而是提出了"师夷长技以制夷"的思想，以此开启了此后百年中国人向西方学习的新方向。魏源的思想是传统性和时代性的结合，而爱国主义成为其中最重要的纽带。在这一时期的诸多经世思想家中，魏源可以说是最具有代表性的一位，他的思想内涵最为深刻，成果也最为丰富，从传统经世思想出发提倡内部变革，再到民族危机下提出主动向西方学习的主张，可以说他的思想是伴随着时代而与时俱进。

三　经学研究与《皇朝经世文编》的编撰

经世致用一直以来都是中国传统儒家思想的核心价值之一。与道家的无为而治和佛教的避世传统相比，经世思想正是对儒家精神所强调的现实关怀情感的一种继承，它往往十分强调对现实事件的关注。因此每当社会危机来临之时，经世思想便为社会振兴提供强大的精神支撑。然而近代经世思想的勃兴并非是无源之水，早在明清之际的政治更迭中，许多汉族士大夫便有感于朝政腐败，山河沦丧，陷生民于水火，于是提出了十分激烈的变革主张。这些主张大

---

① 魏源：《致柘农信稿二》，载《魏源集》，中华书局1983年版，第920页。

都在理论上强调学问要经世致用，强烈抨击当时理学空谈的学术路径，强调学问一定要注意实事求是，在实践中寻找真知。清朝前中期的学术传统注重考证的治学方法。随着考据学派对儒家经典的不断考释，丰富了传统义理之学的内涵。然而社会危机的加剧，则现实层面对学问的功能性提出了新的要求，于是魏源等有识之士便主动向现实做出了回应，提倡经世致用的学风。与强调考据学风的乾嘉学派不同，经世学派更强调学术对当前社会问题的关注和解决，"揭橥之旗帜，谓学问有当讲求者，在改良社会增其幸福，其通行语所谓国计民生者是也"，"故其观点，不期而趋集于生计问题"。① 经世派首先对儒家义理进行了全新的解读，以求发掘其经世致用的内涵。魏源认为自先秦以来的儒家治学理论中，所谓道统和治统、经术与治术，原本都是统一的，其核心价值都是礼乐的教化功能。然而到了宋明理学勃兴之后，儒家则渐渐走上了道学之路，儒家传统治学精神和现实的政治实践之间出现分离的趋势，儒家义理的解读不再是回应现实的诉求，而成为了精神哲学的虚妄的漫谈。在他看来，圣人之所以有如此崇高的地位，除了其本身所具有的高深理论水平之外，更因为重视和关注现实。因世道衰微天下变乱，因此才有了孔子儒家的道德说教，这才是儒家的传统价值。他在著述中提到："士之能九年通经者，以淑其身，以形为事业，则能以《周易》决疑，以《洪范》占变，以《春秋》断事，以《礼》《乐》服制兴教化，以《周官》致太平，以出使专对，谓之以经术为治术，曾有以通致用为诟者乎？"在魏源的理解中，经世致用本应是传统儒家思想中最值得保留的精神内核，所有儒家经典无一不是对现实问题的一种反思与阐释，因此只对儒家经典进行哲学层面的解读而忽视了实践，这是对传统儒家精神的一种片面理解。

清中叶之后今文经学在考据学风中重新获得崛起，引发了文人对于儒家世界观的重新思考。今文经学重视微言大义，将孔子奉为"素王"，并着意扩大儒家经典的现实价值，围绕现实问题对经典进

---

① 梁启超：《清代学术概论》，上海古籍出版社1998年版，第74页。

行解读，突出了其学理阐释之外的资政育人的功能。嘉道之际儒者
对于儒家义理的重新诠释，是他们关注现实，以苍生为念的家国情
怀的体现。魏源的经世思想是他在时代危机之下思想自觉的产物，
同时也是他勤学苦读的思想质变的结果。以往人们在研究魏源时总
是重视其经世思想的丰硕成果，而忽视了对他传统儒家理论功底的
考察。事实上作为一位经世思想家，魏源的儒家理论功底也是十分
深厚的，他有关儒家义理的全新解读无不是建立在深厚的学识基础
之上的。早在家乡开馆收徒期间，魏源已经开始一面开馆收徒，一
面潜心学术的生活，1811 年（嘉庆十六年），他先后完成了《孔子
年表》、《孟子年表考》等著作。在进入京城学习之后，他又专注于
对古代儒学经典的注疏之中，先后完成了《大学古本叙》、《孝经集
传序》、《曾子章句序》、《诗古微》、《书古微》等著作，这些著作都
是魏源考订前贤，阐发古文大义的经典作品。但魏源对于儒家经典
的考释绝非是对古文经学传统的简单继承，而是清中叶以来今文经
学派对古文经学长期占据正统地位的一种挑战，在这种学术的新旧
交替过程中，经世学风又在今文经学"微言大义"的义理阐发中
得以宣扬。魏源之所以能够成为嘉道之际最具代表性的思想家，
其最大的贡献，也在于其对今文经学义理的弘扬。这也直接开启
了此后晚清今文经学再兴之滥觞。我们也应看到魏源同时代的龚
自珍、刘逢禄等学人都在不同程度上推动了今文经学在晚清学坛
的发展。但魏源思想由义理阐释到实践认识的升华，具有更为深
远的影响。

　　魏源不仅在学理层面上大倡经世之风，更从实践中寻求对儒家
经世传统的继承。道光六年 33 岁的魏源应江苏布政使贺长龄之邀编
选《皇朝经世文编》（以下简称经世文编），这一文编一经完成便成
为引领一代学风的标杆之作。它不仅表明了清中叶以来学术传统正
发生着重要的转向，也标志着魏源本人经世思想的成熟。

　　文编是古代一种常见的文章辑要形式。明清之际常有学者编撰
此类文集来达到"明治乱、详军事、求异同"咨政目的。而由于文
章多采用的是与现实有关的记录和文章，因此往往是经世求实思想

的体现。魏源在编撰经世文编时，显然就是带着这样的求实精神的，因此他的观点也具有强烈的现实针对性。在文编的序言中，魏源提到"昨岁之历，今岁而不可用，高、曾器物，不如祖、父之适宜；时愈近，势愈切，圣人乘之，神明生焉，经纬生焉"。[①] 他提倡人们应该在变化中看待事物的发展问题，对时下的许多弊病也必须提出自己有效的解决途径，且不必拘泥于古法。他认为"凡古而不宜，或泛而罕切者，皆所勿取"，即主张在改革之中一定要摒弃过时无用和空洞的理论，注重与时俱进。本着"经世为表，学术为纲"的编撰思想，魏源在文编的选择上则是下足了功夫。首先在文章的编目中，他将明末著名经世思想家顾炎武和黄宗羲排在了卷首，可见其对这两人经世思想的推崇，此外他又将全书分为学术、治体、吏政、户政、礼政、兵政、刑政、工政等八大门类。其中选取了历代有关赋税、漕运、练兵、水利等方面的官方文书、专著、述论、奏疏、书札等文献共计2236篇。从书籍的内容和思想来看，文编处处显露以社会服务为导向的宗旨，虽然仅仅是清朝历代官方社会和政治文献的汇编，但无处不贯穿着经世致用理念。文集一经出版就产生了巨大的影响，时人凡讲求经济学问者，无不奉之为经典，风行海内数十年，许多朝中大臣甚至将其作为了经邦济世的必读之书，天天置于案头。文编所带来的巨大影响在当时成为了学界重要的议论话题。

文编的出版对当时的学风产生了巨大的影响，与此同时，魏源的经世思想在编纂的过程中日臻成熟。在此之前，魏源仅在对今文经学义理的解读中阐发经世思想，因此初次编辑这样以实际政务为主要内容的文编，对于魏源来说是一项全新的挑战。他在整个文编中选取了大量封建名臣探讨经学义理的内容，表明了他未曾摒弃自身儒家经学的知识储备，但是更多的有关实际事物的文章被他收集到文编当中，体现了魏源学术关注的转向。对于一个此前并无实际经验的经学学者来说，编辑这样的文编也是他重新学习的

① 魏源：《皇朝经世文编五例》，载《魏源集》，中华书局1983年版，第158页。

一个过程。魏源之后的很多改革思想都是在编著文编中获得的，如文编中选取了任源祥《漕运议》，其中提出在治河问题上应该"因其决而顺其性"，改由古道引流入海。魏源在学习了任氏这一思想之后，在后来其治河策略中也提出了相同主张。不仅如此，魏源之后的很多改革主张无不是对文编中许多改革主张的继承和发扬。

《皇朝经世文编》的编撰给魏源提供了一个新的学习平台，魏源一生的经学理论积累到此实现了绽放，同时他的思想随着对文编内容的学习，逐渐迈进了一个新的境界。仅靠义理的阐发终不能使魏源的思想流传百世，只有实践才使得他的思想更具有历史的价值，他的思想在这一刻完成了自我的超越。

四　爱国思想的表达与放眼世界

晚清盛世危机之下的迷梦终被鸦片战争的炮火所打破。1840 年的侵略战争使得举国上下陷入了错愕之中，接二连三的失败更让许多仍沉浸在天朝美梦中的封建士大夫无法接受。魏源这位经世思想家，眼见山河破碎，外夷入侵，不由得对国家的前途命运充满了忧虑。在爱国主义情绪的驱动下，这一时期的魏源开始著书立说，以笔下经世之言来警醒国人，《圣武记》、《道光洋艘征抚记》、《海国图志》这三部重要史学和地理学著作便是他这一时期的代表作。

魏源生活在清朝由盛转衰的时代，目睹了国家日益衰败的图景，他由此立志要编著一部史书，尽书清朝开国盛况，探究清朝统治由盛转衰的历史原因，他将此书定名为《圣武记》。这部书早在鸦片战争前就已酝酿，直至 1842 年鸦片战争失败之后，魏源深感国家衰落之耻，因此发愤要完成此书。全书共 14 卷，约 100 万字，记述了清代开国、平定三藩、平定西北以及镇压地方起义等清朝前中期的重要军事活动。在书中，无处不透露着魏源对清前期盛世武功的追忆和对现实政治衰败的忧思，他在记述到康熙皇帝征服三藩的伟大功绩时谈道："自古及今，或以殷忧启圣，或以道谋溃成，庙算不定，而大难克削者，未之前闻。"① 在魏源的眼中统治者应该圣明决断，拯救国家于危难，而不应思谋不定，致使国家前途命运陷入迷茫之中，这似乎是对道光皇帝在鸦片战争中战和不定决策的一种批评。除此之外，在论述到镇压农民起义之节时，魏源除了记述政府在清剿"匪乱"时的强大能力之外，还特别指出了剿平匪患必须要进行剿抚相结合的政策，并直言匪患丛生的直接根源正是横征暴敛的"吏治重弊"所造成。但是对于这样腐败透顶的政府，魏源也流露出了几分哀叹与无奈，官员如此麻木不仁，国运又怎能长久？魏源心中的忧思也只能在笔端抒发出来。

《圣武记》是魏源有感家国日衰而作，其中有很多极力地夸大了清政府早期的统治之功，并将农民起义看作了维持统治的巨大障碍，充满了维护封建统治阶级的道德意味，但是我们站在那个时代的进程中来审视魏源的写作，不难发现他的动机是从维护封建统治目的出发，也是其爱国主义思想的体现。由于时代的局限性造成了魏源思想上亦无法突破封建统治的桎梏，因此我们不能片面理解《圣武记》的撰写只是为清朝封建统治张目，他的著述更应被看作是一种爱国主义的思想迷茫和初步自觉。

与《圣武记》的写作背景相似，魏源这一时期的另一部史学著作《道光洋艘征抚记》（以下简称《征抚记》），也是他爱国主义情怀的真实写照。这部著作虽不足两万字，但内容翔实，忠实记录了鸦片战争的整个过程。文中不仅对鸦片战争爆发的原因进行了分析，还对战争的过程进行了详细的记载，尤其是对侵略者犯下的罪行进行了详细的叙述，书中提到凡侵略军所到之处掳掠焚烧民宅市坊，景象十分惨烈。侵略者进入长江之后，以炮火轰击沿岸，造成江边船只焚毁无数，火光连绵百余里不绝。对侵略者的仇恨使得魏源加

① 魏源：《康熙裁定三藩记上》，载《魏源全集》（第3册），岳麓书社2004年版，第73页。

深了对战争的反思，在文章中他对战争的惨败痛心不已，并认为亦战亦和的策略是导致战争失败的最大原因。他强烈批判了琦善等投降派的主张，揭露了他们"开门揖盗，自溃藩篱"的罪行。同时他还对林则徐等主战派人士的功绩进行了宣扬，认为他们是民族的英雄和国家的中坚力量。征抚记的全文充满了爱国热情，无论是对侵略者以及投降派的憎恨，还是对主战派和人民大众的赞扬，魏源无不站在维护国家民族利益的高度对现实进行了公正的价值判断。这说明魏源思想已经在战火中完成了蜕变。

作为爱国者，身处战争边缘的魏源只是短暂地感受过战场硝烟弥漫，他更多地是用著作表达着自己爱国之心。战争使得魏源的精神世界受到前所未有的冲击，思想也开始逐渐丰富了起来。他认识到当强大的外部危机袭来之时，任何的改革策略都要先从解决现实危机入手，于是他的思想重心发生了一次重要的转向，外部挑战和世界局势成为之后学术实践的关注重点。然而不论是对内还是对外，爱国主义都是魏源思想的出发点，这种源自心忧天下的知识分子的责任意识一直是魏源经世思想的核心价值。

鸦片战争使魏源的思想获得了前所未有的提升，他认识到了衰落的大清王朝与世界先进国家之间的差距，察觉了世界日新月异的变化，魏源开始思考如何才能拯救衰落的王朝于危难。与当时许多仍固守传统的学者不同，魏源在失败的刺激下迅速将眼光转向了国外，主张向西方先进强国学习。"师夷长技以制夷"就是魏源御辱强国的核心主张。他认识到了西方的强大，要求主动学习西方，仅从这方面来说，不得不说魏源是近代国人主张向西方学习的一名先驱者。

古老的中国拥有着辉煌的文明，丰富的文明遗产也使得中华文明具有一定的惰性。近代以来，西方各国都通过殖产兴业走上了富强的道路，而腐朽的清政府仍沉浸在天朝上国的迷梦之中。许多传统的士大夫虽有挽救国家危亡的宏图大志，但思想迂腐顽固，并不能在时代的变局中保持清醒的头脑。许多人还将维护传统道德作为抵御外辱的最好手段，他们认为向西方学习是"张外夷之气焰，损中国之威灵"。①但是魏源怀着强烈的经世意识，并没有把恪守封建传统作为自己的行动方向，他开始将目光转向国家的强大敌人——英国侵略者。早在魏源之前，一些有识之士就开始了对西方世界的关注。最早付诸实践的是魏源的好友林则徐，他在广东禁烟期间，为了知己知彼，便在治理烟患的同时，组织人力翻译英文书籍报纸，并将英国人慕瑞所著的《世界地理大全》进行了全文翻译，加以润色定名为《四洲志》，这是我国翻译的第一部系统介绍西方地理知识的译著。林则徐被罢官之后，他将这部《四洲志》交给了自己的好友魏源，请他继续在此基础上进行编写。此时的魏源早已被战败的刺激惊醒，他欣然应命，决定完成好友未竟的事业。1842 年魏源完成了 50 卷著作的编写，并将其定名为《海国图志》，之后他又进行了不断的补充与修订，到 1852 年时，已经扩编为 100 卷，近 90 万字。

《海国图志》通篇具有强烈的现实针对性，魏源在其序言中写道："是书何以作？"曰："为以夷攻夷而作，为夷款夷而作，为师夷长技以制夷而作。"由此可见这本书的编撰目的是为了"制夷"，即反对外国侵略者。从"制夷"这一现实目的出发，是《海国图志》与其他地理学著作的根本区别。而"制夷"之首就在了解夷情。全书用大量内容介绍各国地理环境和历史风俗，除此之外，书中还加入了很多"制夷方略"，其中最为有名的《筹海篇》居于全书之首，不仅再次总结了鸦片战争的战败原因，还提出了"制夷"与"款夷"的战略。魏源的目的比较明确，就是希望通过这样一部书来警醒和启蒙国人，最终达到制服侵略者的目的。

总共百卷的《海国图志》，其最大的贡献并不是其中有关西方地理的介绍，而是该书所提出的"师夷长技以制夷"的思想。战后的魏源在痛心战争失败的同时，更有感于西方实力的强大，于是他提出了依靠学习先进技术来战胜西方的主张。这一主张如今看来十分

平常，但在当时确是十分大胆的言论。当所有知识分子还在固执于
"天朝上国"、"华尊夷卑"的观念时，魏源的思想无疑是对传统的
一种挑战。魏源的主张受到了当时许多顽固士绅的攻击，他们认为
所谓"夷之长技"都是"奇淫巧计，形器之末"，不值得去学习。
但是魏源并不惧怕这些批评，他甚至直接批评那些坚持"华夷"观
念的人是"株守一隅，自画为城，而不知墙外之有天，舟外之有地"
的井底之蛙。①

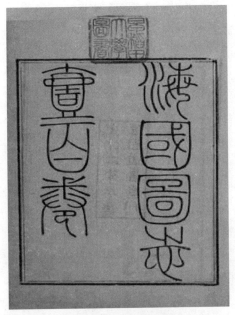

魏源著《海国图志》

　　值得注意的是魏源在"师夷长技以制夷"中所提到的"长技"
并不是对西方的全面学习，而特指西方强大的战舰、火炮和练兵之
法等。魏源在全书中用了一定篇幅来记述西方火器和练兵之法的要
领，并对西方的先进技术大加赞赏，称其"妙细之业，无不能为"。

————————

　　① 魏源：《海国图志》（卷七十六），岳麓书社1998年版，第1889页。

他说道："今西洋器械，借风力、水力，夺造化，通神明，无非竭耳目心思之力，以前民用，因其所长而用之，即因其所长而制之。"① 在魏源看来，只有摒弃传统观念将西学作为强国之法加以学习，才能够达到抵抗外来侵略的目的。他认为在当今形势之下，不是争论是否需要"师夷"，而是要清楚如何"师夷"。他还讲道："善师四夷者，能制四夷；不善师外夷者，外夷制之。"② 具体到如何"师夷"，魏源提出，首先要重视学习西方的火器和造船之法。他建议在广东虎门等地设立一些现代化的军事工业企业，请"夷目一二"，专司先进火器和工具的制造，所造兵器可以自用，也可以用于销售，这样将大大提高社会生产和军事装备的先进性程度。其次，他还认为重视人才培养是学好西方技术的前提条件，他提到："国以人兴，功无悖成，惟励精图治者，能足国而足兵。"③ 他建议在闽粤两省武举考试中增加水师科目，大凡有制造西洋战舰和火器的人才，均可授予科举出身，并在今后重点加以培养，这样可以解决人才匮乏的问题。魏源的"师夷"主张，不仅在理论上突破了传统观念的束缚，还提出了自己的具体措施，兼具了理论性和可操作性。这是当时知识分子中所提出的最先进的时务主张。

"师夷长技以制夷"的思想是当时知识分子对西方侵略的一种积极回应。在当时的社会环境下，大部分人因耻于家国仇恨而走上盲目排外的道路，但魏源在理性地分析了战败的原因之后，认识到了西方的强大，主张向西方学习，这不仅对于传统华夷观念是一种直接的否定，更从观念上开启了中国近代化的道路。我们今天回首魏源"师夷长技以制夷"思想的价值时，必须要考虑其对后世所形成的巨大影响。在那个闭塞的时代，魏源的《海国图志》为国人开启了认识世界的大门。之后随着徐继畬的《瀛环志略》、梁廷枏的《夷氛闻记》等大量地理学著作的出版，近代中国人的世界概念渐次形成。地理知识结构的重组带来了认识的革新。20 年后，以"自

---

① 魏源：《海国图志》（卷二），岳麓书社 1998 年版，第 30—31 页。
② 魏源：《海国图志》（卷三十七），岳麓书社 1998 年版，第 1093 页。
③ 魏源：《海国图志》（卷二），岳麓书社 1998 年版，第 31 页。

强”为口号的洋务运动在全国上下轰轰烈烈地开展起来，其中所提的向西方学习的主张，无不是对魏源思想的一种继承，这便是魏源《海国图志》的真正价值。

～～～～～～～～～～～～～～～～～～～～～～～～～～～～～

　　魏源并不是湖湘思想文化史上的一颗孤星。近代以来湖南涌现出了一大批和魏源一样的思想家和实践者，他们都是湖湘经世传统的优秀代表。湖南北据洞庭，南依南岭，东西皆有大山环绕，地理上具有一定的封闭性，因此在之后的文化变迁过程中又逐渐衍生出了不同于其他地域文化的一些独有特点。上溯到先秦时期，两湖地区并不处于中原文化圈的影响之下，但其文明发展并未因此衰落，相反依托古楚国文化在南方的拓展，形成了湖南地区特有的楚文化风格。魏晋之后，南方得以有效开发，湖南成为沟通南北的重要通道，频繁的经济文化交流带来了文化上的繁荣，这也使得湖南地域文化开始带有一定的开放性，许多中原传统文化的精神内涵由此也融入湖南地方文化特色之中，兼具了开放性和地域性的湖南文化最终发展成为具有鲜明文化特征的湖湘文化。

　　湖湘文化的精神源远流长，而真正的奠基者当数北宋著名哲学家周敦颐。作为理学的奠基人，周敦颐的理学思想开创了湘学流派的先河，湖湘学人的精神世界自此与理学结缘，理学的取自阴阳太极的辩证精神与“出淤泥而不染”的独立品格对后世湖湘学人的思维产生了重大的影响。而魏源的思想作为湖湘流派的重要一环，取自传统，又具有其重要的时代价值。因为，第一，清朝中叶之后的社会危机，魏源肩负起了兴利除弊的重任，用卓越的实践代替了苦闷的呐喊，吹散了清朝中叶以来思想界的一片暮气，给日益衰落的清王朝打入一针强心剂。魏源所引领的经世学风，最终成为嘉道之后晚清思想界的主流。在危机中认识西方而后学习西方，魏源的思想代表了当时士大夫认识的最新境界，同时也将嘉道以来所形成的经世学风推向了一个高潮。第二，魏源作为一位游离于封建体制边缘的知识分子，他所理解的时局不似普通民众那样肤浅，又不像官僚知识分子那般迂腐，因而他的思想最能够反映现实关怀，解决现实问题。第三，作为一名封建知识分子，魏源思想的出发点最终是为了维护封建统治，挽救江河日下的大清政权。他并没有完全消除对西方列强的成见，在书中提及西方列强时仍然以"夷"代称，表达了对他国的轻蔑态度。但是他实际所展现的是一种以天下为己任传统士大夫的爱国主义精神，这一精神也是对湖湘文化经世传统的一种体认。

郭嵩焘　近代中国出使西方第一人

郭嵩焘是近代中国大裂变时代的先知先觉者，为近代中国第一任驻外公使。在西方以不可阻挡之势入侵中国，大多数国人不明世界大势，仍然抱残守缺、沉浸于天朝上国的迷梦中时，他以湖南人"敢为天下先"的莫大勇气，不遗余力地鼓吹西学和洋务，是当时中国对西方认识较为深刻和全面的中国人之一。他的激进主张在当时虽为多数人所不理解甚至强烈反对，但在一定程度上启蒙了当时国人的心智，营造了维新改革的时代氛围，推动了中国思想现代化的历史进程。

　　郭嵩焘是近代中国著名的思想家、外交家，他在参与组建湘军、镇压太平天国农民起义的过程中，逐渐认识到西方对中国的入侵已经是不可阻挡的时代潮流。为了寻找解决民族和社会危机的办法，郭嵩焘开始详细地研究西方，并担任中国第一任驻英法公使。回国后积极提倡西学与洋务，为启蒙国人心智、营造维新改革的时代氛围起到了推动作用，在一定程度上推动了中国思想现代化的历史进程。

一　家世与青少年时代

郭嵩焘，乳名龄儿，原名先杞，后改名为嵩焘，字伯琛，号筠仙，晚年因曾经避居湘阴县东之玉池山，自号玉池老人。又因曾建书斋以"养知书屋"为名，故后人也尊称郭嵩焘为"养知先生"。郭嵩焘于清嘉庆二十三年（1818年）三月初七，出生于湖南省湘阴县城西一个没落地主家庭。据郭嵩焘编纂的《湘阴县图志》介绍，湘阴郭氏祖上可追溯到唐代名将郭子仪的六世孙、南唐广国公郭晖。明万历年间郭晖后代由江西赣州迁广东南雄再迁湖南湘阴县，后分有郭嵩焘祖上湘阴城西郭氏这一支。

从郭嵩焘晚年自述记载中可以得知，郭家祖上本为"巨富"之家，到他父亲时便"日趋虚乏"，但仍可算得上是当地较大的地主家庭。道光年后，湖南连年的洪涝灾害，使得郭家家道中落，甚至趋于贫困，这种生活环境的转变对早期郭嵩焘性格的形成产生了影响，使得他能较为真实地认识和了解社会现实，知道民生疾苦，关注日常之经济实务，对他以后关注洋务、倾心西学都有着重要影响。此外，郭嵩焘自己也提到过家庭中一些长辈对他的影响："郭嵩焘曾祖父和祖父辈，都是颇有个性的人物。他们或者仗义疏财，严取与之节；或者重然诺，喜济人之急；或者精于事理，兼综博览，因而对子孙发生过不同程度的影响。"[①] 像曾祖父望湖公郭熊、郭诠，大伯祖父郭世遵，父亲郭家彪，基本上都是比较开明的乡村地主，为人孝悌好义，在地方上声望较高。

郭嵩焘的性格深受其家中长辈的影响。在郭嵩焘年少时，其伯父即对友人谈及其性格说："龄儿遇事恂恂，独其读书为文，若猛兽鸷鸟之发，后来之英，无及此者。虽少，无几微让人，岂图欲诸生

---

①　王兴国：《郭嵩焘评传》，南京大学出版社1998年版，第24页。

之雄哉?"① 确实，观郭嵩焘一生，无论为官做人，都是"无几微让人，岂图欲诸生之雄"。郭嵩焘学识渊博，治学兼通经史，乃当时一代大家。但在性格上由于从小受到家庭氛围的影响，以及个人原因，从政后虽然做事果决有毅力，但缺少圆滑柔软的手段，所以终其一生，尽管政绩突出，但仕途坎坷，还与挚友交恶反目。后来李肖聃在《湘学略》中曾援引曾国藩当时对郭嵩焘的评价说："曾文正尝称：'湘阴三郭，论学则一二三，论才则三二一。'盖于该侍郎干济之实微致其疑，故作序送其南归，谓其才而无所成，望去其扞格，至于纯熟，其官江苏督粮也，曾公与书李公鸿章，谓筠仙著述之才，难任繁剧之任。其倡修《湖南通志》也，又讥其微有铉博之意。至为左文襄所劾，愤怒形于简册，作《自叙》以明其志，则其门人袁漱瑜、绪钦亦微讥其隘焉。"② 这一点连郭氏后人编有《郭嵩焘年谱》的学者郭廷以也不得不承认，他感慨地说："他（郭嵩焘）的性情褊急，一不如意，即负气而去。他又自视太高，自信过强，孤持己志，动辄与人相忤。在他是直道而行，在人则目为傲慢。"③ 这也算是平心而论了。这种性格固然是自小养成，但也不无湖南人所谓霸蛮之品行，后世有学者说："郭嵩焘为左宗棠劾去而荐蒋益澧为粤抚，交道离合，亦难言之。然处官以廉靖，委己于问学，位高者固以不懈于学善全其勋名，身退者亦以不懈于所学自励于家园。德业尽异崇庫而苦学则固同归。……而左宗棠则与人书以切论之曰：'吾湘之人，厌声华而耐艰苦，数千年古风未改。惟其厌声华，故朴，惟其耐艰苦，故强。惟其朴也，故塞而鲜通，惟其强也，故执而不达。今之曾侯相及郭筠仙、刘霞仙，皆是也。'"④

郭嵩焘在12岁时从学于善化（今长沙）李选臣，学习儒家经

① 郭廷以：《郭嵩焘先生年谱》，台北"中央研究院"近代史研究所 1971 年版，第9页。

② 李肖聃：《湘学略》，岳麓书社 1985 年版，第 68 页。

③ 郭廷以：《郭嵩焘先生年谱》，台北"中央研究院"近代史研究所 1971 年版，第9页。

④ 钱基博：《近百年湖南学风》，中国人民大学出版社 2004 年版，第 47 页。

典。14 岁从学于伯父郭家瑞，开始在学术上接受桐城派。① 道光十六年（1836 年），郭嵩焘为了考举人而就读于长沙岳麓书院附属的湘水校经堂，岳麓书院当时由山长欧阳厚均主导，教育培养人才提倡"为有体有用之学"，"不图在区区文艺之末也"，② 秉承了湖湘文化"经世致用"的优良学术传统。这一时期对郭嵩焘来讲是非常关键的，岳麓书院的湖湘学术传统培育了郭嵩焘关注经济实务，关心民族国家前途的学术品格，决定了郭嵩焘以后人生道路的走向。同时，在岳麓书院的求学生活中，郭嵩焘结交了很多朋友，其中多数与他相交一生，相互影响。据后人考证，在此期间，他先后结识了刘蓉、曾国藩、江忠源、罗泽南等人，他们志气相投，学术旨趣接近，共同推崇桐城派"明体达用之学"，影响了晚清一代文风与学风。桐城派是清康熙年间创立的学派，宗程、朱，强调文以载道，左右了有清一代散文的发展走向，鸦片战争后，桐城派由纯粹的文学派别发展成为一种政治学术群体。有学者认为，以曾国藩、刘蓉、郭嵩焘为骨干的"桐城派"的活动贯穿于晚清，与晚清社会思潮的流变相始终。在晚清纷呈迭现的社会思潮中，均可看到桐城派的踪影，虽然桐城派在戊戌维新失败后逐渐消沉，最终在"五四"新文化思潮中走向没落；但在晚清时期，桐城派却能顺应时代思潮，其在晚清各个时期的主要代表，往往是当时新思潮的代表或积极参与者。③ 在学术上有着共同的治学倾向，总体来说是治宋学，宗古文，经世致用。但由于时代潮流影响，汉宋调和已成为不可避免的趋势，因此它们的学术旨趣都没有摒弃汉学及其治学方法，这一批人延续了嘉道以来的湖南学风。咸、同之间曾国藩举起桐城派这面大旗，有着浓厚的"中体西用"的色彩，不仅宣传"义理"，阐扬宋学，同时也宣传"经济"、学习西学，"此举极大调动起对传统伦理秩序及文化恋恋不舍又冀学西学以自强的传统知识分子的积极性。因此，

---

① 郭廷以：《郭嵩焘先生年谱》，台北"中央研究院"近代史研究所 1971 年版，第 9 页。

② 转引自杨布生《岳麓书院山长考》，华东师范大学出版社 1986 年版，第 198 页。

③ 曾光光：《桐城派与晚清社会思潮》，《江海学刊》2001 年第 6 期。

当他举起桐城旗帜时,'大人先生心之所向,播为声气,足以转移风气,陶铸一世之人'。许多士子聚集到他的麾下,形成了一个以'曾门四子'（黎庶昌、吴汝纶、张裕钊、薛福成）,及郭嵩焘、方宗诚、王先谦等为代表的具有浓厚政治色彩的文学派别,由于其组成人员主要为湘乡人士,所以又被称为桐城——湘乡派。"① 郭嵩焘后来对这一时期所结识的朋友对他的影响也有所提及,他说:"初游岳麓,与刘孟容（刘蓉）中丞交莫逆,会曾文正公自京师就试归,道长沙,与刘孟容旧好,欣然联此,三人偶居公栈,尽数月之欢,砰砰然觉理解之渐见圆融,而神识之日增扬诩矣。其后与江忠烈公（江忠源）、罗忠节公（罗泽南）游从长沙,颇见启迪。此皆二十余年事也,已晓然知有名节之说,薄视人世功名富贵,而求所以自立。数十年出处进退,以及辞受取与,一皆准之以义,未尝稍自贬损,于人世议论毁誉,一无所动于其心。"② 由此可见岳麓书院的读书经历对他人生的影响之大。

二　科举仕途,馆幕生涯,思想初变

对于传统知识分子而言,科举题名是实现他们改变社会地位、实现人生理想、施展抱负的基础。郭嵩焘的科举生涯的早期还是很顺利的,在 18 岁那年,即道光十五年（1835 年）他考取了秀才,两年之后,即道光十七年（1837 年）考中举人,相较于很多蹉跎于科场多年还只是老童生的读书人而言,他的科场生涯还是相当顺畅。但考中举人之后,郭嵩焘却遭遇了 10 年的科场蹉跎生涯,迫于家道中落所带来的经济压力,他不得不一边埋头苦读,一边在科举之余充当教职或充当幕僚,以补贴家庭生计。这也使得他开始逐步地了解社会现实,尤其是开始逐步接触西方文明。

① 曾光光:《桐城派与晚清社会思潮》,《江海学刊》2001 年第 6 期。
② 郭嵩焘:《玉池老人自叙》,养知书屋光绪年刻本,第 36 页。

　　道光年后，由于湖南年年灾荒，郭家主要经济来源即租入锐减，家道日益中落。道光十五年（1835 年），郭嵩焘考中秀才，也正在这一年，他与陈氏成婚。金榜题名与洞房花烛，本应是郭嵩焘人生最为得意之时，但他此时也不得不为家庭生计而发愁。他后来回忆说："予家故不甚贫，自辛卯、壬辰六七年大潦，至不能举餐。予兄弟补弟子员。恭人来归，生事渐裕，然时苦乏、岁暮，债负者至，相聚愁叹。"① 虽然家境困难，但为了自己的功名前途以及通过科举考试授官来改变家中处境，郭嵩焘还不得不四处筹款以赴京参加会试。道光十八年（1838 年）三月，郭嵩焘第一次参加会试不第，道光二十年（1840 年）郭嵩焘再次参加会试，还是名落孙山，此时他经济已经非常拮据，不得不向曾国藩举债度日。考虑到现实经济压力，郭嵩焘只好放弃全心攻读，接受浙江学政罗文俊的聘请，去充当幕僚，此后郭嵩焘又在湖南辰州（今沅陵）教书。道光二十四年（1844 年）第三次赴京应试，还是不第。道光二十五年（1845 年），郭嵩焘的弟弟郭崑焘也来京与他一起参加恩科会试，但两人均未考中。道光二十六年（1846 年）四月，郭嵩焘与其小弟郭崙焘及曾国荃到江西吉安府，充当知府陈源衮的幕僚。道光二十七年（1847 年），郭嵩焘偕大弟郭崑焘第五次赴京会试，这一次终于得中进士及第，朝考后改授翰林院庶吉士，经历了近 10 年会试的艰苦奋斗，终于得以金榜题名，应该是实现人生理想抱负的时刻了。但郭嵩焘在道光二十八年（1848 年）回家短暂主讲湘潭昭潭书院之后，第二年七月，郭母离世，半年之后，郭父又去世，所以连续丁忧，郭嵩焘不能赴京谋取官职。直到太平军进入湖南之前，郭嵩焘一直在家乡守制居丧。

　　这一时期，郭嵩焘虽然主要是潜心苦读，参加科举考试，但其也担任了浙江学政罗文俊的幕僚接近两年时间。道光二十年（1840 年）郭嵩焘任职时，正逢鸦片战争爆发。英国人的"东方远征军"在广东寻求战机无果之后便沿海北上，在浙江登陆。鸦片战争期间，

---

　　① 郭嵩焘：《郭嵩焘诗文集》，岳麓书社 1984 年版，第 501 页。

浙江是一个重要战场，1840 年英军攻占定海，第二年，英军再次攻破定海，又继续攻占镇海、宁波，连钦差大臣裕谦都战死了。第三年，钦差奕经曾组织三万兵力企图收复失地，但终告失败，反被英军威胁杭州，江南震动。郭嵩焘此时身为浙江学政幕僚，可以参与军机，也曾经去过浙东战场，目睹英人发动侵略战争给中国人民带来的深重灾难，对于当时中英战争局势自当了解得比较透析。郭嵩焘反对清朝内部投降派对于西方武力侵略的妥协，但他此时对西方的认识仍然没有超脱于当时国内一般士大夫的眼界局限，认为西方的侵略与中国历史上夷狄的犯边没什么区别，只是，他从英军表现出来的强大军事战斗能力，开始感受到了西方文明对于中国的巨大威胁。

郭嵩焘手书

三　"通知洋务第一人"

自太平天国农民起义爆发之后，郭嵩焘虽然在家居丧，但从没有放弃过对国家大事的关心。咸丰仿照当年嘉庆年间镇压白莲教旧事，令各地自办团练。郭嵩焘在动员曾国藩、左宗棠出山组建湘军，为湘军筹饷，创办水师等重大事件中都发挥了较大影响，凭借其干济的实务办事才能，他也成为湘军集团中的重要一分子，为朝廷中枢所熟知，并由此开始了他的跌宕起伏的官场生涯。郭嵩焘先后任职翰林院、南书房、苏松太道、署理广东巡抚等职，也正是在这一过程中，他以熟悉洋务，获得了当时朝野"通知洋务第一人"的称号。

郭嵩焘第一次直接与西方人打交道和比较系统地接触西方物质文明成果，是在太平天国起义爆发后的咸丰六年（1856 年）。1856年初，郭嵩焘受曾国藩之托到浙江、上海为湘军筹款。正是在这一时期，郭嵩焘开始改变过去对待西方的传统认识，逐步理性、客观地看待西方文明。他在给友人的书信中写道："弟来此无状，日内即一至沪城，观海并火船之奇，兼为涤公觅洋器数事，且措路赀。"① 这也表明，浙、沪之行，筹款还是次要，主要是了解西方物质文明，尤其是洋人的船坚炮利。这也可能不单单是他一人的想法，更是湘军集团集体的心思。郭嵩焘到上海后，曾到位于上海洋泾浜法国人办的利明、泰兴两家洋行参观，"相诸洋器，仅得风雨表一器、双眼千里镜一器，索值极昂"。② 后来，郭嵩焘还参观了一处领事馆的洋楼，在日记中详细记载了房屋的结构及陈设，接着又在一英国领事的陪同下参观了英国人的轮船，英国领事给他介绍了轮船的结构以及各主要部件的作用和工作原理，郭嵩焘也在日记中详细地加以记

---

① 郭嵩焘：《郭嵩焘日记》（第 1 册），岳麓书社 1981 年版，第 26 页。
② 同上书，第 31 页。

录，如对蒸汽机他就记道："两旁为水箱，每水箱下安火门三，每箱储水三百余石。水箱上旁气管粗约二尺围，至网舱左右，管亦渐小，围可数寸而已。火烈水沸，则水汽冲入气管，网舱中大小轮齐动，机之所触，力亦渐大，两旁及底暗消息转入，轮叶乃翻动如风。"① 此外，郭嵩焘还参观了西洋传教士麦都事所创办的墨海书馆，参观了书斋、地球仪、印刷机等西方现代化的文明物质成果，结识了中国近代著名的科学家李善兰等人。墨海书馆还赠给他传教士伟烈亚力所著的《数学启蒙》和《遐迩贯珍》、《耶苏教或闻》等介绍西方文化的书籍。此次上海的活动，郭嵩焘是以虚心求教的心态——仔细考察研究所能见到的西方事物，对西方物质文明有了直接的感受，这种直观感受总体来说是较好的，比如说当他参观印刷机后就记载："西人举动，务为巧妙如此。"② 当他在上海城郊遇到外国人时，对方主动与他"握手相款曲。彼此言语不相通晓，一面之识而致礼如此，是内地所不如也"③。可见西方的科学技术的精巧以及洋人的文明礼节给他留下了深刻的印象。但总体来说，郭嵩焘此时对西方的认识还仅仅只是停留在表面，也就是西方器物上。

咸丰七年（1857 年）到咸丰十年（1860 年），郭嵩焘曾先后在北京和天津任职。这一时期，他广泛收集和阅读有关夷务的书籍资料，加强对西方的了解，并且逐步开始形成自己对于夷务的一些观点。例如当时英法两国挑起第二次鸦片战争，相继攻陷广州和大沽口炮台，到咸丰八年（1858 年），清政府先后与俄、美、英、法四国签订《天津条约》。郭嵩焘认为朝廷主持战争和夷务的大臣不通夷务，举措失当，他说："朝廷于夷务，议和议战二者相持，均之于夷情无当也。天下事存乎任事者一心之运量，宣之于口，已有不能尽详者矣。笔之于书，则更有参差焉。何也？自得者之为言，与以所得示人，不独其离合出入之间不尽符也，亦实有其难言者焉。"他认为："自夷务起，鄙人始终持一议，今日始有一二服其先见者。昔人

① 郭嵩焘：《郭嵩焘日记》（第 1 册），岳麓书社 1981 年版，第 33 页。
② 同上书，第 32 页。
③ 同上书，第 33 页。

有言：欲得办事者，须先求解事者。斯言不可易矣。"① 明确提出，朝廷要在与西方的对抗中处于有利的位置，就必须首先了解西方，解通夷情，才能做到知己知彼，百战不殆。他还在得知当时大学士祁寯藻对待俄罗斯所献的西方数十种书籍认为"其书不伦，徒伤国体"，感慨当时朝廷大臣对形势变化愚昧无知，还抱着过去那种僵化观念，"自西洋通市中国，中国情形，彼所熟悉，而其国之制度叙事，中国不能知也"。中国人只知道西方的机器像船、车非常先进，但不愿去了解其背后的根由，感叹"中国之制服海外，在困彼之所长而用之，未有用彼之所长以自困者也"②。这实际上是对同是湖南人的魏源的"师夷长技以制夷"思想的继承和发挥。

同治二年（1863年）九月，郭嵩焘在两淮盐运使任上被清廷赏给三品顶戴，署理广东巡抚，前后任职约两年半时间。在此期间，他工作勤勉，但由于个人性格问题，不断与同僚发生矛盾，甚至与相交多年的好友左宗棠相互攻奏，关系恶化。曾国藩早在李鸿章想奏请郭嵩焘任苏松太道、监管海关时就曾经说过："筠公（郭嵩焘）芬芳悱恻，然著述之才，非繁剧之才也。"意思是说郭嵩焘性格褊急，做事缺少灵活性，待人过于求全，容易与同僚发生矛盾，得罪人。观郭嵩焘的为官经历，不能不说曾国藩阅人之准。像郭嵩焘自己也记载了丁日昌类似的评论："丁禹生言：在江苏惟闻人言，中丞求治太急，一味急于求效而已……以云求治太急，失之远矣。"③ 过于求急，以至于太过于认真，招致了官场的众怒。所以郭嵩焘前后与两任两广总督（毛鸿宾、瑞麟）的矛盾闹得沸沸扬扬，又与相交多年的好友左宗棠交恶，左宗棠先后四次向朝廷奏参郭嵩焘，并终于使郭嵩焘辞去职务。综观郭嵩焘在广东巡抚的任职生涯，还是取得了一定成绩的，包括捕盗、筹饷、清理积案等方面都颇有作为。尤其是在办理洋务的过程中，有理有节，措施得宜，使他赢得了

① 郭嵩焘：《郭嵩焘日记》（第1册），岳麓书社1981年版，第140页。
② 同上书，第188页。
③ 郭嵩焘：《郭嵩焘日记》（第2册），岳麓书社1981年版，第373页。

"通晓洋务"的声誉。其中有代表性的事件如处理伍崇曜借款事件。咸丰八年（1858年）广东绅士伍崇曜响应前任两广总督黄宗汉的劝派捐输号召，筹银32万两，声称是从美国旗昌洋行贷到，并指定从海关税收中还款。到同治元年（1862年），美国领事以旗昌洋行名义要求广东当局还款。郭嵩焘在仔细分析事情原委后，戳穿了伍崇曜假借洋人贷款之名，实为联合洋人诈骗的真相，最后"会商三四次，以理晓谕之"，最终合理解决了此事。另外，郭嵩焘在巡抚任上还处理了荷兰使臣换约事件。同治元年崇厚曾与荷兰人在天津订立通商条约，到同治三年（1864年），清廷命郭嵩焘与荷兰人在广州换约。换约之时，郭嵩焘发现条约只有洋文本而无中文本，认为不符合国际与外交惯例，便与荷兰使节展开交涉，最后还是争取荷兰人重新更换条约文本。此外还有处理从香港引渡太平天国森王侯玉田以及英人进入潮州城事，都取得了令中外满意的结果。郭嵩焘处理洋务，其原则是"以理求胜"，具体来说，一是要能够谙熟中外情势，充分认识国际环境，审视中西方力量的巨大差距，实事求是地采取相应对策，正如郭嵩焘所云："天下，势而已矣。势，轻重也。极重不可反，识其重而亟反之，可也。反之，力也，知天下之势者，可与审几矣。知天下之几者，乃以销天下之险阻，而势之轻重，斟酌焉而得其平。"① 郭嵩焘明确地指出在当时时代背景之下中国官员知洋务、懂洋情的重要性，如能在了解国际环境、认识中西力量对比基础上展开对外交往，才符合对势的认识。故而知洋情、懂洋务遂成为其识势精神得以体现的关键。晚清时期的中国，在被迫"对外开放"后，非常惧怕与洋人接触、交往。特别是在经历两次鸦片战争后，受到"夷狄兽心，不可理论"言论的影响，世人"恐洋"、"惧洋"思想盛行。正因为如此，中国对西方世界的认识历经几十年仍未有大的改变。对此，郭嵩焘认为："能知洋情，而后知所以控制之法；不知洋情，所向绵荆棘也。"想退回闭关锁国的时代是不可能的，当前西方势力已"交关互市，遍于中土"，面对此种现实情况，

---

① 郭嵩焘：《郭嵩焘日记》（第1册），岳麓书社1981年版，第500页。

晚清政府"与西洋交涉已成终古不易之局"①，只能通过疏通、引导，让世人正确认识洋人、了解洋情，从而达到他所认为的中西互通的状态。并且，经过比较，郭嵩焘看清了中外力量的对比："夷人之变，为旷古所未有"，"洋人之强，远过于前代……中国与之相处，其情事亦绝异于前代"。②他强烈反对晚清那些自有洋务以来，士大夫高视阔论，以考求洋情为耻的思想，他认为持此种思想的人，才是真正贻害国家之人。此外，他发现清政府与洋人"交兵议款又二十年，始终无一人通知夷情，熟悉其语言文字者"，于是，他冲破世俗的禁锢，第一个向咸丰帝建议，"中国不能钩致夷人，自可访求蒙古汉人之通夷语者"③，并倡导专门设立学习西方语言文字的地方，这也就是后来的京师同文馆。二是要通晓外交事务和国际惯例，在此基础上处理外交事务，才能不落下风。郭嵩焘认为在处理外交事务中要有"以礼相待，以理制胜"的正确心态。一方面，他十分重视"礼"的作用，强调"惟礼可以已乱"。郭嵩焘曾将清政府在处理外交关系时不重视礼仪礼节的丑态概括为"怕、诈、蛮、蠢"四个字，"中国之于夷人，可以明目张胆与之划定章程，而中国一味怕。夷人断不可欺，而中国一味诈。中国尽多事，夷人尽强，一切以理自处，杜其横逆之萌，而不可稍撄其怒，而中国一味蛮。彼有情可以揣度，有理可以制伏，而中国一味蠢。"④他认为，"言忠信，行笃敬，虽蛮貊之邦行矣。未有反覆变幻，行苟且之计，而能控驭夷狄使就约束者。"⑤这种讲究礼仪礼节的外交作风，可以避免清政府陷于"盲目战争—失败告终—求和投降"的恶性循环之中，即将西方各国视为夷狄，不顾具体国情便盲目诉诸武力，战争失败后只能求和投降，以出卖国家民族利益获得一时喘息。如此高瞻远瞩，郭嵩焘可以"称得上是一位有胆略、有见识、肯办实事的爱国外交

①　郭嵩焘：《郭嵩焘日记》（第3册），岳麓书社1981年版，第147页。

②　郭嵩焘：《郭嵩焘奏稿》，岳麓书社1981年版，第216页。

③　同上书，第455页。

④　郭嵩焘：《郭嵩焘日记》（第1册），岳麓书社1981年版，第406页。

⑤　同上书，第469页。

家"。另一方面，郭嵩焘坚持将"理"作为其处理对外关系的根本立足点。对于朝野上下蛮干悖理的行为，郭嵩焘痛恨至极。他认为："天下事，一理而已，理得而后揣之以行，揆之以势，乃以平天下之险阻而无难"①，"理者，所以自处者也。自古中外交兵，先审曲直。势足而理固不能违，势不足而别无所恃，尤恃理以折之引"②。在敌强我弱、力量悬殊的情况下："苟欲击之，必先自循理，循理而胜，保无后患，循理而败，亦不至于有悔。"③ 这也说明郭嵩焘在对西方和外交的认识上远超同时期清朝官员，具备了现代化的外交事务能力。

四　出使西方第一人

郭嵩焘交卸广东巡抚之职后，放弃了朝廷两淮盐运使的任命，"乞病开缺"，回到了湖南，在长沙北乡罗汉庄买田二顷，开始营建寒蒲塘山庄。郭嵩焘在长沙定居半年，不仅政治上不得志，而且家中变故迭出，几年之内连丧六位亲人。但是他还是奋张心志，继续地研习与传播西学。一方面他潜心治学，编纂了家乡湘阴的《湘阴县图志》，还作为主要成员，编修了《湖南通志》，都获得了比较高的评价；另一方面，郭嵩焘也开始总结鸦片战争以来，自己研究西学和办理洋务的经验教训，逐步形成有自己鲜明特色的西学理论。他从湘学"经世致用"的传统学风出发，致力于从中国古代历史变化中寻求如何面对西方冲击的良策，如编辑《绥边征实》就提到"于历代成败之迹，折衷一是，不系功过，而兴衰治乱之大原，因是可以推见"④。在向他人谈及这本书的一些构想以及面对西方的态度

---

① 郭嵩焘：《郭嵩焘诗文集》，岳麓书社1984年版，第149页。
② 郭嵩焘：《郭嵩焘奏稿》，岳麓书社1981年版，第358页。
③ 郭嵩焘：《郭嵩焘诗文集》，岳麓书社1984年版，第149页。
④ 同上书，第33页。

时，当时人便评价说："伟人世所未闻，属为之纪载。"①

同治十三年（1874年），日本借口台湾渔民杀害琉球难民，起兵侵犯台湾，清廷此时急需一些通晓洋务的人才来处理此事，因此，在六月下旨命郭嵩焘、杨岳斌、曾国荃、丁日昌和蒋益澧等来京陛见。郭嵩焘进京面见慈禧太后后，因"精通洋务"而被朝廷任命为福建按察使，但到任尚未半年，便因"马嘉里事件"又被朝廷任命为出使英国钦差大臣。马嘉里是英国驻华使馆的一名翻译，当时英国人为了探索一条从缅甸经云南进入中国内地的途径，派遣三四名英国官员从缅甸往云南游历，实际上是查探云南地理情报，为侵占云南做准备。英国人请总理衙门发放护照，并通知云南协助，总理衙门答应了这一要求。马嘉里经中国内地到达中缅边境与英国探路队会合之后，于光绪元年（1875年）带领10名队员进入中国境内，其后马嘉里在户宋河准备迎接后续的英国军官柏郎上校所率领的100多人的队伍时，与当地群众百余人发生冲突，马嘉里首先开枪打伤当地民众一人，愤怒的群众将马嘉里及其随从四人当场打死。次日，柏郎所率领的队伍在蛮允附近的班西山遭到袭击，发生战斗，当晚柏郎退至缅甸。这就是"马嘉里案"。此案发生后，云南巡抚岑毓英向朝廷上奏是"野人"劫财所致，英国驻华公使威妥马则坚持认为是岑毓英有意制造的反英事件，要求严惩岑毓英。中英交涉之时，英方提出六点要求，其中之一便是速派大员赴英通好谢罪。这也是郭嵩焘被任命为出使英国钦差大臣的主要原因。

郭嵩焘在被任命为署兵部左侍郎并兼总理各国事务衙门行走后，曾向朝廷上奏了对马嘉里事件看法的奏折《奏参岑毓英不谙事理酿成戕杀英官重案折》，郭嵩焘在这封奏折中按照他"以理求胜"的外交原则明确提："士大夫蔽于见闻，不考古今之宜，不嗟理势之变，习为高论，过相诋毁，以致屡生事端，激成其怒。"② 这篇奏折在邸报登出之后，当时引起了朝野之上的轩然大波，面对着舆论的

① 郭嵩焘：《郭嵩焘日记》（第1册），岳麓书社1981年版，第307页。
② 郭嵩焘：《郭嵩焘奏稿》，岳麓书社1983年版，第350页。

不利和朝官的参劾，郭嵩焘对于出使英国萌生退意，连续抱病请假，进而要求开缺回籍。在慈禧温言劝慰之下，最后还是成行。

光绪二年（1876年）十月十七日，郭嵩焘协同副使刘锡鸿一行从上海登船，在海上漂泊近两月，于十二月初八抵达伦敦，任中国首届驻英国公使。光绪四年（1878年）又受命兼任驻法国公使，开启了中国外交史和中西文化交流史的新篇章。

郭嵩焘出使西洋

在中国传统观念中，中国是天朝上国，与其他国家的关系都是基于朝贡关系所建立的国际关系体制，历史上只有外国来中国纳贡称臣，中国只能接纳藩属国使臣常驻，而从未向外国派遣常驻使节的先例，郭嵩焘担任驻英国公使，开创了中国政府向外派遣常驻使节的先例，也是中国外交走向现代化的标志性实践，在晚清中国起到了开风气之先的作用。正因为如此，对于那些仍然抱有"华夷之辨"愚昧观念的传统士大夫来说，这种行为等同于数典忘宗，即使是好友王闿运在得知他使英的消息时也说："以生平之学行，为江海之乘雁，又可惜矣。"家乡还有人编了一副攻击他的对联："出乎其类，拔乎其萃，不容于尧舜之世；未能事人，焉能事鬼，何必去父母之邦。"① 把郭嵩焘出使比作事鬼，非常之尖刻，而更为激烈的是，此举在当时极端保守排外的湖南引起了轩然大波，在长沙参加乡试的士子们听到郭嵩焘出使英国的消息之后，认为他丢尽了湖南人的脸，不仅焚毁了郭嵩焘主持修复的长沙上林寺，还扬言要捣毁其住宅。面对各方面压力，郭嵩焘并没有退缩放弃，虽然他也知道："乃以老病之身，奔走七万里，自京师士大夫，下及乡里父老，相与痛诋之，使不复以人数，陵迫百端，衰年颠沛，乃至此极。"② 但他深知在当今时移世易的情况下，还死守过去那种"天朝上国"愚昧观念，而不去深入了解西方、学习西方的话，国家的衰落将是不可避免的。他已经意识到自己的出使工作对于老旧的中国而言是具有开创性作用的，并且积极投身于中国外交事务的开拓当中。郭嵩焘成为清王朝首位驻外使臣出访英国到达伦敦后，面对以何种身份觐见英国女王的历史难题，凭着机智过人的变通能力，在白金汉宫向英国女皇维多利亚从容行鞠躬礼，既代表清政府对英国展示了礼仪之邦的气度，又保存了处于弱国地位的国家体面。这一外交实践给人们提出了这样一系列的问题，"弱国是否无外交？……中国的传统等同于落后吗？""中国在器物、制度上的落后是否就决定了其外交的无所作为，两者是否是一回事？"答案是否定的。确实，晚清时期的中国与西方各国相比，无论是在军事经济实力上，还是在政治制度上都处于"敌强我弱"的形势。但中国的长矛大刀斗不过西方的船坚炮利，并不成为中国外交不守礼循理的借口和理由。晚清中国必须抛弃以"上邦"、"天朝"自居的大国思想，但不等于其就将外交礼仪与民族尊严弃之不顾。作为一个当时的弱国，中国仍然有自

---

① 王闿运：《湘绮楼日记》（第 26 册），商务印书馆 1927 年排印本，第 24 页。
② 郭嵩焘：《郭嵩焘日记》（第 3 册），岳麓书社 1981 年版，第 50 页。

己理智的选择和自主的外交。外交不是攻击与谩骂的蛮夷之举，也不是逞一时之强的冲动行为。所谓"图自强者必不轻试其锋"者，乃是"反弱为强，诎以求伸"的外交手腕。郭嵩焘以其机敏的外交风范，很好地诠释了他"以礼相待，以理制胜"的外交思想。在这种思想指导下，郭嵩焘努力进行了中国外交的开创工作，建立了中国历史上第一个驻外使馆，并且详细制定了驻外使馆的工作制度和使馆工作人员行为规范。如光绪二年（1876年）十二月，郭嵩焘到达伦敦第三天，就和副使刘锡鸿一道，"传集随侍人等，谕以五戒：一戒吸食洋烟，二戒嫖，三戒赌，四戒出外游荡，五戒口角喧嚷。摩西'十戒'为西洋立教之祖，予此五戒亦中国出使西洋立教之祖矣。"① 这些创举为提升中国人的形象以及近代中国外交事务的开展奠定了良好的基础。此外，郭嵩焘还向清政府奏请设立领事馆，在他的建议下，清政府于光绪四年（1878年）在新加坡设立了第一个驻外领事馆，开创了近代中国外交事业的新篇章。郭嵩焘还提出了一些比较符合现代外交观念的建议，如奏请禁止鸦片烟，建议编辑通商则例，建议中国派员参加万国刑罚监牢会等，有的被驳回，有的被采纳，这都表明郭嵩焘具有日益开阔的现代化眼界。

这一时期，郭嵩焘学习西方的思想开始逐步形成自己的体系。在他的许多至交好友推动洋务运动，对西方文明的认识还停留在船坚炮利的层次，坚持"中体西用"的文化观时，郭嵩焘则在出使英法时期全面地把握西方文化和科学的精神实质，充分利用一切机会，深入了解西方政治、经济、文化、教育、科学、技术等各方面的情况，他还利用自己的使节身份，结识了当时英、法许多世界一流的科学家，参观了当时英法德最先进的工厂、军事基地及科学设施。这一时期，他对西方文化的认识有了质的飞跃，甚至把传统中国学术中的"实学"概念与西方近代自然科学和社会科学联系起来，他认为西方自然科学发达的认识论原因就是西方人重视实事求是，他

---

① 郭嵩焘：《郭嵩焘日记》（第3册），岳麓书社1981年版，第98页。

曾经说道："西人格致之学，所以牢笼天地，驱役万物，皆实事求是之效也。"①

郭嵩焘这一时期对西方文化全面而深刻的认识，也使得他的学习西方的思想达到了一个远超国内同时代知识分子，开创时代新风的境界。他首先认识到中西文明之异同，实际上是"有道"和"无道"的差异，他说："三代以前，皆以中国之有道制夷狄之无道。秦汉而后，专以强弱相制，中国强则兼并夷狄，夷狄强则侵凌中国，相与为无道而已。自西洋通商三十余年，乃似以其有道攻中国之无道，故可危矣。"② 颠覆性的提出西方之有道，中国之无道的观点。同时，郭嵩焘还创造性地提出，西方对中国的冲击，这是中国历史上的一大变局，也是世界历史发展的必然趋势，"西洋之入中国，诚为天地一大变。其气机甚远，得其道而顺用之，亦足为中国之利。"③ 提出中国人要理性客观地看待这种变化，同时中国人并不是被动地接受西方的侵略，而是可以抓住这种"气机"，然后"得其道而顺用之"，使中国也像西方国家一样富强起来。其次，郭嵩焘通过长期对西方细致深入地考察研究，并对比中西文化之后，得出了"学习西方，必辨本末"的观点。早在漂泊于往伦敦的海上，他在后来引起国内大批判的《使西纪程》一书中，就提出了所谓"西洋立国有本有末"，以及讲求应对之方的观点，被人批判为"有二心于英国，欲中国臣事之。"郭嵩焘指出："西洋制法，亦自有本末，中国大本全失，西法从何举行？勉强行之，亦徒劳耳！"④ 到达伦敦之后，郭嵩焘通过对西方文明的深入考察，更加强化了自己这种有本有末的观点。郭嵩焘于 1877 年在伦敦致书李鸿章说："日本在英国学习技艺者二百余人，各海口皆有之，而在伦敦者十九人，嵩焘所见有二十人皆能英语。有名长冈良芝助者，故诸侯也，自治一国，今降为世爵，亦在此学习法律。其户部尚书屡恩叶欧摩，致奉使讲

① 郭嵩焘：《郭嵩焘日记》（第 3 册），岳麓书社 1981 年版，第 766 页。
② 同上书，第 548 页。
③ 郭嵩焘：《郭嵩焘诗文集》，岳麓书社 1984 年版，第 225 页。
④ 郭嵩焘：《郭嵩焘日记》（第 3 册），岳麓书社 1981 年版，第 444 页。

求经致出入，谋尽仿行之……而学兵法者绝少。盖兵者末也，各种创制皆立国之本也。中堂一意主兵，故专意考求兵法。愚见所及，各省营制，万无可整顿之理，募勇又非能常也，正虑殚千金之技以学屠龙，技成无所用之。嵩焘欲令李丹崖携带出洋之官学生，改习相度煤铁炼冶诸法，及兴修铁道电学，以求实用，仍饬各省督抚多选少年才俊资其费用，先至天津上海福建各机器局，考求仪式，通知语言文字，而后遣赴外洋，各就才质所近，分别研习……"①。郭嵩焘在这里指出李鸿章"专意考求兵法"，这只是学到了洋人的"末"，而非洋人的"本"，那么，西学的本到底是什么呢？他指出，"各种创制皆立国之本也"。一是以通商为本，郭嵩焘指出，西方把重商作为国策对待，"西洋立国，在广开口岸，资商贾运转，因收其税以济国用"。"惟其以保护商贾为心，故能资商贾之力以养兵"。"盖洋人皆有保护商贾之心，而于地方官多所扞格，此即因其意所向而利导之者也"②。主张在政府保护下实行"商人自制"，这说明他主张朝廷应允许商人自己营造轮船，经营贸易，这就打破了朝廷"重农抑商"的政策，也突破了"官督商办"的界限，"西洋以行商为制国之本，……宜其富强莫与京也"③。就是西方国家将发展商业作为管理国家的基础，正因为如此，他们才能将发展商业的种种举措"与国政相经纬"，并强大起来。因此，郭嵩焘要求朝廷效法西方各国建立资本主义经济制度，而且主张让商人参政。二是认为发展资本主义商业固然是中国富强之本，但如果政治不改革，要发展商业也是不可能的。所以郭嵩焘在分析洋务运动时，便突出强调要以政教为本，他说"嵩焘窃以为西洋立国有本有末，其本在朝廷政教，造船、制器，相辅以益其强，又末中之一节也"。他认为洋务运动其实是"舍富强之本图，而怀欲速之心以急责之海上，将谓造船、制器用其一旦之功，遂可转弱为强，其余皆可不问，空无慈利"④。三

---

① 郭嵩焘：《郭嵩焘日记》（第 3 册），岳麓书社 1981 年版，第 392 页。

② 同上书，第 425 页。

③ 同上书，第 79 页。

④ 郭嵩焘：《郭嵩焘奏稿》，岳麓书社 1983 年版，第 345 页。

是郭嵩焘进一步认识到发展商业也好，改良政治也好，都必须从改变人心风俗做起，就是要使政教深入人心，形成一种良好的社会心理和社会风气，这才是最根本之处。郭嵩焘强调："强而无道德，富而无风俗，犹将不免于危乱。"① 最后，郭嵩焘还认为中西方文化各有所长，在学习西方的同时，不仅要透彻地了解西方，更要深入地了解自己的传统，即要做到知己知彼。他特别强调要将中国古代学术中优良的学术传统实事求是与西方的科学精神统一起来，比如在修建铁路的问题上，明确提出："嵩焘以为轮船、电报，必宜通行，铁路暂不必能行，无已，则小试之，徐徐推广之，庶无大失矣。"② 郭嵩焘的这些理性认识，以及正确学习西方的观点，无疑是走在时代最前列的。郭嵩焘此时的思想已远非李鸿章辈所能及，他所主张学习的内容，已经涉及西方的制度层面。其他被公认的早期维新思想家如薛福成、马建忠等，都晚于郭嵩焘提出类似主张，虽然郭嵩焘此时的主张还处于比较粗浅的层面上，但他却以提出"姑务其末"以为"循西法之基"，以及商人自办企业的主张，这在当时已经超出洋务派所能接受的程度了。郭嵩焘是公然主张中国学习这种"西方立国之法"的第一人，是从洋务派脱胎出来的早期维新主义者，是早期维新思想的开拓者。正是由于他的先知先觉，所以他才敢于置"区区世俗之毁誉"于不顾，毅然承担起"以先知觉后知，以先觉觉后觉"的历史使命。

五 积极推动湖南的现代化

郭嵩焘于光绪五年（1879 年）三月自英法回国，回国之后没有接受清廷的诏命而直接回乡。出于对洋务运动以及清王朝的失望，他屡次称病拒绝了朝廷和总署的任命，在家乡赋闲 12 年。

---

① 郭嵩焘：《郭嵩焘日记》（第 4 册），岳麓书社 1981 年版，第 87 页。
② 郭嵩焘：《郭嵩焘诗文集》，岳麓书社 1984 年版，第 243 页。

郭嵩焘晚年虽然因为心灰意懒而赋闲家居，但仍没有放弃对于国家大政的关注，与知交好友仍然书信往来密切，对于国家大事仍然通过书信的方式发表意见，也积极参与到湖南地方事务之中。如光绪四年（1878年），崇厚作为清政府专使，赴俄国交涉索还伊犁，并于次年在俄人的诱骗之下，不经请示就擅自与俄国签订了丧权辱国的条约，郭嵩焘对此提出了严厉的批评，并于光绪六年（1880年）向清政府上了一个《俄人构患已深遵议补救之方折》，提出了补救崇厚失利的六条方略，得到了时人一致肯定的评价。光绪八年（1882年）中法战争爆发，法军攻陷越南河内后威胁云南边境，郭嵩焘又给朝廷上了一道《法扰越南宜循理处置折》，后来在清政府铁路之争时，郭嵩焘也从客观的角度提出当时中国兴修铁路并非急务。这都表明郭嵩焘并没有真正放弃对于国家大事的关切。

郭嵩焘返回湖南之后，也试图通过在湖南兴办洋务来实践自己学习西方的思想。光绪七年到八年（1883—1884年），他曾经向时任湖南巡抚的涂宗瀛建议在湖南开办轮船事业，但被否决，卞宝第继任湖南巡抚后，郭嵩焘又再次呈请，但仍然遭到拒绝。直到光绪十四年（1888年）王文韶重新担任湖南巡抚，才主动商请郭嵩焘主办轮船事宜。郭嵩焘欣然应允，并制定了湖南轮船章程九则，但保守的湖南官绅认为湖南开办轮船，一会造成靠行船为生的小民失去生计，二会破坏风水，这种迂执之见使得郭嵩焘恨恨说："十年以来，阻难专在官。"

除了在湖南倡办洋务之外，郭嵩焘还积极地联络湖南士绅"议设禁烟公约，每年会集四次。"他主张通过"躬行董率"来倡行禁烟，不仅刊行了《禁烟公社条规》广为散发，而且在每次禁烟公社的集会上反复宣传禁烟对于中国的好处。郭嵩焘晚年还积极兴办教育事业，首先是倡议恢复他以前曾经就读的湘水校经堂，并且排除干扰，不再附属岳麓书院，而在长沙城南天心阁下另设校址，以通经致用为宗旨，为近代湖南培养了一大批人才。其次是创办了思贤讲舍，其目的就是为了弘扬湖南先贤王船山之学，不仅为湖南培养了一批人才，还出版了一批重要的书籍。后来民国时期，思贤讲舍改为"船山学社"，对弘扬船山学术，激励爱国主义精神起到了良好的作用。

郭嵩焘晚年多病，光绪十七年（1891 年）六月十三日（7 月 18 日），这位一生追求真理而不为时人所理解的老人，带着满腔的期冀离开了人世，享年 73 岁。

郭嵩焘晚年在自述诗《戏书小像》中说道："流传百代千龄后，定识人间有此人。"① 他逝世后 100 多年的历史证明，作为时代的先知先觉者，作为那个时代向西方学习的积极鼓吹者，也是最清醒、最理性者。郭嵩焘始终走在时代的最前列，成为近代湖南人影响中国近代历史发展的重要代表。第一，郭嵩焘提出了鲜明的并领先于时代的中西文化思想，利用自己驻英法公使的身份，结识了当时英、法许多世界一流的科学家，参观了英法德当时最先进的工厂、军事基地及科技设施，并对西方文化的认识有了质的飞跃，甚至把传统中国学术中的"实学"概念与西方近代自然科学和社会科学联系起来，同时他也认为中西方文化各有所长，在学习西方的同时，不仅要透彻地了解西方，更要深入地了解自己的传统，即要做到知己知彼，把中国人对世界的认识极大地向前推进了一步；第二，郭嵩焘担任驻英国公使，开创了中国政府向外派遣常驻使节的先例，也是中国外交走向现代化的标志性实践，起到了开风气之先的作用。郭嵩焘建立了我国第一个驻外使馆，并且详细制定了驻外使馆的工作制度和使馆工作人员行为规范。他在西方所进行的外交行为，提升了中国人的形象，为近代中国外交事务的开展奠定了积极的基础。此外，郭嵩焘还向清政府提出了一些比较符合现代外交观念的建议，比如向清政府奏请设立领事馆，在他的建议下，清政府于光绪四年（1878 年）在新加坡设立了第一个驻外领事馆，这些活动都开创了近代中国外交事业的新篇章；第三，郭嵩焘提出了"学习西方，必辨本末"的进步观念，并以

① 郭嵩焘：《郭嵩焘诗文集》，岳麓书社 1984 年版，第 785 页。

莫大的勇气排除艰难在近代中国推行洋务，例如要求朝廷效法西方各国建立资本主义经济制度，而且主张让商人参政，并提出推行洋务，要以政教为本。郭嵩焘虽然在世之时由于其领先时代的思想观念而毁誉参半，但其充满了强烈爱国主义情怀的对中国如何应对时代大变局的认知，极大地推动了中国思想现代化的历史进程。

皮锡瑞　近代中国通经致用的变法经师

皮锡瑞精研群经，著述宏富，是近代中国为数不多的经学大师之一。皮锡瑞之学主张通达古今之变和经世致用，并在清末中国社会大裂变之时以今文经学为指导探索变法理论，积极参加戊戌变法和清末新政，成为近代中国现代化运动中有重要影响的思想家和宣传家。

　　皮锡瑞作为晚清著名的经学大师，以其学术上的精深成就积极参与变法和新政实践，在近代传统学术与文化转型以及政治改革中占有重要地位。晚年皮锡瑞在湖南兴办新学，为近代中国教育的现代转型做出了重要贡献。

一　家世与早年生活

皮锡瑞（1850—1908），字鹿门，又字麓云，清道光三十年（1850 年）出生于湖南省长沙府善化县（今属长沙市）。因敬仰西汉今文学大师伏胜（生），遂给自己的书斋起名为"师伏堂"，所以后来学者又称他为师伏先生。据皮锡瑞之孙皮名振考证，皮氏祖上系出名门，善化皮氏应该属晚唐著名诗人皮日休后裔，世居湖北襄阳，皮氏自明朝中叶之后迁居到江西临江府清江县之龙潭里，所以后来皮名振才有所谓"我皮氏江右望族"①之说。到乾隆末年，皮锡瑞的高祖皮以锈，由江西迁至湖南，到皮锡瑞的曾祖皮登乐时，才落籍于长沙府善化县。

据皮锡瑞自述，其曾祖父皮登乐靠经商发家，为长沙财雄势大的大商人之一，同时粗通诗书，能明大义，虽家境富裕，但日常生活非常简朴，对待同乡友人经常仗义疏财，皮锡瑞说他是"多赈贫乏，为人排患难，无所取，且耗金钱酒食不吝"，"排难解纷，自是佳事。予曾祖暮年乐此不倦，亦谓为子孙计，予等今日当亦叨此余荫"②。皮锡瑞的祖父皮存源，字永榜，可能是靠捐纳得以进入国子监读书，后来担任过州同知的官职，并得到了清王朝朝议大夫的封赏。此时，皮家仍属豪富之家，皮存源也颇有乃父之风，好义轻财，积极参与地方公益事务，甚至输财助军，至于对邻里鳏寡孤独的帮助，更是不遗余力，因而"以孝友信义重于乡党"。③

自皮存源以来，皮家开始由商人转向诗书传家，家中产业逐渐败落。到皮锡瑞的父亲皮树棠（1839—1889）时，皮家开始败落，皮树棠即因时局艰难和家境窘迫而出仕，曾经担任过宜章、华容县学训导，辰州府学教授。但他认为担任教职难以实现个人抱负，于

---

① 皮名振：《皮鹿门年谱》，商务印书馆 1939 年版，第 4 页。
② 皮锡瑞：《师伏堂日记》，丁酉年十月十七日，湖北省图书馆藏本。
③ 皮名振：《皮鹿门年谱》，商务印书馆 1939 年版，第 2 页。

是参加朝廷吏部的拣选，分发到浙江，被补授处州府宣平县知县，后来又被临时委任负责管理余姚花布厘金局。皮树棠上任不到一年，以雷厉风行的手段革除积弊，严禁贪贿，办理厘务成效斐然，"厘剔弊薮，禁止漏税，而宽其罚，以广招徕，于是税课复旧"。后来又担任宣平县知县前后8年，在任上为官清廉，关心经济实务，重视民生，官声良好。到1885年春，皮树棠殆因中风，手足麻木，只好乞求解职归里，4年之后，皮树棠病逝。

皮锡瑞青少年时，正是皮家开始由盛转衰之时，幼时良好的家庭环境，使他能够毫无负担地接受良好的家庭教育。但年长之后，家境逐渐衰败，使得他不得不为了生计而四处奔走。1890年，即皮锡瑞父亲逝世的第二年，皮锡瑞就因为家中经济困窘，不得不放弃专心读书备考的生活，出任教职，主讲桂阳州龙潭书院，后来又远赴江西南昌，靠给官员充当幕僚来争取一些微薄的收入来贴补家用，但这对于皮家的日落西山似乎无所裨补，此时要靠变卖祖产和借债才能维持生活。到1895年，皮家这个大家庭已无法维持下去，只好分家，由各房自谋生计。分家对于皮锡瑞的刺激是比较大的，皮锡瑞与两个弟弟皮锡琛（筱鹤）、皮锡琦（筱泉）将现有田产连同债项派作三分，"一人分租不及二百担，而欠债二千金，非得脯鬻，何以度日"。接着又分父亲遗物，皮锡瑞分得玉带朝珠，凄然写道："忆当日蓄古玩甚多，今已不可复问，亦不欲复问也。"此外他又分到衣物数件，但其中有两件已"入质库"，他感慨不已地说，"此先府君所甚恶者"。① 祖父辈的为人处世和家境的衰落，对皮锡瑞的个人性格和人生道路产生了重要影响。

皮锡瑞很小就在母亲的教育下读文识字，后来相继拜同县秀才童海观、陈善昌为师学作诗文。10岁时，又拜在同县秀才鲍文浚门下受学长达5年，在此期间，学习经史子集，学识大进。1864年，14岁的皮锡瑞考中秀才后，进入长沙城南书院学习，获得了当时山长何绍基等名师指点，又结识同在院中的益阳王德基（怀钦）、长沙

---

① 皮锡瑞：《师伏堂日记》，乙未年二月十七日，湖北省图书馆藏本。

阎士良（象雯）等人，志同道合，诗文酬唱，学识与志趣不断增长。皮锡瑞后来回忆自己的早年学习生涯时，曾说："弟少沉溺俗学，喜词章之学，耗心力大半。弟性淡泊，规行矩步，颇近宋学，亦尝观五子书，其时年少气盛，思有所建白，披亭林、船山议论，参考历代史事，以为不当沿宋明之弊法，舍汉唐之宏规。"① 也就是说，皮锡瑞早年为了参加科举考试，主要修习辞章之学与《四书》义理，成年之后，对宋学产生了疑问，尤其是受顾炎武、王船山等大师的影响，开始研读经史，关注经济实务。这种受学经历，使皮锡瑞既培养了较强的辞赋写作能力，成为了晚清文坛之大家，以诗赋名噪一时，具备了基本的经义知识，为他后来由辞章议论转向经学训诂并迅速取得显著成绩奠定了基础，有人就称赞他"宗圣立旨，敷章贲华，斐然经术，蔚为文词"，一补数千年来"经学文章，道本相辅，各尽所长，鲜能兼善"② 的缺憾。同时也培育了他通达古今之变的学术性格，使他更关心经济实务。他曾经写了这样一句诗："我生之后乃多故，倚柱夜啸谁相哀。"③ 皮锡瑞生于乱世，自幼便经历了国事的艰难，战乱的颠沛，心怀天下之忧，又受父亲皮树棠和塾师鲍文浚等人的影响，年少即蓄大志，慷慨以救济天下为己任。青年时期在友朋间以孙策、周瑜、刘琨、祖逖等相比拟，自许为孙、刘一类乱世英杰，其整顿乾坤、澄清天下之气概可以想见。

　　在中国古代社会中，对于读书人而言，读书应通过科举考试获得功名，然后出仕为官，才是改变个人身份地位，实现理想，报效国家的终南捷径，皮锡瑞也不例外。皮锡瑞14岁考中秀才，又于同治十二年（1873年）被湖南学政选拔为拔贡，在科举制度下，有五贡的说法，即拔贡、岁贡、优贡、副贡、恩贡，其中以拔贡最难获得，乾隆三年（1742年）开始定为12年选拔一次，挑选极严，由学政从全省生员中遴选文才、品行兼优者推荐到朝廷国子监，再经朝臣考试复核，才能入国子监。但也因拔贡获选之难，所以拔贡生

---

① 皮锡瑞：《师伏堂日记》，戊戌年四月初七，湖北省图书馆藏本。
② 皮锡瑞：《师伏堂日记》，乙未年十月十七日，湖北省图书馆藏本。
③ 皮锡瑞：《拟行路难》十二，《师伏堂诗草》卷一，长沙思贤书局甲辰本。

员经过朝考，即可直接充任京官、知县或州县教职。当时皮锡瑞获选拔贡之后，湖湘皆闻其名，称贺，期望五人一飞上天，报效君国。翌年开春，皮锡瑞与王怀钦等相偕入京，参加朝考，可惜因重病之后体弱难支，最后名落孙山。1875 年，皮锡瑞在湖南参加乡试，又未及第。此后直到光绪八年壬午（1882 年），皮锡瑞第五次参加乡试，才考中举人。皮锡瑞年未弱冠即科场得意，可是此后年过而立仍然困顿，花了整整 10 年才考上举人，科举的挫折带给他心理上的巨大痛楚及对其人生抉择的重大影响，他的心境也逐渐发生变化，屡屡透露出对仕途的心灰意冷，甘心退居山林著述终老。但中举之后，皮锡瑞对科举考试以及通过科举获得官职还是抱有幻想，然而在 1883 年和 1886 年进京参加会考时，试卷连房考官的推荐都未获得。会考过后本有大挑，但皮锡瑞虽被引见，但未获记名，没有得到出仕的机会。自 1874 年以来，9 次参加科举考试 7 次失败，年渐苍老却依然落第不仕，无情的现实击碎了他的天真梦幻。皮锡瑞虽然功名无成，不能显亲扬名而心中戚然，但他最为痛心的，还是空有救世之才，却登天乏术，无用武之地，年老气衰而一事无成。

二　甲午前后思想的转变

1890 年，因为连年科考耗费巨大，家庭生计日益困难，皮锡瑞不得不接受桂阳龙潭书院的聘请，担任教师一职。在此期间，皮锡瑞又应江西学政龙湛霖之邀，远赴南昌担任幕僚，主要是帮助阅卷，这也是他最为沉寂的一段日子。1892 年，又逢科举大考之年，皮锡瑞早已沉寂的心此时又按捺不住，加上正月被南昌经训书院延聘，书院还同意他先到南昌教学一段时间，再到京城参加考试，一方面既可从书院获得薪金来补贴家用，另一方面又不会因为参加考试而失去生活来源。所以他又以满腔热情北上应试，但结果还是榜上无名，同样还是未获得房考官的推荐。他由此感叹科举中第，全在天命而不在文才。1894 年第 4 次参加会试仍然落榜后，皮锡瑞开始放弃辞章议论之学，把满腔的志向抱负转向经学著述，希望像陈澧一样，绝意功名仕进，以讲学和著述终老一生，希冀以此传名后世，这也成为他科场失意中的最好慰藉。皮锡瑞备尝 20 年的辛酸后，终于认识到功名富贵与名山事业不可能一身而兼，于是舍弃功名，甘于贫寒，坐老青毡。

虽然皮锡瑞因为科举失意，决心由辞章之学转向经学，但不是在乾嘉太平时期和清政府文化专制之下才专心经学研究的，他认为埋首故纸堆，笺注训诂是无益时世的倾诉。皮锡瑞所处的时代是中国大裂变的时代，正所谓"三千年未有之大变局"的时代，而这一时期，中法战争、甲午中日战争，以及国内的连续动荡都表明清王朝的统治摇摇欲坠，中国正面临前所未有的大危机、大变革。他虽然失意于科场，但对皓首穷经并无好感，虽屡受挫折，却绝非一位沉闷颓废、心如止水、闭坐书斋、不闻世事的学究。早年的经历，青少年时的抱负，日趋严重的内忧外患，加之经时救世之心始终未曾灭熄，这就为他走上通经致用的学术道路奠定了思想基础，也能说明他何以转治儒经之始，即选择了合经术与治术为一身的西汉今文经学。

皮锡瑞这一时期大量的研读史书，希冀从历史的兴亡机运与成败得失之中寻找解决当前危局的办法。在他留下的六卷《师伏堂》诗草中，从 1874 年到 1898 年，皮锡瑞共写下了有关的律诗、绝句 150 余首，他在诗中"陈古以切今"，将其经世韬略转而表现于史论之中。他说："士生晚近，稽览前徽，帝典王纲，日以弛废，时为寂寞，我适安归？……或陈古以切今，匪贵远而贱今，庶几鱼藻古义，聊以讽时，燕说郢书，亦足治国矣。"① 也正是通过纵论历代成败兴亡，以史经世，借以探讨立国之道、用人之方、御外之策，引古以鉴今，批判清末社会各种衰乱之象，试图从古今之变中探寻治乱之源、救时之策。

甲午中日战争之前，皮锡瑞已经感受到了严重的民族危机，当

---

① 皮锡瑞：《宙和堂谈古·自序》，《师伏堂骄文》（卷一），长沙思贤书局甲辰本。

时列强从边疆入侵中国，使得清政府四面楚歌，祖宗基业，一夜之间似乎到了风雨飘摇的年景。在此严峻的形势之下，皮锡瑞针对当前危局，也提出了一些变革的设想。但由于此时他对西方的认识还停留在传统的范畴之内，因此只是一些传统的经世之策。如提出重视农业、恢复生产，通过大兴教化，用仁德礼义来治理国家，这是于时无补的。当然，他针对当时频繁的中外冲突，也提出过一些合理的建议，如对主降派的批判，要发扬中华民族不畏强暴的优良传统，坚决抗击外来侵略。对待西学与洋务，皮锡瑞一开始也是秉持传统士大夫抗拒、抵制的态度，对西方的文化物质，一概予以否定，比如他1883年从北京参加会试南归经过上海，看到上海深受西风浸染，十分厌恶，说："沪上风杂夷夏，地分中西。歌吹聒耳，金碧炫目，妖姬竞艳，车行斗风，鬼火分红，夜朗逾昼。绿睛赤发，似入王会之都，左带沸唇，如览十州之记。自疑此身，顿入异国矣。"①甲午之前，皮锡瑞虽然由于中西交流越来越多，也曾浏览过华人在西方的游记和一些西方书籍，但看到的是西洋缺少政教，礼仪人伦尽丧。对于洋务运动，他也长期持否定反对态度，他虽然也追求国家富强以抗御外侮，但他认为洋务运动有用夷变夏之嫌，中国的变革决不能依靠洋务运动。

甲午中日战争爆发之后，淮军在朝鲜惨败于日军，日寇逼近辽东，在这种国家危难之时，皮锡瑞把力挽狂澜的希望寄托于他一直引以为傲的湘军上，他极其希望朝廷征召湘军出征。所以后来清廷召刘坤一统率湘军迎击日寇，他万分鼓舞，当即写下"直抵扶桑地，先收平壤城。从来耐苦战，推重老湘营"②的诗句，却不料辽东一役，湘军连战皆败。湘军的惨败，使清政府彻底失去了决战的勇气，加速了与日本议和的进程。湖湘士人都有一种由湘军兴起以来的虚骄之气，以为湖南人镇压了太平天国，挽救了清王朝的统治危机，因而具有一种天下兴亡皆系于我的心理。一旦湖南人引以为傲的湘

---

① 皮锡瑞：《沪上寄都中友人书》，《师伏堂骈文》（卷二），长沙思贤书局甲辰本。
② 皮锡瑞：《途中遇湘军东征》二，《师伏堂诗草》（卷五），长沙思贤书局甲辰本。

军遭受到惨败之后，这种虚骄之气又会激进地转变为虚哀和变革。堂堂天朝上国，竟败于蕞尔岛夷，皮锡瑞为之痛心不已，也促使皮锡瑞从天朝上国的沉醉中惊醒过来。"安知蕞尔微三岛，竟敢横行大九州！"这种沉重的历史负罪感迫使他"转侧豁窹，其虚骄不可向迩之气，亦顿馁矣"①。他对中国的落后和腐败也有了彻底的认识，知道光凭陈旧的社会体制无法抵挡外敌的入侵，遂一改过去"力战"的态度，思想也在这一时期发生了激烈的转变，皮锡瑞开始冷静客观地研读西学，从三代、汉唐的古迹里转向以西法和洋务作救世之用，以维新变法取代原来的经世改革。正如同他自己所说："时务因时而变，一年不同一年，如去年历书，今年不可复用。……当时中国差能自固，老成之士，一味电线、铁路、轮车、轮船，皆不宜到处通行，此在当时，自是深谋远虑，诚恐开门揖盗，反为不美。到今日则门无可闭，不必开门揖盗矣。且铁路、火轮，我不办，彼将来办……彼来办，利权全归于人。……时事变幻，如此已极，犹得以昔日之议论为然乎？"② 1896 年，皮锡瑞还在书信中提到："慨乎东藩之失，极言变法之不可缓"，"然今日之局势，如病已入膏肓，论者始欲学医以治之，即遇长桑君饮上池水，亦恐缓不济急。"③ 由此可见甲午之后，皮锡瑞鉴于日趋严重的民族危机，开始以当年读史寻求变革依据的思路，思考挽救危亡的方案，为他以后戊戌时期提出极具鲜明特色的变法理论奠定了基础。

三　主讲南学会，开通近代湖南变法风气

　　皮锡瑞自 1892 年后一直在江西经训书院担任教职，但早已不安于位。其原因主要是当时江西风气极为保守，而皮锡瑞所主张的兴办学堂、变法维新事务，难以在江西得到开展。再加上书院内部人

---

　①　皮锡瑞：《师伏堂日记》，丁酉年十月廿七日，湖北省图书馆藏本。
　②　皮锡瑞：《师伏堂日记》，戊戌年六月初六，湖北省图书馆藏本。
　③　皮锡瑞：《师伏堂日记》，丙申年正月十七日，湖北省图书馆藏本。

事倾轧，地方绅士几番阻挠书院与他续聘，所以皮锡瑞早有去意，于1895年就托友人帮助他在湖南寻求教职。皮锡瑞自从思想发生转变之后，与湖南一些谋划新政，变法维新的官绅尤其是梁启超、谭嗣同等人交从甚密，双方思想交流，互为同志。实际主持南学会事务的梁启超、熊希龄看中了皮锡瑞长期担任教职，口才甚佳、思想开明的特点，早在南学会筹办之初就拟聘请他为山长，主持讲学。南学会是1898年春在湖南长沙成立的号称讲求新学的团体，实质上是一个激进的政治团体。1897年，德国强占胶州湾，抢占山东作为其势力范围，其他西方列强纷纷效仿，强占租借地，划分势力范围，掀起了瓜分中国的狂潮。当时之中国面临被瓜分的危机，国家命运危在旦夕。谭嗣同等人对形势做了最坏的打算，一旦中国被列强瓜分而亡国，则须"做亡后之图，思保湖南之独立"，使南中国能避免被列强侵占。他们的具体办法是成立一个学会，宣传救亡，发展地方自治，并联络广东，以湘、粤为中心，实行变法，而后再图救中国。这种想法得到康有为和梁启超的支持。康有为认为若中国被列强瓜分，则湖南"可图自主"，即使中国被"割尽"，也可留下湖南一片净土，"以为黄种之苗"。梁也认为："为今日计，必有腹地一、二省可以自立，然后中国有一线之生路"。赞成湘、粤联合，以为"湖南之士可用，广东之商可用"。[①] 因此，以维新派为主导，建立了名为学术团体的政治性组织，取名南学会。在预备聘请皮锡瑞主讲南学会之时，湖南巡抚陈宝箴、陈立三父子却极力反对。因为身为江西人的陈宝箴向江西经训书院推荐皮锡瑞担任讲席之后，由于皮锡瑞长期主讲经训，注重以经史教化士子，使得书院原本偏重性理的空疏为之一变。再加上皮锡瑞对待学生循循善诱，因材施教，在江西每次科举考试中，经训书院所中士子是最多的，使得陈氏父子极为看重皮锡瑞，一定要皮锡瑞继续担任经训书院讲席。皮锡瑞碍于陈氏父子情面，不好直接坚持，只好转托熊希龄、黄遵宪等商

---

① 转引自李文海、孔祥吉编《戊戌变法》（第一册），巴蜀书社1986年版，第73页。

请陈氏父子同意。最终，陈宝箴答应允许皮锡瑞可以不辞去经训书院讲席，先暂时在南学会主讲，这事才得以解决。皮锡瑞于光绪二十四年（1898年）二月，接受了南学会坐办黄膺送来的聘书，正式担任南学会的主讲。

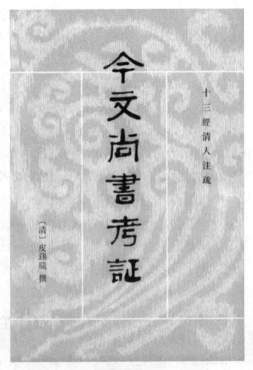

皮锡瑞著作

　　皮锡瑞作为南学会的学长，主要负责为南学会同人集会讲学。南学会作为学术与政治结合的团体，其宗旨主要是："专以开浚知识，恢张能力，拓充公益为主义"；"本会以同心合力，振兴中国为务"。① 选派具有维新变法思想的学者进行定期演讲，皮锡瑞主讲学术，黄遵宪主讲政教，谭嗣同主讲天文，邹代钧主讲舆地。此外，

① 《南学会总会章程》，《湘报》第35号。

作为地方自治性政治团体，南学会还要求扩大社会联系，要求"官绅士商，俱作会友"，"以通上下之气，去雍阁之习"，提倡改革，讲求内治，于地方重大兴革事项时加以讨论，提出方案，供政府参考。但政治性活动受到当时社会环境的制约，难以大规模展开，实际上主要进行的就是讲学。作为主讲学术的皮锡瑞，在其中承担着主要的任务，他的讲学，在湖南维新思想的宣传中发挥了重要作用。

光绪二十四年（1898年）二月初一，南学会正式开讲，皮锡瑞首先发表演讲，阐述成立南学会讲学的宗旨，其规模空前，当时《湘报》称"此事为生平所未见，不图今日见三代盛仪也。闻湘省之风，可以兴起矣。"① 自二月初一到四月初十，在三个多月的时间里，南学会共讲学 13 场，先后在学会演讲者达 45 人次，皮锡瑞就讲学 12 次，几乎是每场都有讲学。其讲学的宗旨："发明圣教之大，开通汉宋门户之见，次则变法开智，破除守旧拘挛之习。"（《师伏堂日记》，戊戌年四月初三），主要内容包括：第一，"合群"论与破除学派门户之见。维新派曾从西方各种社会政治学说中引进了"群学"这一概念，借以开启民智，团结人心，共同抵御外侮。严复就在《天演论》中重点强调了"能群者存，不群者灭，善群者存，不善者灭"的观点。皮锡瑞对梁启超在《南学会序》中所提出的开学会以合群的主张非常赞同，他认为讲学正是集合众人，共同切磋，相互得益的好办法。皮锡瑞在讲学中强调"合群"主要是针对两方面，一是要破除中国儒学中的门户之见，治学不论汉宋，不论今古文，要兼采并收，"宜开广恢廓，不宜拘执狭隘"。② 治学要学习朱子一身而兼孔门四科之学，学问极博，事功亦显，还要学习明末清初三位大师，顾炎武、黄宗羲、王船山，治学不局限在训诂考古，凡德行、言语、政事、文学无不讲求，故体用兼备。皮锡瑞还批判了学派之间的相互攻击，尤其是湖南人好互相攻击，新旧派争日趋激烈，他主张要融会贯通，求同存异，以联合学派，消除门户之见。

---

① 《开讲盛仪》，《湘报》第 1 号。
② 皮锡瑞：《师伏堂日记》，戊戌年正月二十四日，湖北省图书馆藏本。

二是要会通中西学术。皮锡瑞为沟通中西学术，宣扬西学中源论，"西学出于中学，本周秦诸子之遗，庄列关尹诸书所载，是其明证。"① 以此引导排斥西学的传统士绅更容易接受和学习西学。

第二，湖南人向来排外，维新之前的湖南士风民气以仇教排外著称，西方传教士曾称为"铁门之城"，周汉的反洋教歌词、揭帖，几乎传遍全国。皮锡瑞深感西方的入侵已经是不可阻挡的潮流，而湖南这种极端盲目排外仇洋的风气对于维新变法，讲求西学极端不利，同时也会造成不利于社会稳定的教案发生。时任湖南巡抚的陈宝箴就尖锐地批评湘人盲目排外乃愚昧不知耻的行为，说湘人"见游历洋人则群起噪逐之，抛掷瓦石殴辱之"，"不能与彼争胜于疆场之间，而欺一二旅人于堂室之内，变故既起，徒以上贻君父之忧，下为地方之祸，不更可耻之甚哉！"② 皮锡瑞对当时中国和湖南社会普遍存在的愚昧排外情绪的高涨十分担忧，他认为盲目地仇视西方与排外是有害无益，只能为外国列强入侵徒增口实，引起衅端。皮锡瑞深知："今中国微弱，四夷交侵，时事岌岌可危，迥非乾隆以前之比。"况且外敌早已对中国版图虎视眈眈，正愁没有借口可起兵端，"甚望我伤害彼一人，即可肆其恫喝要挟之计"。因此中国人的盲目排外正中外国侵略者之计，"非为中国出力，实为外国出力，而助彼以攻我，非为我君分忧，实召外国之兵以贻我君之忧也。""彼正欲挑衅，借此发难，尤易瓜分，此等非中国之忠臣，真外国之忠臣耳。湖南此等忠臣尚不少"。③ 同时，中国社会和湖南普遍存在的这种排外和仇外的情绪也不利于中国的变法维新。湖南士风民气本以排外仇教著称，特别是胶州事变后，周汉广发传单，号召民众盲目排外，以致引起轩然大波，这种"盲目排外"的风气，显然给变法维新造成了不少阻力，也不利于湖南维新运动的开展。皮锡瑞当时就非常气愤地指出周汉此等行径，竟然"尚有为之左袒者，真天

---

① 《皮鹿门学长南学会第四次讲义》，《湘报》第 21 号。
② 《陈右铭大中丞讲义》，《湘报》第 1 号。
③ 《皮鹿门学长南学会第五次讲义》，《湘报》第 25 号。

地之大，无不有矣"①。他批评像周汉那样"反洋教"的绅士们，"坚守旧说，不思变新，又肆言诋毁，以湘人结习，本不是为怪，至于联语丑诋，更属无赖所为"。② 因此，皮锡瑞主张通过学会讲学，让士民绅商皆入会听讲，开启民智，开通风气，消除湖南乃至全国盲目排外仇洋的情绪。同时皮锡瑞主张在处理西方入侵、中西冲突时，要文明排外，即一是要以坚忍，奋发图强，莫徒逞意气，否则"既害身又害国"，而应该镇定和坚忍，要讲策略，不能冒进。皮锡瑞又举孟子"无好小勇"等言论，认为对于当时中国人而言应当讲求大智大勇，舍弃匹夫之勇，又以越王勾践卧薪尝胆和燕昭王礼贤下士报齐复国为例，告诫民众应当坚忍奋发，养精蓄锐，不可急于求成，现在中国衰落，要挽救危亡，避免瓜分，唯有忍辱负重，早日实现自强，彻底摆脱危机。因此，他在南学会问答中，谆谆告诫士子们"勿逞盛气，勿为大言，总要智深勇沉，方能担当大事"，"天下大事，当讲理不当负气"。③ 二是规劝绅民们应正确估计形势，理智对待洋人来华通商传教，与之和平共处，不可与之挑衅。他指出："洋人来华通商传教"，"今惟有不明之争，而暗与之抵拒。讲求商务，开通利源，推广学会，宣明圣教。中外各国教宗各异，中国自应以孔教为专。惟尊孔教，宜多读古书，兼通时务，不得专以科举帖括为孔教。至于商学、工学及农家种植之学，则当采用西法，购置机器，不宜专持故见，自失本地之利。西人以商立国，自古已然，牟利之法既精，又能讲求物理、化学，其机器之巧，尤非人力所能争胜。欲保利权，必用新法，不必存中外畛域之见。"④ 皮锡瑞在南学会主讲期间还编写了一些歌谣来宣传他的这种文明排外的思想，如署名皮嘉祐而经皮锡瑞改定的《醒世歌》，就反复劝导人们"自己振作能有守，不怕外人把亏吃。""交邻要学孟夫子，字小事

① 皮锡瑞：《师伏堂日记》，甲午年闰三月廿四日，湖北省图书馆藏本。
② 皮锡瑞：《师伏堂日记》，甲午年闰三月廿四日，湖北省图书馆藏本。
③ 《皮鹿门学长南学会第六次讲义》，《湘报》第44号。
④ 《皮鹿门学长南学会第十二次讲义》，《湘报》第79号。

大大道理……莫学匹夫敌一人，扰乱大事事难成，雪耻自强要坚忍。"①

　　第三，皮锡瑞认为南学会听课者，绝非庶民，而是知识分子。南学会是湖南官绅学者开设，皮锡瑞亦颇有乡土意识，"惟望将来人才辈出，风气大开，使我湖南再出曾文正、左文襄、罗忠节之伟人，才不辜负创立南学会之盛举"，② 希望通过宣传变法维新来重塑湘军时代的湖南辉煌。皮锡瑞在南学会演讲中利用今文经学，假托圣人倡言变法维新，以尊孔保教为旗帜，推动了变法维新思想的传播。他说：中国"重君权，尊国利，猝言变革，人必骇怪，故必先言孔子改制，以为大圣人有此微言大义，然后能持其说……既言变法，不能不举公羊改制之义"③。皮锡瑞认为孔子是千古圣人、儒家教祖，他指出："删定六经，始于孔子，其通天人持元会之旨，尤在《易》与《春秋》二经。《春秋》变周之文从殷之质，故有素王改制之义，待后世有王者作，举而行之，此圣人之微言。至于《易》，则其义更微。"④ 他更进一步对《易》与《春秋》中的微言大义加以阐发，指明变法的合理性和必要性，如他引用《易》中的"易穷则变，变则通，通则久"，证明"变乃大《易》之精理，古今不易之明言"。因此，变法是圣人的旨意，是亘古以来就存在的法则，"天地之气运，一变至此，人何能与天地相抗，能迎其机而自变者，其国必昌。不能迎其机而变者，其国必亡，至于国亡之后，必别有人代为之变。"⑤ 强调了变法维新的重要性。皮锡瑞还结合中国历史发展进程对变法的合理性加以论证，他说："孔子所以必改制者，凡法制行数百年，必有流弊。古者一王受命，必改制以救弊。"⑥ 因此，国家制度一旦出现弊病，进行调整和改革是完全符合孔子本意的，

① 《醒世歌》，《湘报》第 27 号。
② 《群萌学会叙》，《湘报》第 32 号。
③ 皮锡瑞：《师伏堂日记》，戊戌年四月初八，湖北省图书馆藏本。
④ 《皮鹿门学长南学会第十一次讲义》，《湘报》第 72 号。
⑤ 同上。
⑥ 《南学会第九次讲义》，《湘报》第 57 号。

"不知法久必变，自三代至今日，不知几经变改，并非盘古以来即如是"①，并援引董仲舒"必徙居处，更称号，改正朔，易服色者，无它焉，不敢不顺天志而自显也。若其大纲，人伦、道理、政治、教化、习俗、文义尽如故，亦何改哉！"他说："盖千古不变者道也，历久必变者法也，道与法判然为二。"② 又以历史发展为证，说明饮食、衣服、宫室、官职等古今不同，而且时代愈后愈进步。这隐含着变法是必然发展，也是未来希望。当时中国社会面临着甲午以后最严重的民族危机，不是普通意义上的称号、服色、正朔等问题，即制度可以变，而且必须变，但文化精神或者说人伦、教化、风俗不能变易。皮锡瑞还具体提出了一些变法维新的主张，如认为由于西方经济的入侵，致使中国利权尽属外人，航运铁路等皆为外人掌握，即使拥有领土人民，也仅属躯壳。针对此点，皮锡瑞的对策是："抵拒通商，惟有开商学会，考究湖南出产若干，可以制造何物，将来销售何处，可以获利几倍，除火柴制造公司已办外，蚕桑、焙茶公司，亦渐举行"，"抵拒传教，惟有推广学会，到处开讲，使皆知孔教教义，远胜彼教，彼安能诱人入教"③。他还主张优先发展矿山、铁路、轮船等近代工商业部门，并视之为保家卫国的有力之举。他也要求清政府为发展经济提供便利和资助，创造适宜近代工商业生存的环境，以便与外国势力进行商战。

由于已经确定要赴江西继续经训书院讲席，皮锡瑞在四月初十讲完最后一场之后，便离开湖南。在这一段时间内，皮锡瑞所讲的"合群"论、"开智"论与"素王"论，其内容博大精深，从通经致用的角度阐明了学习西学、维新变法的思想主张，在当时湖南乃至国内引起了极大的震动，冲击了当时士绅保守僵化的思想观念，对推动维新变法在湖南乃至全国的兴起有着极其重要的影响。

---

① 皮锡瑞：《师伏堂日记》，戊戌年七月二十九日，湖北省图书馆藏本。
② 皮锡瑞：《师伏堂日记》，戊戌年七月二十九日，湖北省图书馆藏本。
③ 《南学会第十二次讲义》，《湘报》第 79 号。

四　融通古今，以经学为变法旗帜

皮锡瑞返回江西之后，本想积极参与江西新政，特意还从长沙带了一批《湘报》，意在将湖南新风传到江西，他还想首先推动经训书院等改办学堂诸事，但江西远较湖南守旧，皮锡瑞处处受制。此时江西开明士绅邀请他讲学，皮锡瑞还是欣然答应，并认真准备讲义，将自己在南学会讲学的主旨加以综括、提炼，并结合江西的人文历史，在江西推动维新变法。他还经常鼓励门生弟子开学会、报馆，多阅读时务书报。他的得意门生夏敬观、夏承庆等成立同心会，作为学会的基础。皮锡瑞虽然没有像在湖南那样直接参与江西的新政，但他积极支持门人弟子的新政活动，又多次发表演说，对开通江西风气，推动江西变法维新起到了一定的作用，尤其是他在经训书院的学生，有很多都是当时在江西积极讲求时务，从事维新变法的主力。除此之外，他还对在湖南、江西变科举，废八股，兴学堂非常感兴趣，并进行了一些相关的活动。皮锡瑞认为国家富强的根本，不在选拔任用人才，而在大兴教育，培植人才，他非常欣赏美国的教育体系，在时务学堂开学之后，皮锡瑞也曾多次前去听讲，并希望在江西经训书院推行改革，但遭到江西守旧势力的阻挠，最后不得不放弃。但他在推动湖南实行科举改革上尽其所能，积极设法。当时陈宝箴在南学会讲学时就公开批评时文无用，城南、求忠两书院的学生就上书陈宝箴，要求改革学制，不考时文，仿效岳麓书院之例，分析各种专门学问。皮锡瑞就以邀请友人帮助阅卷的行动积极支持了这次改革。在这一时期，由于皮锡瑞身处江西，无法亲自回湖南参与维新变法，所以只能通过书信和发表文章的方式，针对当时戊戌维新变法中所出现的各种问题提出自己的意见，形成了自己具有鲜明特色的变法主张。

一是针对当时一部分维新派对于变法维新过于乐观，急于求成的心理和做法进行了批评。皮锡瑞认为变法改革要谨慎从事，反对猝变和过激主义。1898年3月底，《湘报》第20号刊出易鼐的《中国宜以弱为强说》，提出"改法以同法，通教以绵教，屈尊以保尊，合种以留种"，以使中国迅速由弱变强，公开标榜全盘西化。文章出来后，引起守旧人士的激烈反对，维新派内部也出现极大的争论。黄遵宪因其过于惊骇流俗，以日本维新中出现渐进与顿进二派，提出"今即顿进，亦难求速效，不若用渐进法，报文勿太激烈"，[①] 皮锡瑞对于易鼐的观点也不十分赞同，说："渠官府且不免畏首畏尾，况吾辈耶！"[②] 因此，他越发坚持变法应该走平和、渐进之路，不能操之过急，特别是在维新之初，遇到阻力时，言行更不能太过激进，而要镇定和坚忍，要坚持变法，不能屈服，要讲究策略，不能急躁冒进。皮锡瑞在所作《同心会序》中，他深有感触地指出：守旧者以为旧法尽善，能守其法，天下自治，坚持一切不变；维新者以为旧法尽不善，不尽改其法，天下无由而治，主张扫地更新；由于双方持论都过于极端，乃至"分党竞胜，二者交议"，新旧相争不已。因此，他提出："一切不变，施之今日，固不相宜，扫地更新；望之今人，亦恐难逮。宜去其太甚，尽其所得为守旧、维新，庶无党祸。"[③] 他在这里要化解党争，看似调和新旧，实际上更倾向于劝诫维新者不必与旧法完全决裂，认为扫地更新的方针不是实事求是的做法。我们今天来看戊戌变法的失败，不能不说有一大原因就是领导者操之过急。

　　二是皮锡瑞强调变法要对症下药。对于学习西法，他认为所谓"必效西法"、"尽从西学"的变法之论是矫枉过正，他说："予谓效西法而不能实事求是，仍无济，即废八股、试帖，不过用《申报》文字耳。"[④] 随着他对维新变法运动越来越深入的思考，皮锡瑞更加明确地提出了反对尽变西法的主张。一方面，他公开倡导向西方学习，尤其是主张从经济层面上学习西方，他认为西人"其机器之巧，

① 皮锡瑞：《师伏堂日记》，戊戌年三月二十日，湖北省图书馆藏本。
② 同上。
③ 皮锡瑞：《师伏堂日记》，戊戌年六月初六，湖北省图书馆藏本。
④ 皮锡瑞：《师伏堂日记》，乙未年正月初十，湖北省图书馆藏本。

尤非人力所能争胜"，是故"商学、工学及农家种植之学，则当采用西法，购置机器"①，鼓励人们大胆地引入西方先进的科技，发展民族经济，增强国力，保种保教；另一方面，他又特别强调中学的主体地位，"中西之说，源流各别，而能多读中西之书，深究其理，观其会通，则亦未尝不可相通，兼讲西学，以补中学，可也；尽弃中学，专用西学，不可也"②他认为若一味效法西方，势必连中华民族的文化传统也将连根拔去，"未得西学，先亡中学"。皮锡瑞进一步从古今历史之源上寻找问题的症结，认为"今法多沿明，明法又本于宋，与唐以前判然不合"。③在他看来，只要革除宋明陋习，恢复汉唐良规，国家就会强盛，民族就能振兴，因此不必尽从西法。皮锡瑞主张调和中西，中体西用。这种调和思想之表达，大致考虑到中西文化之优点，即便有强调本有文化优越之嫌，实质上则绝无拒斥外来文化之意。他多次批评专重西学，要求尽法西俗的言论。皮锡瑞主张"善变而取法于古，有不必尽学于四夷"，他在变法思想虽然与康有为有着共同之处，但也存在着很大的不同，尤其对康有为及其门生弟子的某些做法有所不满，因而考虑另树一帜，使维新运动跳出康学窠臼。他的变法思想主张"实事求是"，主要参照本国的历史经验，从古今之变和历代治乱得失中，找到解决现实问题的对策。皮锡瑞的这一变法思路，较之康梁派"尽从西法"的变法论，显然更符合中国的国情民性，因而有着更大的现实针对性。

　　三是针对当时的变革科举与教育制度的问题，皮锡瑞也提出了自己的主张。皮锡瑞深刻认识到国家富强的根本在于人才，而人才皆出于学校。他把推广学校作为开通民智、振兴国运的根本途径，"多设学堂，广开民智，实事求是，上下一心"④。他强烈要求用近代新教育体制代替旧体制，以培养更多有用之才，"今欲教育普及，必使人人皆可仰企，学校乃无弃才"。要发扬传统儒教，就必须改革

---

① 《南学会第十二次讲义》，《湘报》第79号。
② 皮锡瑞：《师伏堂日记》，戊戌年三月十四日，湖北省图书馆藏本。
③ 《南学会第九次讲义》，《湘报》第57号。
④ 《南学会第六次讲义》，《湘报》第44号。

科举，废八股考试，推广学会等以扩大儒教的影响。皮锡瑞对梁启超等人主张兴学校、废科举、改官职深表赞同，认为是"探源之论"。他将八股文章喻为毒药和鬼魅，宣称"八股一日不废，英才一日无出头之日"①。同时又指出："今日八股文式始于明，明时可以兴，今时何不可以废？今改用四书、五经义，仍荆公旧法也。一二场用论策，汉以来旧法也。同一文字取士，不过稍变格式，何足为异？"② 皮锡瑞对变革科举废除八股，可以说倾注了不少心血，在维新变法期间，他更是身体力行。如在南学会章程中添入"愿阅课卷"一条，作为入会条件；又如在经训书院执教期间，他以经史辞章考试学生，拒用八股；他还向当局发出警告，说时文八股已经断送了大明江山，若清政府再顽固不化，其命运可想而知，只会加速中国的灭亡而已。

五　尽瘁桑梓、推动近代湖南教育现代化

皮锡瑞在得知戊戌变法失败，谭嗣同等戊戌六君子被杀于菜市口之时，心中非常愤慨，但他以为自己能躲过朝廷的大肆株连和守旧派的反扑。回到湖南之后，皮锡瑞自信自己不会受朝廷拿问，还在安排来年赴江西事宜，但早在年初，清廷军机处就已经廷寄谕旨给江西巡抚松寿、湖南巡抚俞廉三，指称御史参奏"举人皮锡瑞离经叛道，于康有为之学心悦诚服，若令流毒江西湖南两省，必至贻害无穷。"下令"由俞廉三饬令地方官严加管束"。③ 皮锡瑞被困于党锢之祸，连书院讲席这样维持生计的工作都无法做了，只能靠给小孩启蒙而维生，既感到人生理想抱负破灭的极大痛苦，又因坐馆而屡受羞辱，其治学也受到了很大的影响。虽然间或有人想聘请他重新出山任教，但他总是忧心自己所遭受的清廷的管束没有解除而

---

① 皮锡瑞：《师伏堂日记》，戊戌年闰三月初三，湖北省图书馆藏本。
② 皮锡瑞：《师伏堂日记》，戊戌年七月二十九日，湖北省图书馆藏本。
③ 《清实录·德宗景皇帝实录》卷四三八，中华书局 1987 年影印本，第 764 页。

惹来麻烦。终于在 1902 年 12 月，清末新政推行以后，形势对皮锡瑞越来越有利，皮锡瑞也四处活动，辗转求得瞿鸿禨从中解除对自己的管束，后湖南巡抚俞廉三同意上奏朝廷，他也得以重新恢复了举人的功名，但是仍由地方官加以察看。也是在这一年，他接受了湖南高等学堂和师范馆的聘请，同时，皮锡瑞的好友推荐他北上修撰《长芦盐法志》。他听说北上每月薪水较为丰厚，为生计计，更为北上设法托人保荐当时朝廷举办的经济特科，于是又想辞去湖南的教职北上。此事为新任湖南巡抚赵尔巽得知，由于小人作祟，不答应皮锡瑞辞职，敦促他立即回湘，导致他又一次失去了从经济特科获得进士功名的机会。

　　皮锡瑞晚年生活虽然惨淡，但是仍以一颗济世之心时刻关注着国家大政的变化，并积极地兴学育才，尽瘁桑梓。光绪二十八年（1902 年），经历了义和团运动和八国联军侵华，岌岌可危的清政府，因为国内外的压力，不得不重新在国内推动变法。这次变法以开办学堂为先导，各项新政次第推行。皮锡瑞再次参与善化和省城的兴学工作，培育家乡人才。四月，善化县聘请他创办善化小学堂，皮锡瑞欣然出来任事，他在演讲中着重就学堂与书院之区别、学堂制教学内容做了阐述，并且编撰了《蒙学歌诀》一卷，以浅易歌词开蒙幼童。亲历了戊戌变法之挫的皮锡瑞，对朝廷终于幡然变政，广兴学堂，培植人才，自然格外高兴，备受鼓舞："方今皇太后皇上因国势积衰，由于人才不振，屡下严谕，令京师立大学，各省遍立大学、中学、小学、蒙学，复见古者家塾党庠之盛，士生其时，宜如何鼓舞，以副朝廷求才之望乎。"① 从 1903 年起，皮锡瑞先后出任湖南高等学堂、善化小学堂两校监督，又主讲湖南高等学堂、湖南师范馆、湖南中路师范学堂、长沙府中学堂等校经学、伦理两门课程，并兼省图书馆纂修、省学务公所图书课长等职。1903 年，直隶总督袁世凯曾因直隶兴学，师范难得，拟聘皮锡瑞帮办学务，不获湘抚之允。1904—1906 年，学务大臣张百熙和京师大学堂总监督张

---

① 皮名振：《皮鹿门年谱》，商务印书馆 1939 年版，第 82 页。

亨嘉，三次延聘他主京师大学堂讲席。光绪三十三年（1907年）四月，湖南议改省城拔贡院为优级师范学堂，皮锡瑞获读章程后，出于培育家乡人才的考虑，他上书提学使吴庆坻，积极筹划办学堂的良策。这一年五月，皮锡瑞又应诏陈言，对当时学部所拟定的学堂章程提出了自己的意见，认为应该"稍为增订变通，以期办法尽善"。他提出六条建议：一是分门别类设立普通学堂与专门学堂；二是主张按照日本做法，由学部统一编写教科书，颁行全国；三是针对当时西方思潮严重，传统学术没落的现象，他提出要在各处学堂强化经学教育；四是增设修身伦理课程；五是应该由朝廷给予新式学堂毕业的人以适当的出身；六是在学堂中要做到赏罚并用，宽严得中。这六条意见，都是兴办新学中十分重大的问题，也是皮锡瑞从长期办学实践中发现和思考的问题，如他所说："自学堂开办以来，常充监督教习之任，学堂利弊得失颇能窥见万一。"① 光绪三十四年二月初四（1908年3月6日），由于幼年时的体弱多病，加之常年为生计奔波劳累，早已身心疲惫，疾病缠身。这一日，皮锡瑞上午仍在为湖南中路师范学堂（后来的湖南公立第一师范学校）作校歌《浪淘沙》十章，下午即离开人世，享年59岁。

在中国近代社会大裂变时期，皮锡瑞以一个传统知识分子的爱国主义热情和良知，积极地追寻救国之良策，他的思想也经历了从传统到中西并蓄、融贯汇通的过程，并以传统经学的变革观念来宣传和实践于清末的变法维新运动，对当时的知识分子的进步产生了积极影响。第一，皮锡瑞在甲午之后民族危机严重的形势之下，通过阐发今文经学的变革观念，假托圣人微言大义，论证变法维新的合理性和必要性，以尊孔保教为旗帜，推动了变法维新思想的传播。第二，皮锡瑞作为中国传统知识分子，却能跳

① 皮名振：《皮鹿门年谱》，商务印书馆1939年版，第100—104页。

出传统文化的固有藩篱，提出了积极进步的中西文化观以及理性的"文明排外"思想。一方面，他公开倡导要主动向西方学习，大胆地引入西方先进的科技，发展民族经济，增强国力，保种保教；另一方面提出要根据本民族的历史传统和文化特点"实事求是"地学习西方，较之康梁所谓"尽从西方"，更具有积极进步的意义，同时他也针对当时中国人盲目排外、仇外的狭隘民族主义情绪，提出了要镇定和坚忍，要讲策略，不能急躁冒进的"文明排外"的理性观念。第三，皮锡瑞在清末长期的办学实践中对新旧之交中国传统教育如何向现代化转变进行了思考，有三方面的宝贵启示：一是消除学堂内外的各种干扰，维护新式教育的健康发展；二是在新旧教育体制交替之际，尽快普及新式教育培养新人，开通民智，转移风气；三是要维持传统学术即"旧学"在新教育中的地位，培养纯正之才。皮锡瑞虽然强调办新式学堂、讲新学，但并非反对旧学。他以为民族的优秀文化不可丢弃，国粹亦不可失，"言法取他国，仍须勿忘本原，中国以文章著于世界，当保存之。"① 皮锡瑞所留下的这些思想文化资源，虽然不可避免地带有那个时代的烙印，但总体来说是代表社会前进发展方向的，也极大地推动了近代中国思想现代化的历史进程，有些重要的思想观念，直到今天仍然对我们有着重要参考价值。

---

① 皮锡瑞：《师伏堂日记》，丁未年九月廿三日，湖北省图书馆藏本。

陈天华　近代中国革命党之最强音

　　陈天华是中国近代历史上著名的革命先驱之一。作为晚清资产阶级民主革命时期杰出的宣传家和政治家，他致力于宣传反清革命，主张建立资产阶级民主共和政体。陈天华所著宣传革命的名篇《猛回头》、《警世钟》等文字通俗易懂、文锋犀利，在传播资产阶级民主革命思想方面起到了巨大的作用，极大地推动了中国近代民主革命进程。他是当之无愧影响中国思想现代化的湘学先驱之一。

　　作为晚清民主革命中具有很高知名度的活动家，陈天华以其年轻的生命在晚清民族危亡之际，为唤醒国人之革命热情做了悲剧性的注脚。陈天华一生致力于推翻清朝封建专制政府，建立民主、独立的现代化民族国家。他的声音，在当时万马齐喑的中国大地上激荡回响，对于近代中国人的觉醒产生了巨大的积极影响。

一　青少年时期

陈天华原名显宿，字星台，亦字过庭，清光绪元年正月二十九日（1875 年 3 月 6 日）出生于湖南省新化县下乐村一户农家里。陈天华在家中排行第三，在他之上还有两位兄长，但大哥自幼残疾，二哥很早就夭折了，所以陈天华的降世，给三代单传的陈家带来了希望与欢乐。尤其对于父亲陈善来说，更是将一生的理想抱负都寄托在这个刚出生的生命上。陈家家境贫寒，父亲陈善早年失去父亲，由祖母独自抚养长大，一直生活艰难，在族叔陈义章的接济之下，才勉强度日，并受到了一定的儒家传统教育，但在科举之上屡试未第，19 岁时便开始在乡里开设私塾，到陈天华出生之时，年过四十，仍然是以课业为生的塾师，平时家庭收入除了充当塾师的束脩之外，就是替别人写状纸书信获得一点微薄收入，家无恒产，使得童年时期的陈天华生活远比同龄人要艰辛。

5 岁之时，陈天华便被父亲带入所执教的私塾接受启蒙教育，此时的陈天华"能日诵千言。9 岁读《左传》，未经教师讲解，悉能领悟"，当时被乡里称为神童。[1] 受父亲的殷切期望与其深怀忧患之心、关注经济实务的影响，陈天华年幼时喜欢攻读史书，对历史表现出特别的兴趣。10 岁时，陈天华母亲罗氏不幸病逝，陈家失去了操持家务的女主人，陈善的收入也不能满足家庭的全部需要，为了维持生计，减轻老父的压力，10 岁的陈天华不得不放弃学业去做一些营生，或帮人放牛，或挑贩一些零散货物，挣得一点收入。像同为新化籍、做过新化中学教师的罗元鲲就回忆说，当时陈天华"每天提着一个竹篮子，到各处去卖些零碎东西，每天弄数百文钱糊口"[2]。但就是在这样一种艰难的环境之下，陈天华也没有放弃对知

---

① 杨源俊：《陈天华殉国记》，《湖南历史资料》1959 年第 1 期。
② 罗元鲲：《陈天华的少青年时代》，《湖南历史资料》1959 年第 1 期。

识的追求，随着年龄的增长，他的阅读兴趣日益广泛，可是在文化
落后的偏僻山乡，他只能找到《二度梅》、《粉妆楼》、《三国演义》、
《水浒传》、《西游记》、《封神榜》等弹词、小说的零简残篇。对于
这些当时被视作"闲书"的文学作品，他都视同珍宝，爱不释手。
这些阅读经历对陈天华的影响非常之大，使得他通过这些弹词小说
大量接触到下层民众文化的内容，为他以后熟悉民间文艺形式，创
作大量通俗明快、为民众喜闻乐见的作品奠定了基础，比如他在读
到国家兴亡时，心情激荡，为抒发胸中的意气，常模仿这些作品的
形式创作一些通俗小说、山歌小调，这些习作文字通畅，又富有
感情。

1896年，年近七旬的陈善由于生计所迫，不得不离开乡里到新
化县城的资江学院充当讲师。此时陈天华也随着父亲住在资江书院
之中，一边继续做点小生意维持生计，一边也利用环境的便利在书
院学堂旁听。有一次，资江书院山长邹苏柏在批阅题为论述古今治
乱兴亡的作业之时，发现其中有篇很特别的文章。这篇文章字数有
数千言，错别字比较多，但引证材料丰富，议论得当，观点突出，
不同凡响。他感到大为诧异，经过查问，才知道此文的作者是教师
陈善正在当小贩的儿子陈天华。他对陈天华大加赞许，并允许他阅
读书院的藏书，后来又劝说新化县富绅陈御丞给陈天华提供资助，
每月给钱一串，米三斗，陈天华也因此无后顾之忧，一心一意在书
院读书，书院所藏一部《二十四史》被他反复细心研读。陈天华童
年生活所遭受的贫困无助和艰辛孤寂，使得他自幼就陷入了一种情
感饥渴、郁郁寡欢的自我封闭状态之中，只有书中历史人物的沉浮
才能给他带来一点心灵上的慰藉。这种孤僻的性格再结合当时在县
城所了解到的社会现实的大裂变，陈天华开始思考社会、国家及个
人的未来。个人的不幸遭遇加上从中国历史中所获得的传统民族主
义观念，使得他容易表现出情绪化、激进的社会变革思想和抗争
行为。

戊戌变法前后的湖南是维新运动的重要基地，资产阶级维新派
在湖南大力推动维新运动，创办报刊、组织学会、设立学堂。1897

年 10 月，湖南巡抚陈宝箴在长沙应维新派的要求设立时务学堂，聘请梁启超、谭嗣同等为教习，这也成为湖南维新思想宣传的重要据点。陈天华对国势衰颓的激愤使得他对康梁的变法维新主张极为赞同，对湖南维新运动的蓬勃发展极为欢欣鼓舞。他后来追忆此时之情景时就写道："湖南之有日报也，自戊戌维新始也，熊秉三（熊希龄）为干事，为民流血之浏阳二杰为主笔，有南学会、时务学堂为机关，一时议论风发，举国若狂。"[①] 受此影响，当时湖南各地开明官绅也纷纷在各地创办报刊、学会和新式学堂，传播新思潮。新化县人邹价人、彭庄仲等模仿省城时务学堂规制，在新化县城创设新化实学堂，而陈天华早已对腐朽陈旧的书院教育不满，尤为新式学堂所吸引，这时便离开了书院，考入了新化实学堂就读。在入学后第一次以"述志"为题的作文中，陈天华以短短百余字的文章抒发了自己的抱负与志向。他讲："大丈夫立功绝域，决胜疆场，如班定远、岳忠武之流"，其中表现出一种强烈的民族主义情感。这也正是在当时甲午战后，中国严重的民族危机之下，陈天华最直观的也是最真切的感受，影响了其后他激烈的革命思想的发展。在这篇小文里，他还讲："至若徇时俗之所好，返素真之所行，与老学究争胜负于盈尺地，有死而已，不能为之。"[②] 这其中表现出强烈的经世济国的精神。他敏感地认识到在当时风雨晦暗的中国，传统的社会、政治秩序已经无可逆转地衰颓，为了挽救民族危机，只有投身于社会变革的大浪潮之中。这篇文章也因其鲜明的风格获得了学堂教习罗仪陆的赞誉，被誉为"狭巷短兵相接处，杀人如草不闻声"。[③]其后，陈天华更以其激进的变革精神在《湘报》上发表了《公恳示禁妇女缠足禀》，力陈妇女缠足的弊处，恳请政府"出示晓谕，以觉愚俗，而变颓风"。[④] 1898 年秋，维新变法失败，陈天华所敬仰之谭嗣同等六位维新志士就义于菜市口，这使得陈天华悲痛万

① 《陈天华集》，湖南人民出版社 1982 年版，第 15 页。
② 罗元鲲：《陈天华的少青年时代》，《湖南历史资料》1959 年第 1 期。
③ 同上。
④ 《湘报》1898 年 9 月 8 日。

分，由此对清政府开始失望。

　　1900年，陈天华父亲陈善先后应聘于新华禀保公所以及求实学堂，接触了一些当时流传甚广的新思想，父子二人意气相投，纵论古今兴衰大事，借以排遣心中的苦闷。1900年春，陈天华得到贵州张氏的资助，前往长沙岳麓书院游学。但没过多久，当年七月下旬，他在长沙得到了他父亲病逝的噩耗，悲恸欲绝，连夜从长沙徒步赶回新化奔丧。他自幼丧母，多年以来与父亲相依为命，父子之间感情至深，由于自幼的孤僻封闭心理，25岁尚未成家，父亲实是他最大的情感依赖，此时父亲的病逝给他的精神打击十分沉重。随之而来的是此后一两个月内，八国联军占领北京，唐才常等自立军志士慷慨就义，沙俄侵占东三省等国事不可收拾之消息接踵而来。对亡父的哀怜以及对国事的焦虑，使他忧伤过度，得了重病，几次气息奄奄。直到1901年，他才稍稍痊愈回到新化实学堂读书。经历了这次人生的重大变故，加之青年时期理想激情的幻灭，使得他心理更趋向于激进，更把个人得失荣辱置之度外。比如当时陈天华由于代表学堂参加省城求实书院的考试，经常名列前茅，一时名声大噪，当时湖南某官员因为赏识陈天华的才华，欲将女儿许配给已经年近30的陈天华，却遭到了他的婉拒，陈天华说道：“方今天下多故，吾安可以儿女情深自缚也。”①

二　游学日本、投身革命

　　庚子之后，中国社会进一步追求变革，清政府也开始逐步适应时势的变化试行新政，其中之一便是留学运动的兴起，留学的主要国家则是邻近的日本。大抵因为日本在明治维新之前与中国国情风土相近，而同为亚洲国家，中国留学生费用较之欧美低廉，其变革强大之途径也更容易为中国人所学习。当时数据显示，1902年，中

---

　　①　杨源俊：《陈天华殉国记》，《湖南历史资料》1959年第1期。

国留日学生有 280 人，到 1903 年陈天华留学之际，便已增至 1000
人，在 1905—1906 年，各种官费和自费留日中国学生有 8000—
10000 人之多。① 从一开始，留学运动便表现出强烈的政治色彩和时
代特征，对于当时的中国留学生特别是留日学生而言，他们希望通
过在日本的学习，从日本成功的先例中寻找到拯救民族危机、使国
家走向富强的道路。

　　1902 年底，湖南巡抚俞廉三在清政府选派留学生的诏谕下，下
令湖南各道保送 4 名学生参加选拔师范馆生和留日学生的考试。
1903 年 1 月，陈天华由长宝道保送参加了当时在省城举行的选拔乡
试落榜者和各道保送者送入京师大学堂、省城师范馆和出洋留学的
考试，结果被录入省城师范馆，不久又因留日学生人数不足，而被
补为游学师范生。1903 年（光绪二十九年）3 月 3 日，陈天华等数
十名湖南留学生自长沙起程，3 月 27 日抵达日本东京，陈天华进入
了弘文学院师范科学习。

　　当时的日本，已经是中国先进知识分子学习新思想、新文化的
主要策源地，同时也是国内追求变革的年轻学生的主要聚集地。留
日学生群体在整体表现出求新求变、爱国维新的同时，内部不同的
思想倾向也使得他们表现出不同的政治倾向。有坚定保皇者，也有
激烈排满革命者。随着辛亥革命前 10 年新思潮的广泛传播，以及清
政府的日益保守、倒退，中国留学生中的反清革命情绪日益高涨。
自 1902 年章太炎、秦力山等在日本东京发起召开"支那亡国二百四
十二年纪念会"，公开提出反清革命口号以来，革命力量得到了快
速发展。1903 年是留日学生反清革命活动开始公开化的一年，正
是在这个时候，陈天华来到日本，一方面大量的阅读西方近代资
产阶级思想学说，如达尔文的《进化论》、孟德斯鸠的《万国精
法》、卢梭的《民约论》、《美国独立檄文》等；另一方面积极参
加当时留日学生在日的政治活动，个人激进求变的思想使得他开

---

　　① ［美］费正清主编：《剑桥中国晚清史》（下），中国社会科学院历史研究所编译
室译，中国社会科学出版社 1985 年版，第 407 页。

始逐步地由初期的康梁改良主义向革命转变。

就在陈天华徘徊于改良与革命的岔路口时，国内外形势又发生了急剧变化。1903 年 4 月，在义和团运动期间侵占了中国东北的沙俄政府片面撕毁中俄两国一年前签订的《中俄交收东三省条约》，拒绝撤退盘踞在中国东北的军队，并蛮横地向清朝政府提出七项新的条件，意欲霸占东北，公然宣称："在撤净其余兵力之前，必须获得中国对于我们在满洲的利益的一系列保证。"① 4 月 28 日，这一消息传到东京后，顿时在留学生中激起了极大的愤慨，激起了轩然大波。第二天，500 名留学生在锦辉馆举行拒俄大会。会上，留学生群情激愤，一致通过成立义勇队、回国杀敌的决议，并纷纷签名，加入义勇队。陈天华虽然知道自己是一介书生，"行军布阵、决胜疆场"，绝非所长。但在民族危亡的时刻决心以血肉之躯抵御西方强敌，毅然在被称为"死籍"的义勇队名册上，签署了自己的名字。4 天后，义勇队改名"学生军"，陈天华被编为学生军本部办事人员。他积极参加集会、军事训练等活动，逐渐由一名不善交际的普通学生变成活跃的公众人物。陈天华还意图用笔墨唤醒国人共御列强。据他的同窗好友石醉六回忆说："每见他暗自哭泣，便知道他又写到一笔惊心动魄的字句上来了。"② 他决定首先鼓动家乡的人民，撰写了题为《敬告湖南人》一文，邮递湖南学界，向湖南乡亲指出，如今中国人民已面临亡国、亡种的危机，每个中国人要么誓死抵抗，要么坐以待毙，为祖国而死虽死犹荣。他指出："中国之存亡系于诸君，诸君而以为中国亡则中国亡矣，诸君以为中国不亡则孰能亡之。"③ 这封公开信当时在湖南社会产生了相当大的影响，并随即为上海的《苏报》所刊载，成为一篇传遍全国的战斗檄文。在这篇文章中，陈天华表现出强烈的危亡忧患意识，他认为中国的民族危机是由于西方

---

① ［俄］维特：《维特伯爵回忆录》，肖洋、柳思思译，中国法制出版社 2011 年版，第 91 页。

② 石醉六：《六十年的我》，载《辛亥革命前后湖南史实》，湖南人民出版社 1985 年版，第 104 页。

③ 《陈天华集》，湖南人民出版社 1982 年版，第 13 页。

列强的扩张所造成的，并从种族进化竞争的角度指出帝国主义扩张的必然性。比如他说："人日加增而土不加辟，欧洲于百年之中人民陡增一倍之外，本国既不能容，殖民地又无间隙，其旧不去，其新何居。"① 中国的危机，并不仅仅是国家这一政治实体的消亡，而且是种族这一人种全体以及作为种族一员的生命个体的消亡，体现了他激烈的民族主义观。与此同时，陈天华参加了当时湖南留日同乡会的进步杂志《游学译编》的编辑工作，在杂志上发表了《论〈湖南官报〉之腐败》一文。在这篇文章里，陈天华历数了《湖南官报》对清政府的谄媚、恭顺，内容的落后腐朽以及运作的腐败，认为报纸作为舆论的代表，应该担当着监督政府的职责。他按照西方资产阶级民主思想观念，提出："是故舆论者与官场乃不相容也，既不相容，必发生冲突，于是业报馆者，以为之监督，然后官场有所忌惮，或能逐渐改良，以成就多数之幸福。此报馆之天职也。此天职者，即国民隐托之于报馆者也。"② 实际上提出从改良政治的角度承认国民有监督政府的权利，是一种进步的资产阶级民主主义观念。

留日学生虽然对当时国家民族的危亡十分急切，但清政府一直以来对待西方都是妥协投降的态度。为了维持其统治，清政府希望通过牺牲国家利益来换取列强对其的支持。面对着汹涌澎湃的留日学生的拒俄运动，清政府十分担心这场运动会引起列强的不满，以及威胁到国内的政治与社会秩序的稳定。当时驻日公使蔡钧便致电清政府，斥责留日学生结成义勇军："名为拒俄，实则革命。现已奔赴内地，务饬各州县严密查拿。"③ 蔡钧还敦请日本警察机构下令解散学生军。清廷也密电各地当局，对回国的爱国学生要"随时拿获，就地正法"。陈天华等思想比较激进的留日学生，对清政府这种对外妥协、对内严酷的反动行为越来越不满，原来的改良请愿主张逐渐发生变化。5月，留日学生中黄兴、蔡锷、陈天华等激进分子决定以学生军为基础，另组军国民教育会，开始逐渐地将爱国与反清联系

① 《陈天华集》，湖南人民出版社1982年版，第11页。
② 同上书，第14页。
③ 《苏报》1903年6月5日。

在一起，谋求更加激烈的革命救国道路。

三 近代中国最美丽的民主共和国之梦

在遭受沙俄强占东北以及学生军拒俄运动的失败刺激之后，陈天华的思想主张发生了重大转变，其民族主义思想变得更加激进，开始深入思考在世界民族国家彼此竞争、中国衰颓的形势之下如何强国强种。也正是在这一时期，陈天华在日本写成了《猛回头》和《警世钟》两书，在当年少年之时大量阅读弹词小说的基础上，以大众喜闻乐见的弹词形式和浅显通俗的白话文，系统阐述了他批判现实政治，如何反帝救国的政治思想，成为他最具代表性的著作。

陈天华著作

陈天华写作这两本书的直接动因，是因为 1903 年 5 月上海所出版的邹容著的《革命军》，当时出版之后，以其大众化和极富煽动性的文字震动了整个中国。陈天华受此影响，加之早年的阅读经历，遂有了动笔以浅显之文字，激烈之语言来唤醒国人爱国主义热情的念头。针对当时他所认识到的清政府的腐败无能，陈天华首先写成的是批判现实政治的《猛回头》，这年秋天又完成矛头直指帝国主义的《警世钟》。

《猛回头》和《警世钟》两部著作，是以普通民众为对象，以老百姓主要的娱乐形式弹词作为载体，或是以民众能够简单读懂的白话文书写，围绕爱国、救国进行反帝、反清的革命宣传书。这两本书基本上都是三大结构，首先是对中国现实的悲痛描述，抨击清政府的腐败、专制；其次是唤醒国民爱国的激情，为改变中国危亡大局而奋斗；最后是对将来的一种模糊的设计、思考。陈天华首先揭示出，满人统治中国实质就是中华灭亡的开始，他说过去"满洲、蒙古、新疆的人……中国称他们为犬羊；……自满洲入主中国，号称中外一家，于是向之称他为犬羊者，今皆俯首为犬羊的奴隶"，并且沉痛地悲呼："俺家中华灭后二百余年一个亡国民是也"。① 正是由于清政府的统治，导致了现在中国濒临亡国灭种的危机。他形象地用深入人心的话语描述了当前国家危亡的悲惨现实，自从鸦片战争以来，列强已经通过武力和不平等条约霸占了中国的大片领土，划分了在华的势力范围，取得了种种侵略特权，并倡议瓜分中国之说，使中国已处于随时可能被瓜分豆剖的境地："俄罗斯，自北方，包我三面；英吉利，假通商，毒计中藏；法兰西，占广州，窥伺黔桂；德意志，胶州领，虎视东方；新日本，取台湾，再图福残；美利坚，也想要，割土分疆。这中国，哪一点，还有我分；这朝廷，原是个，守土官长。"② 从这些铿锵有力的文字中，我们能深切感受到当时中国国势日渐陆沉、危如累卵的情形。陈天华以郁积已久的沉痛心情警示我国民众面临的危亡境地。随后以其他殖民地国家的悲惨景象作为前车之鉴，来告诫和警醒祖国同胞"怕只怕，做印度……"一连 7 个"怕只怕"，其忧切急迫之情，可见一斑。对于那些夜郎自大、死到临头还不知的盲目乐观者，陈天华更是以形象的语言来描述亡国之后的惨状："我们同胞恩爱的妻儿老小，活活要被

① 陈天华：《陈天华集》，湖南人民出版社 1982 年版，第 29 页。
② 同上书，第 35 页。

洋人拆散，男男女女们，父子兄弟们，夫妻儿女们，都要受那洋人的斩杀奸淫；我们同胞的生路，将从此停止；我们同胞的后代，将永远断绝。枪林炮雨，是我们同胞的送终场；黑牢暗狱，是我们同胞的安身所。大好江山，变成了犬羊的世界；神明贵种，沦落为最下的奴才。"①

　　陈天华认为，中国的危亡与清朝政权的卖国求荣分不开。他尖锐地指出："列位，你道今日中国还是满洲政府的吗？早已是各国的了！那些财政权、铁道权、用人权，一概拱手送与洋人，洋人全不费力，要怎么样，只要是一个号令，满洲政府立刻奉行。"② 陈天华还特别愤怒地指出，在国家民族危机如此严重的时刻，瓜分之祸迫在眉睫，满洲贵族却依旧醉生梦死，全不把国家的危亡放在心上。中国人民不甘心亡国灭种，进行自发的反抗，清政府不仅不予支持，反而为虎作伥，"替洋人做一个守土官长，压制我，众汉人，拱手降洋"，动辄给爱国志士"加以违旨的罪，兴兵剿洗，比草芥也比不上"。这样，"十八省中愁云黯黯，怨气腾宵，赛过那十八层地狱。"③ 所以，陈天华指出，人民大众要拯救危亡，"死中求活"，决不能幻想清朝政府尚能醒悟，搞什么"维新"、"立宪"，而只能走革命的道路："故我们要想拒洋人，只有讲革命独立，不能讲勤王。"要反对帝国主义侵略，必须首先推翻帝国主义的走狗清政府。

　　在对待帝国主义的态度上，陈天华提出，倡导民族主义，反对帝国主义侵略，并不是盲目愚昧的仇外主义，他把排外分为文明排外和野蛮排外两种。他认为，在今时今日中国危亡之际，中国人更应该文明排外，也即处理与西方关系应该做到有理、有礼、有利、有节。同时应该冷静、客观地看待优越于中国的西方文明，必须要广泛地吸收其文明成果，才能真正抵御外人的侵略，决不能因痛恨帝国主义侵略就排斥西方先进的科学文化："须知要拒外人，须要先学外人的长处。如今的人都说西洋各国富强得很，却不知道他怎么

① 《陈天华集》，湖南人民出版社 1982 年版，第 79 页。
② 同上。
③ 同上书，第 84 页。

样富强的，所以虽是恨他，他的长处倒不可以不去学他。譬如与我有仇的人家，他办的事体很好，却因为有仇不肯学他，这仇怎么能报？他若是好，我要比他更好，然后才可以报得仇呢。"① 那么中国人应该在哪些方面学习西方呢？陈天华认为西方的长处，数不胜数："人人有学问（把没有学问的不当人），有公德（待同种却有公德，待外种却全无公德），一切陆军、海军、政治、工艺，无不美益求美，精益求精。这些事体，中国那一项不应该学呢？"② 同时，他认为保守传统是必要的，民族主义要求保持本民族的本性，但是在当今局势下，保守传统必须向西方学习。陈天华进而提出了救国十要，对学习西方的问题作了进一步的阐述："第一要，除党见，同心同德；第二要，讲公德，有条有纲；第三要，重武备，能战能守；第四要，务实业，可富可强；第五要，兴学堂，教育普及；第六要，立演说，思想遍扬；第七要，兴女学，培养根本；第八要，禁缠足，鄙俗矫匡；第九要，把洋烟，一点不吃；第十要，凡社会，概为改良。"③

最后，陈天华在这两本著作里指出，在抵抗外族的侵略过程中，中华民族必须全体动员起来，一齐投入这场伟大的民族解放战争，只有这样才能战胜帝国主义及其走狗清朝政府，赢得中国光明、美好的未来。同时陈天华也认识到中国国民性的问题，尤其是在两千年来封建专制统治之下，中国国民素质严重低下，有着各种劣根性，在他看来，中国人常自夸为文明种族，礼仪之邦。此论在从前原是不错，但到了现在，很多人已天良丧尽，廉耻全无。或甘做他人奴隶，在国内借外国势力欺压本国人民，不以为耻，反以为荣。在国外，中国受人欺凌到极处，人们"还是不知不觉，不知耻辱，只知自私自利"。④ 可以说，中国面临亡国灭种之祸，国民却沉迷不醒，依然歌舞升平，自私自利，全无一点团结力，甚至以私害公。尤其

---

① 《陈天华集》，湖南人民出版社 1982 年版，第 44 页。
② 同上书，第 84 页。
③ 同上书，第 49 页。
④ 同上书，第 85 页。

是许多官吏腐败顽劣，只图苟全一己。他说："做官的只晓得贪财爱宝，带兵的只晓得贪生怕死，读书的只晓得想科名，其余一切的事都不管。上中下三等的人，天良丧尽，廉耻全无，一点知识没开，一点学问没有，迂腐固陋，信鬼信怪，男吸洋烟，女缠双足。"① 如此堕落的国民素质导致中国地位急剧下降。以前仅仅是中国人在外国不被当人看待，而现在外国人到了中国，同样不把中国人当人。究其根源，他认为这都是做官员的一心媚外，不尽保护国民之职责所致。他还特别针对中国民众的奴隶性格做出了严厉批判，他认为正是这种奴隶性格的存在，使得国民无法真正地享有权利，也无法实现民族国家的救亡。要解决这一问题，就必须改造国民性，通过国民思想的灌输，建立起民众对民族国家的政治认同并产生积极参与政治生活的愿望。陈天华强烈希望国民能"另换心肠，痛加改悔"，崇尚完美人格，所言所行力求真正做到"人人以救国为心"。在公私关系上，主张公德与私德、义务与权利统一，国民应具有独立自由平等、合群团结尚武之精神。

鉴于当时的严酷形势，陈天华在这两部著作上均未署其真实姓名，而是分别署上"群学会主人"、"神州痛哭人"这两个假托的名字。这两部包含着陈天华心血和激情的著作，掷地作金石声，具有巨大的革命感染力。浅显通俗、深切动人的说唱形式以及白话文使《猛回头》和《警世钟》别具风姿，用通俗活泼的大众形式宣扬严肃深刻的政治内容，是《猛回头》和《警世钟》在晚清中国流传的重要原因，因此，它们一经问世就立刻风靡全国，受到广大人民群众的热烈欢迎。1903 年夏在日本初版的五千册《猛回头》，仅十来天便销售一空。陈天华于同年秋作了增补后，此书在日本和国内各地又多次重印。《警世钟》也是如此，它在 1903 年底初版后不久，就一再重版。由于黄兴等人在回国策动武装起义期间大量翻印，并在湖北、湖南等省的军界、学界、会党中大规模地散发，所以它们在长江沿岸各省尤为流行，影响愈来愈大，革命派甚至以它为政治

---

① 《陈天华集》，湖南人民出版社 1982 年版，第 34 页。

教材，启发提高广大农民的思想觉悟，学生也读之"如同着迷"，"兵士诵之即奉为至宝"，"其效之大，不可言喻"。这对于弘扬"唤醒国民迷梦，提倡独立精神"，功不可没，与《革命军》、《驳康有为论革命书》相比有过之而无不及。当时就有人评论道："《猛回头》《警世钟》《狮子吼》诸书，唤起国魂，国内革命思潮所及，军人学子皆受其赐。"①

四　革命党之最强音

1903 年 10 月，俄国沙皇尼古拉二世单方面宣布停止中俄关于东北三省问题的谈判，再次派兵占领奉天省城，并限令东三省中国官员在一月之内离开。这样，刚刚缓和的局势顿时又严峻起来。对于当时在日本很多空喊爱国口号，而无实际行动，对局势抱有不切实际想法的学生，陈天华十分的不满，对于国势危亡的局面，他始终保持着清醒的认识。但是沙俄再次图谋东北的消息传来，陈天华万分悲痛，友人回忆说："天华闻讯，如痴如狂，如孤儿弱小之新丧考妣，奔走彷徨于故旧间，然相对又无一语。惟握手潸潸然，涕泣交横而已。"为了唤醒国人，他咬破手指，用鲜血写下了"备述古今亡国惨痛情形"、要求家乡人民准备与外敌死战的书函，寄往湖南各学堂。这些血书在湖南各阶层广泛传阅，激起了强烈的反响。连湖南巡抚赵尔巽也大为感动，亲自到各个学堂去宣讲，并将血书载于官报，还下令各府、州、县开设武备讲习所，加紧军事训练。同时，蔡元培等人在上海编辑的爱国报刊《俄事警闻》，也接连 4 天刊载了《陈天华之血书》等要闻、图说，将陈天华以热血警醒国人的事迹传遍全国。但是陈天华并不仅仅把救国停留在宣传上，他决心以自己的行动唤醒国人的爱国热情，在完成《警世钟》后，便于 1903 年

---

①　转引自朱义禄《儒家理想人格与中国文化》，辽宁教育出版社 1991 年版，第 432 页。

11 月只身返回祖国，投身于革命救国的大浪潮之中。

回国之后，陈天华开始与早先回国的黄兴一起谋划组建资产阶级革命团体。黄兴受到胡元倓的邀请，到长沙明德学堂任教，便以明德学堂为基地，暗中策划革命运动，同时还大量翻印《革命军》、《猛回头》等书籍，进行反清革命宣传，在湖南、湖北培植了一定的革命力量，为建立革命团体奠定了基础。此后不久，陈天华亦回到长沙。11 月 4 日，黄兴以过 30 岁生日为名，邀约陈天华、章士钊、刘揆一等 20 多人在长沙西区保甲局巷彭渊恂家中举行秘密会议，决定组织革命团体华兴会，黄兴被推为会长，宋教仁、刘揆一为副会长。华兴会以"驱除鞑虏，复兴中华"为号召，采取"雄据一省，与各省纷起"的起义方略，决定以湖南省为根据地，发动武装起义。华兴会下设有一个黄汉会，是专为运动军队参加起义的机构，陈天华、姚宏业等负责这方面的工作，并被委派前往江西游说巡防营统领廖名缙。当时廖名缙在江西吉安自己的军伍之中办了随军学堂，听闻陈天华才华出众，便邀请他来帮助自己办学，陈天华则认为可以借此机会在学堂中发展革命力量。

陈天华在华兴会中除从事黄汉会工作外，还为当时的《俚语报》撰写鼓吹革命的文章。他积极参加各种革命宣传活动，"日与下等社会谈论中国大事，虽目不识丁者，闻之皆泣下。所著《猛回头》及《现世政见之评决》，风行于世，湘赣间尤甚，三户之市，稍识字者，即朗读《猛回头》，全有小学校之卯角少年，募资印刷，其感化力之深类是"。① 革命思想的传播以及华兴会和陈天华影响的扩大，使当时湖南地方当局十分恐惧，不久便查封了《俚语报》，并四处搜捕华兴会成员，经好友催促，陈天华于 1904 年春再次东渡日本，进入东京法政大学法政速成科学习。东京法政大学法政速成科是 1904 年应中国留学生、后来成为中国教育家的范源濂的建议，经日本法政大学总理（校长）梅谦次郎与清政府驻日公使商议，法政大学专为中国留学生举办的所谓"清国留学生法政速成科"。学习时间最初定为

① 杨源俊：《陈天华殉国记》，《湖南历史资料》1959 年第 1 期。

1 年，后来延长至 1 年半。主要课程有关于现代法学与行政管理学的一些课程，如法学通论、民法、商法、经济学、财政学、监狱学、地方制度、警察学等。像辛亥前后一大批中国知名政治人物如陈天华、宋教仁、汪精卫、胡汉民、朱执信、沈钧儒、汤化龙、居正等都曾在该速成科学习。该速成科的特别之处是由日本教师用日语讲授，同时在课堂上由专人口译为汉语，所以不懂日语的学生仍可照常学习，法政大学总共举办了 5 期速成科，陈天华应该是第一期入学。① 由于受到语言的限制，陈天华在法政大学大量的时间都投入对西方政治和社会学说的研究上。1904 年，国内革命运动日益风起云涌。这一年革命党人在湖北武昌成立了革命团体科学补习所。华兴会也在黄兴领导下，一面加紧对湖北及各地革命组织的联络工作，一面与湖南各地会党秘密策划长沙起义。在国内革命形势高涨的感召下，陈天华于当年夏间，又返回祖国。

　　陈天华回国后首先来到江西，准备到吉安随军学堂开展革命动员工作，但由于之前革命党人曹亚伯在吉安"向民众演说，并散发《猛回头》、《警世钟》诸书"，被人告密，江西巡抚正指名搜捕。在这种情况之下，江西风声鹤唳，陈天华也无法开展工作，"不能安居，遂由定州经萍乡而回长沙，受尽内地运动折磨"。② 回到湖南之后，陈天华、刘揆一受黄兴委托于 9 月 29 日（农历八月十四），浏阳普集市牛马交易大会的日子，与哥老会首领马福益等会晤，以同仇会名义举行仪式，正式授予马福益少将军衔，刘揆一代表黄兴亲自发给马福益长枪 20 支、手枪 40 支、马 40 匹。这一次普集市会议影响极大，"自是哥老会相继入会者不下十万人"。③ 双方对起义计划重新做了安排，决定只要预先订购的大批军火从上海运抵湖南，就可提前发动起义。但由于当时华兴会的骨干们缺乏实际政治斗争经验，他们过早地张扬了武装起义的消息，又过于草率地发展会员、扩大组织，以至于一些别有用心或没有纯洁革命性的人轻而易举地

---

①　迟云飞：《陈天华、宋教仁留日史事新探》，《近代史研究》2005 年第 6 期。

②　曹亚伯：《武昌革命真史》（上），上海书店出版社 1982 年版，第 5 页。

③　同上书，第 7 页。

混进了华兴会。陈天华等人和哥老会的革命活动引起了湖南当局的
注意，遂在全省大肆搜捕华兴会会员与会党中的头目，陈天华和黄
兴等人不得不乔装逃离湖南，长沙起义还未进行便已流产了。陈天
华等人于 1904 年 11 月到上海后，重新集合于上海英租界新闸路余
庆里，在黄兴的领导下，决定再次发动起义，分别策动大江南北军、
学两界，在武昌、南京等处发动起义，并且重新联络哥老会领袖马
福益，以在上海租界所设立的"启明译书局"作为谋划起义的机关。
但不久，起义机关由于广西巡抚王之春在上海被万福华刺杀事件暴
露，陈天华、黄兴等人被租界当局抓捕，因为当时陈天华、黄兴等
人在上海活动所使用的是化名，租界当局也没有从书局中搜出重要
东西，经多方营救，陈天华与黄兴等获释。但此时国内已无法安身，
年底，陈天华第三次渡海去日本。

五　难酬蹈海亦英雄

　　陈天华到日本后，重新入东京法政大学就读，但此时由于长期
革命活动屡遭挫折，陈天华心中抑郁，大受打击。他在《猛回头》
和《警世钟》中所描绘的理想主义革命蓝图，最终不过是书生意气
的遐想，这使得他"忧愤益大过量"，常与朋友"谈天下事，未尝
不哽咽垂涕而道也"[1]。在前路无望，无所适从的情形之下，陈天华
对国事的颓败愈感身心疲惫，表现出极度的失望与无奈，前所未有
的焦虑与难以发泄的郁愤，"盖自是憔悴忧伤，泪痕萦萦然不绝于目
矣。"[2] 这一段时期，他重新深入学习西方资产阶级民主主义理论。
梁启超在日本主编《新民丛报》，宣传新民学说和国家主义，对陈天
华影响甚大，使得他又开始徘徊于改良与革命之间。陈天华于 1905
年 1 月初，在东北形势进一步危急之后，写成《救亡意见书》一文，

---

① 《宋教仁集》（上），中华书局 1981 年版，第 20 页。

② 同上书，第 25 页。

并在留日学生中广为散发，明确提出"其宗旨专倚赖政府对外与对内之政策，而将此上陈于政府"。[①] 建议向清政府请愿，实行立宪政治，以救危亡。陈天华并准备自己充当代表亲赴北京。这篇请愿书虽然充满了一贯的爱国主义的激情，但实质上已经从早期《猛回头》、《警世钟》的激进革命主张退缩到改良主义、立宪主义。这主要与当时日俄战争立宪的日本战胜了专制的俄国这一国际事件有关。陈天华《意见书》散发后，立刻引起了当时革命学生和革命党人的强烈反对。当时在日本的黄兴、宋教仁一致认为陈天华的言论与计划是极其错误的，并且商定召开同乡会干涉陈天华北上京城请愿之举。1905 年 1 月 30 日，湖南同乡会在锦辉馆开会，决议均不赞成向政府请愿之举，而主张通过湖南独立而实现全国革命。经过长时期的思想劝说工作，陈天华终于放弃了北上请愿的举动。1905 年 6 月，陈天华与宋教仁、田桐等共同创办了"专以鼓吹革命为事"的《二十世纪之支那》杂志。陈天华以强烈的爱国热情，结合当时革命宣传的需要，日夜挥笔写出了《支那最后之方针》、《国民必读》等论文，继续宣传反对帝国主义、推翻清朝政府的革命思想。

1905 年 6 月，孙中山从欧洲来到日本，谋求与黄兴、宋教仁等人组建统一性的全国革命政党问题，给予了陈天华悲郁已久的生活一片新的希望和阳光。7 月 28 日，孙中山与宋教仁、陈天华等人在《二十世纪之支那》杂志社举行会谈，孙中山的革命理想和个人魅力使陈天华深受鼓舞，他说："彼之理想，彼之抱负，非徒注眼于本族止也，……以现在之中国论，则吾敢下一断辞曰：是吾四万万之代表也，是中国英雄中之英雄也。"[②] 陈天华受其感召在华兴会内部大力倡导建立统一革命政党，积极主张联合。1905 年 7 月 30 日，革命党人在东京赤坂区桧町黑龙会内日本友人内田良平住所内召开了第一次联合代表大会，陈天华也出席了这次会议。会议决定成立中国同盟会，以孙中山提出的"驱除鞑虏，恢复中华，创立民国，平均

---

① 《宋教仁集》（下），中华书局 1981 年版，第 513 页。

② 《陈天华集》，湖南人民出版社 1982 年版，第 173 页。

地权"作为革命宗旨。会上，黄兴又提议与会人签署入盟书，得到
大家赞同，孙中山即席起草，黄兴、陈天华略加润色，各人便缮写
一张，由孙中山带领大家举行宣誓入盟。最后，大会推举黄兴、陈
天华、宋教仁等八人负责起草同盟会章程。这次革命政党的成立极
大地鼓舞了陈天华的革命热情。8 月 20 日，中国同盟会在东京正式
举行成立大会，会议通过了由陈天华等起草的同盟会《总章》和
《军政府宣言》（《同盟会宣言》），选举了孙中山为同盟会总理，黄
兴为庶务总干事，陈天华为书记。会上黄兴提议将《二十世纪之支
那》杂志改为同盟会机关报，《二十世纪之支那》遂改名为《民
报》。中国同盟会成立后，陈天华的主要活动仍在从事革命的宣传工
作。他担任《民报》的撰述员，在《民报》第一期上发表了《中国
革命史论》、《论中国宜改创民主政体》、《今日岂分省界之日耶》、
《记东京留学生欢迎孙君逸仙事》及《丑哉金邦平》、《怪哉上海各
学堂各报馆之慰问出洋五大臣》等论文、时评。在此前后，他还写
了《国民必读》及小说《狮子吼》。这批文章核心思想是宣传民主、
自由，反对帝国主义侵略和清政府专制独裁统治，再就是以《民报》
为阵地，与维新派展开论战，揭露与批判清政府的假立宪面目以及
立宪派的谬论。除此之外，陈天华还十分重视造就中国现代新型国
民问题，他在《国民必读》这篇文章里将自己对新型国民素质的要
求概括为四个方面，成为他近代民族主义理论不可或缺的组成部分，
并且通过一些政治小说如《狮子吼》来描述理想的资产阶级共和国
的美好愿景，极大地打破了当时立宪派人所宣传的君主立宪的虚假
美好，使得更多的民众趋向革命，正如《民报》编者按语所云，
"谈此篇而不怒发冲冠，拔刀击案者，必非人也。"足见其感人至深。
这一时期陈天华的革命活动是与资产阶级革命活动的蓬勃发展紧紧
联系在一起的。

　　同盟会成立后，陈天华积极开展组织和宣传发动工作，革命形
势在向好的方向发展，陈天华所主持《民报》与立宪派的《新民丛
报》的革命与改良的论战，使革命党的思想主张为更多的人所熟知，
使他们投身到排满革命的队伍中来。与此同时，1905 年也是留日学

生人数最多的年份，清政府大量派遣留学生，本是培养为清政权服务的现代化人才，但结果却走向反面，使得日本成为中国革命活动的大本营，东京留学界成为革命的中心。清政府无法容忍这种形势的发展，也对此深感恐慌，加紧与日本政府的沟通，企图压制中国留学生的革命活动。而日本政府由于中国留学生众多，良莠不齐，对日本的教育秩序和社会秩序造成了极大的冲击，加之当时日本占领东北南满之后也需要清政府的支持，于是日本文部省在1905年11月2日颁布了《关于准许中国人入学之公私立学校规程》，对中国留学生的入学、退学、转学以及学生选定学校、学习、生活等均做出了规定，并于11月26日限令学生于29日前须将学籍、现住址、学籍经历以及年龄各项具报，逾期后果自负。按照这一规定，所有留学生的行动都将被清政府驻日公使与日本政府控制起来，来往言论、通信、住宿都将失去自由，特别严重的是所谓"性行不良"一条，更是给了清政府和日本管束留学生的借口，随时可以借此来驱逐留日学生，其目的主要是针对和打击在日的革命留学生。

　　这一规定实质上是清政府勾结日本帝国主义，迫害革命学生的卑劣行径，激起留学生们的极大愤怒。东京留学生界几乎全部卷入取缔规定的行动。12月4日，弘文学院留学生首先罢课，接着各校纷纷响应。留学生的行动起初并未引起日本政府足够注意，日本文部省仅发表了一个《说明书》，对什么是"性行不良"作了一番解释。由于日本政府坚持与留学生为敌的立场，于是留学生开始陆续返国。在这场风潮之中，日本民间针对中国留学的态度和日本一些媒体的言论，直接刺激到了陈天华的敏感、自尊的神经，"日本各报，则诋为乌合之众，或嘲或讽，不可言喻。如《朝日新闻》等，则直诋为'放纵卑劣'，其轻我不遗余力"。① 再加上随着抗议运动的发展，留日学生也发生了分裂，一部分主张全体回国以示抗议，另一部分表示反对，留学生总会的干部也推卸责任，互相推诿，导致陈天华更加的激愤。陈天华最终经过反复思索，终于做出了决定：

① 《陈天华集》，湖南人民出版社1982年版，第235页。

"以身投东海，为诸君之纪念"。用自己的死，来唤醒留学生界，唤醒同胞，"使共登于救国之一途"。① 12 月 7 日，陈天华在寓所执笔作文，一直到深夜。第二天，他还与往常一样，神色自若，毫无异常，吃完早餐出门时，还向同室朋友借钱二元，朋友以为是去印刷所联系印刷事宜。一直到晚间，陈天华还未回来。当天夜里，大森湾地方警察局便电告中国驻日使馆，称于海上发现一名男子尸体，经检查发现是陈天华，后使馆告知留学生会馆，第二天，宋教仁等赶赴大森湾确认无疑。

陈天华的蹈海自杀，激起了当时留学生中的极大震动，当时宋教仁找到陈天华的遗书《绝命辞》，也被东京留学生广泛传读，进一步地推动了留日学生抗议活动的发展，使得日本政府和各界对于留学生高昂的反抗精神刮目相看，最后不得不对《规程》中的一些条款重新作了解释。陈天华之死的消息传回国内之后，也引起了诸多的关注。1906 年，陈天华好友苏鹏曾领导湖南学生将陈天华以及后来在上海投黄浦江自杀的烈士姚宏业的灵柩运回湖南，要求政府将陈、姚二人公葬于岳麓山，以示敬仰，但遭到了湖南巡抚的拒绝。后湖南学生界不顾湖南当局的阻挠，组织上万人为陈天华举行公葬，将陈天华、姚宏业二人灵柩安葬于岳麓山。

～～～～～～～～～～～～～～～～～～～～～～～～～～～～～～～

陈天华所处的时代，是中国社会大裂变的时代，也是社会最黑暗、国家命运最危急的时代，中国面临被列强瓜分的民族危机。也正是在这样一个时代，对于国家命运的思考和探索成为每个有良知的中国人的毕生的责任。革命与改良、共和与立宪，国家、民族的前途在哪里？每个人都用自己的言行乃至生命来书写着这一段波澜壮阔的历史。在这样一个时代里，陈天华以其激烈求变的革命精神推动了中国民主革命和中国思想现代化的

① 《宋教仁集》（上），中华书局 1981 年版，第 21 页。

历史进程。第一，陈天华的反帝爱国思想充满了进步的民族主义精神，既继承了中国传统民族主义的优秀精神内核，又融入了西方资产阶级的进步思想观念，对中国现代民族国家的建构以及民族精神的传承弘扬发挥了重要作用；第二，陈天华创造性地使用了民间艺术形式创作了宣传反清革命的《猛回头》和《警世钟》，使革命思想广泛而深入地传播到下层民众中间，激起了民众强烈的爱国主义激情，使得人人皆知今日之中国须进行反清革命，成为那个时代的最强音；第三，在同盟会建立前后，陈天华著文立说，参加了与立宪派的大论战，虽然他的思想曾一度出现动摇，但很快在自己的革命实践中改正了错误，写出了许多很有见地的、充满革命激情的文章。这些文章，极其广泛地宣传了革命主张和资产阶级共和国的理想，有力地驳斥了立宪派的虚伪谬论，为辛亥革命的到来奠定了坚实的思想基础。陈天华虽然在年仅 30 岁之时便选择了以死来激励革命的壮烈行为，但他短暂的一生所遗留的光辉之革命思想、英勇之革命精神，对推动近代中国民主革命的进程，以及中国近代政治思想的转型，均产生了重要影响。

杨毓麟 近代中国民主革命的杰出思想家

　　杨毓麟早年倡导维新变法，希望通过改良的手段挽救中国社会。但很快便服膺民主革命思想，成为反帝反封的民主革命家。他是近代中国明确使用"帝国主义"概念的第一人，并且认识到帝国主义是资本主义生产力迅速发展的结果，对当时有识之士正确认识帝国主义、有效应对帝国主义侵略产生了深刻影响，有力促进了资产阶级民主革命高潮的到来。

　　维新变法期间，杨毓麟是湖南维新运动的重要骨干人物，后来宣传革命思想，对思想界的影响非常大，尤其是对民族主义思想的宣传，成为湖南最早明确鼓吹反帝反满民主革命的杰出思想家。

一　少年经历与早年倡导维新思想

　　杨毓麟（1872—1911），字笃生，一号叔壬，别号守仁，湖南长沙县人。杨毓麟生于长沙县高桥乡的一个比较富裕的小康家庭。长沙杨氏本来就属于名门望族，杨毓麟属于长沙杨氏高桥分支，杨毓麟的祖父、父亲为清朝的"太学生"。在杨氏良好的家庭教育以及湖湘文化的熏陶下，他自 7 岁开始接受比较正式的教育，读书识字。十二三岁的时候，杨毓麟已经能够遍读《十三经》、《史记》、《文选》及各名家诗、古文辞等。到 15 岁入乡学，见多识广，热心于阅读王夫之、顾炎武、魏源等爱国志士的著述，深受各位思想的影响。特别是湖南思想家王夫之的思想对其影响巨大。1887 年，杨毓麟 15 岁第一次参加科举考试，就中了秀才，给杨氏家族带来无上的荣誉，也带来了希望。后来，杨毓麟父母便将他送到长沙城南书院、校经书院、岳麓书院等地读书。在这些地方就读的时候，杨毓麟对各家著述无不涉猎，所读书籍广博，受到当时湖南学政张亨嘉和江标的奖赏。

　　杨毓麟对中国古代历史和文学有较为深刻的认识和理解。他特别强调历史学的重要性，认为"史之为义大矣"，指出史学的根本作用在于"名从其朔，揆厥所元"，[①] 向后来者揭示历史的真相和事实。他还认为历史是人类发展过程中各种知识、智慧的积累，是人类持续发展的动力之一。在封建社会的专制统治下，历史已经遭到频繁的改动，变得面目全非。正因历史被篡改，导致"史统终绝"。杨毓麟对于中国古代文学的弊端有着清醒的认识，他认为中国古代的文学作品虽然不乏经典，但是大部分都是虚构的事情，荒诞离奇不足征信。杨毓麟在长沙求学期间，对历史和文学的素养已经达到了一定的高度。此时的杨毓麟显然不同于一般学人士子迂腐的空谈，

---

　　① 饶怀民：《杨毓麟集》，岳麓书社 2001 年版，第 17 页。

而是有自己的思想和对人生的看法。他开始关切中国的历史和现实状况，抱着一种批判的态度质疑中国的传统文化，有着强烈的改变世俗人心的冲动和追求。这为他日后革命思想的萌发留下了深深的烙印。

甲午战争中，中国遭受惨败，北洋海军几乎全军覆灭，此后的仁人志士开始了追寻中国富强之路。正在校经书院读书的杨毓麟，有着强烈的现实关怀，他格外地留心"经世之学，极力关注他人所著关于时事之书，独居深念，辄感愤不能自已"，① 面对民族危机的日益加深，他的爱国思想喷发出来。连夜奋笔疾书《江防海防策》，要求清政府收复失地，洗雪惨败的耻辱，受到当时校经书院山长杜仲丹的赏识。此时的杨毓麟尚未产生明确的民主革命思想，其思想中的爱国与忠君尚密切地联系在一起。1898 年，杨毓麟参加科举考试后，得以拔贡孝廉，被分配为广西某县任知县，但是他并未到任，自此以后谢绝仕途。

为了挽救国家的颓势，维新运动悄然兴起，在湖南巡抚陈宝箴等人主持下，众多维新人士齐聚湖南，在长沙成立了时务学堂，聘请梁启超为中文总教习，湖南逐渐成为当时维新氛围最为浓厚的省份之一。此时的杨毓麟刚刚步入社会，心中满怀忧国忧民的爱国热情，希望能够为中国之强盛贡献自己的一份力量。杨毓麟立志于维新改革，积极投身到变法维新运动之中，为《湘学新报》撰稿，阐述自己的维新思想，并担任长沙时务学堂教习，成为湖南维新派的重要人物之一，他的思想也逐渐地具有改良色彩。

《湘学新报》第一期就表明要"讲求实学"，认为"学术为政治之本，学术明斯人才出"，除了刊登新学的内容，还刊载史学、掌故、舆地、算学、商学、交涉等 6 门。杨毓麟在时务学堂这段时期里，向学生宣传维新思想，培养维新变法人才，同时将主持编辑《湘学新报》的"掌故"栏目，改为"时务"栏目，成为当时最受

① 杨昌济：《蹈海烈士杨守仁事略》，载《辛亥革命烈士杨毓麟杨德麟纪念集》，岳麓书社 2011 年版，第 16 页。

人欢迎的栏目之一，所刊载的文章大多旁征博引，就人们所关心的问题进行研讨，深得人们的信服，也使人明白了其中的道理，传播了知识。他在该报上发表有《述长芦盐法》一文，从盐政的角度揭示出封建专制统治对国人的剥削和掠夺，论证维新变法的必要性和合理性，为维新变法运动提供理论支持。他指出，盐政是国家税收的重要来源，清代中国的主要盐场分布在长芦、山东、两淮、两浙、福建、广东等地，其中的长芦、两淮盐场比较重要，每年的课税占大部分。但是由于食盐属于国家专卖，导致成本低廉但收益很大，使历来的政府、盐商以及社会的各个阶层都将之视为肥肉，想在食盐买卖中分一杯羹。清前期盐政尚属清明，但是到了后期，盐政逐渐开始出现问题，并越来越严重。

　　之所以盐政会出现严重问题，杨毓麟认为首先是清廷上上下下的官员中饱私囊，侵吞盐利，并且利用各种名目进行盘剥，使盐的价格大大地提升，贪官以此获得厚利。以当时的长芦盐场为例，一年运输一纲的盐，获得的利润为"二三百万"，但是各种苛捐杂税加到一起，则有"二三千万"，贪官污吏们一顿饭的费用则高达数十万钱，生活奢靡腐化。正因如此，才导致私盐泛滥。杨毓麟建议，要改革盐政，首先是课税不能太重，这样商人有钱赚，老百姓也能吃到比较便宜的盐，则不至于出现问题。再是建议设立煎盐公司，实现专卖。朝廷派专员到各大盐场进行调查，计算出盐商的成本，以进行适当的课税，这样才能够收到效果。杨毓麟本来想就盐政的问题撰写系列论文，但1898年9月，发生戊戌政变，维新运动以谭嗣同等六君子惨遭杀害而失败，清政府到处捉拿和逮捕维新派人士，杨毓麟因为积极倡导维新变法而遭到牵连，急忙藏匿乡间，逃脱了清政府的追捕。这件事对他的影响非常大，此后他在参与政治活动时尽可能采取隐秘方式。

　　戊戌维新期间，杨毓麟还积极参加到进步人士倡设的团体中，参加了各种新式学会、协会，在这些组织团体中，杨毓麟不仅向人们传播新思想，革除旧弊，而且能够带头执行协会或学会章程。南学会于1898年2月21日成立，杨毓麟等人率先加入，一时间人们纷纷加入该学会。会员最多的时候竟达到千余人。杨毓麟还参与发起成立"湖南不缠足会"，颁发了《湖南不缠足简明章程》，指出缠足是"废天理，反人伦，削人权，衰家事，损生命，败风俗，戕种族"，劝导女性不要缠足。值得注意的是，此时的杨毓麟不仅参与了"不缠足"这个团体，而且在自己的家庭中实践，以身作则，让自己的女儿不缠足，出现在学校读书，以回归人性自然，追求自然美，反对封建礼制对中国妇女的摧残。

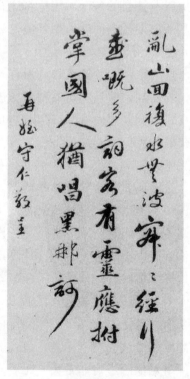

杨毓麟手迹

1899 年春，杨毓麟应同乡江苏学政瞿鸿禨的邀请，从长沙县的乡下前往南京，入其幕府，摆脱了逃匿的生活。他在瞿氏幕府中担任襄校，协助学政评阅试卷，选拔考生。此次担任幕僚的时间不短，一直到 1900 年 11 月结束。由于当时瞿鸿禨离任，杨毓麟不得不回到湖南，在龙绂瑞教馆任教，直到 1902 年 4 月赴日本留学。这年夏秋间，唐才常等筹划了轰动一时的自立军起义，被捕遇害，给杨毓麟的思想以非常深刻的刺激，埋下其思想由改良转向革命的基因。不过，他刚到日本的两三个月间，主张宣传"教育救国"，1902 年底在日本创刊的《游学译编》，由杨毓麟等人编译，其中以"输入文明、增益民智"为宗旨，编译的内容包括学术、教育、军事、理财、时事、历史、地理、外论，其他还有中外近事，各国现今的风俗、才技艺能。后来的《游学译编》并不以此为限，刊载了不少他们自己撰写的文字。1903 年拒俄事件发生后，《游学译编》上刊载了杨毓麟编撰的《满洲问题》、《续满洲问题》、《民族主义之教育》、《19世纪欧罗巴历史之壮观》等文章。《游学译编》出版至 1903 年 11 月第 12 期停刊。杨毓麟在《游学译编》上连篇累牍地介绍日本教育，发表日本人写的有关教育的译文。可见，唐才常筹备、领导自立军起事期间，杨毓麟的思想依然以改良为主，希望能够利用教育挽救中国，并不太主张用革命流血的手段解决中国的问题。杨毓麟对没有躬亲的自立军起事抱以同情的态度，这些就为他思想的转变打下了基础。

二　民主革命思想的成型

1902 年冬，杨毓麟的民主革命思想逐渐成型，他写了《新湖南》，作为一部通俗著作在中国民主革命思想中产生了很大的影响。杨毓麟在《新湖南》中明确提出反帝反封建的民主革命纲领，使用了"帝国主义"的概念来形容当时东西方的资本主义列强，而在此前，国人多使用"西洋夷人"、"泰西诸国"、"西方列强"等称谓来形容。此时的杨毓麟对帝国主义本质的认识当然还谈不上深刻，但在 1902 年就已经认识到帝国主义是资本主义生产力迅速发展的结果，不能不说其具有前瞻性和一定的认识水平。杨毓麟指出，此前世界上所谓的帝国主义，只是"或出于世主一人之野心，或出于武夫健将一二人之权略"，并没有一定经济基础的支撑，也就是说缺乏物质基础，这样的帝国主义只是一种威权主义，依靠个人的权威进行统治，其结果往往不堪设想，政权很难得以长久地发展，"末路往往丧败不可收拾"。杨毓麟指出真正由民族主义转变成的帝国主义则不同，这种帝国主义的动力并不是来自于一二人的野心，而是"国民生殖蕃盛之力所膨胀也"；也不是出自于武夫健将一二人之权略也，而是"国民工商业发达、资本充实之所膨胀也"。[①] 显然，杨毓麟揭示帝国主义的形成并不是某些军政领袖人物的主观意志，而是国家生产力发展到一定程度的产物，是资本扩张、人口繁衍的结果，这种观点比较接近于真理性的认识。

杨毓麟不仅提出了帝国主义的概念，还进一步指出帝国主义的发展需要对外扩张，由此争夺和瓜分各自的势力范围与殖民地，从而引发各帝国主义国家之间的激烈竞争乃至战争，由此就涉及对亚洲等落后地区的侵略，中国必将成为其瓜分的对象。他分别揭露俄国从东北、内外蒙古侵入中国，攘夺旅顺、大连湾等要塞港口；英国从南部九龙界线之扩张、强划长江流域为其势力范围，强租威海卫为其港口；德国则强租胶州湾、霸占山东全省铁道、矿山的开办权；美国倾其势力于中国东南部、攫取湘粤铁路的承办权等，深刻指出帝国主义的侵略本质，此也是杨毓麟思想的深刻性。他还揭露，伴随着资本主义列强发展到帝国主义阶段，对中国的侵略越来越贪婪、强暴，给中国造成了巨大的灾难。这些帝国主义国家对中国的侵略方式也发生了改变，从以前的通商传教、资本输出、强租租界，发展到公开地对中国实行殖民侵略，瓜分中国的领土，将中国变为各帝国主义国家的殖民地，中国面临空前的惨祸。

杨毓麟还悲愤地指出，清政府已经成为帝国主义的傀儡政府和统治中国人民的工具，坚决地表明了他反帝反清的民主革命立场，由此开始与资产阶级改良主义分道扬镳。面对帝国主义国家对中国

---

① 饶怀民：《杨毓麟集》，岳麓书社 2001 年版，第 41 页。

惨无人道的侵略和迫害，杨毓麟吹响了反对帝国主义的号角，高举起民族主义的大旗，以此反抗帝国主义。他指出："故欲横遏此帝国主义之潮流者，非以民族主义筑坚墉以捍之，则如泛挑梗于洪涛之上而已矣。夫胡越之人，不能相为忻戚，天性然也。故民族主义者，生人之公理也，天下之正义也。有阻遏此主义使不得达者，卧薪尝胆，炊矛折剑，冀得一当而已矣，公理然也，正义然也。欲起国民之瘵痹者，此其一事矣。"① 杨毓麟饱含强烈的民族主义情怀，面对中国大地空前的民族灾难，认为要想彻底地推翻帝国主义在中国的残暴侵略，则必须坚决地推翻清政府的腐朽统治，也只有推翻清政府的腐败统治，才能够真正将帝国主义赶出中国，才能够实现中华民族的独立和富强。不难看出，杨毓麟对帝国主义的认识较以往达到了更高的境界，能够正确地揭示出帝国主义的发展过程、历史特点、侵略本质等，由此提出了反对帝国主义的革命新口号。

　　杨毓麟一方面力主反对帝国主义的民族革命，一方面极力主张反对封建主义的民主革命。杨毓麟提倡思想解放、个性自由的民族启蒙思想，从西方汲取了"天赋人权"、"三权分立"等思想，以此反对封建专制统治。其反对封建专制的思想，在《新湖南》有系统的阐述。他指出，欧洲人的政治观中十分痛恨专制社会的腐败，想方设法废除专制之弊，所以就只有依靠"个人权利"的学说。他们所言的个人权利即是"天赋个人之自由权"。在欧洲有霍布斯、洛克，以及法国的卢梭，尤其是卢梭的学说认为人生即有自由的权利。杨毓麟对西方学说有比较充分的了解，解释卢梭的自由说为"人与我皆平等"，也就是既不抛弃自己的自由权，也不侵犯他人的自由权。他特别喜欢西方民主中的"三权分立"学说，能够起到互相监督的作用。所以，只有倡导三权分立，使各得其属地，则能够互相制约，互相监督，国家权力由此而产生。他认为："立法权者，由国民全体付之少数之部分，以达全体之意识者也；行法权者，国民少数之一部分，受全体之委任而奉行主权之职务者也；司法权者，所

① 饶怀民：《杨毓麟集》，岳麓书社 2001 年版，第 44 页。

以监督行法者与人民之奉法者也。奉行主权者不当其位，由国民之公意斥退可也，戮辱之可也。宪法者，以国民之公意立之，亦得以国民之公意废之，以国民之公意护持之，亦得以国民之公意革除之。是故宪法者，国民公意之眉目、而政府与国民所同受之约束也。政府者，在于国家为一部分；国家者，不独非一姓之政府所得私，亦非寡人之政府所得私也。故有政府亡而国家不亡者，有国家亡而政府不亡者，明国家之存亡，系于全体之主权之存亡，不系于政府之兴废。"①

杨毓麟指出，要想建立起西方式的"三权分立"的民主政治制度，需要充分地调动人民的积极性，将他们组织起来建立能够代表人民意志的政治组织，这就是西方式的资产阶级性质的政党。杨毓麟对政治团体和组织的强调自然是吸收西方政治原理和思想的结果。他还称一个现代国家必须要以政党为基础，以此建设国会、地方议会。国会与地方议会属于国家的立法机关，能够起到关键的作用，而政党则于国会、地方议会之外，能够维持比较独立的权利，为人民百姓谋取利益和幸福，这样就能够体现出"公益"。这些似乎与中国传统文化中的"君子不党"相违背，但是这种新式的西方政治伦理正是现代西方民主政治的核心所在，也是英、德、美、法这些国家能够步入世界强国的最为重要的原因。中国如果想要迈入世界强国的行列，则必须进行政治上的改革，彻底地推翻腐朽、落后的封建君主专制制度，建立起适合现代社会发展的民主政治制度。他希望这种政治试验首先从湖南做起，能够将湖南建设成一个民主自由的"新湖南"，然后逐步推广到整个中国，从而建设出一个新中国。

杨毓麟的《新湖南》主旨鲜明地提出了反帝反封建的主张，同时也表示了湖南人在这场革命中应该担负的责任。《新湖南》的出版在时间上比陈天华的《猛回头》、《警世钟》与邹容的《革命军》均要早半年，属于这个时期宣传民主革命思想的代表性著述，具有非常重要的价值与意义，可以将其看作这个时期中国民主革命宣传的

---

① 饶怀民：《杨毓麟集》，岳麓书社 2001 年版，第 53—54 页。

第一声春雷，为而后辛亥革命的爆发做了先期的理论准备。杨毓麟的《新湖南》受欧榘甲于1902年春写成的《新广东》一书的影响，其中主张湖南自行独立的主张直接来源于《新广东》"各省自立"的建议，只是在思想上较《新广东》介于保皇与革命的折中方案不同，主张民主革命思想。将杨毓麟的思想放到当时的大环境中进行观察，可见杨毓麟对中国早期民主革命的策划与推动，对中国近代思想的发展做出了重要贡献。

杨毓麟在《新湖南》中所鼓吹的湖南具有"特别独立之根性"，给湖南的仁人志士以鼓舞，极大地振奋了湖南青年志士的爱国心、责任心。此后的辛亥革命，湖南人才济济，有如黄兴、宋教仁、蔡锷等，他们参与了一系列的武装起义，担任指挥者和领导者，这与《新湖南》所倡导的湖南人所具有独特的"血性"、"独立"的精神极有思想渊源。杨度的《湖南少年歌》中能够明显地看到《新湖南》的烙印，正是《新湖南》的思想通过杨度以诗歌的表现形式才得以广泛流传，乃至影响几代湖南热血志士。

三　日本留学期间的革命活动

杨毓麟在国内求学期间，就非常喜欢中国历史，到了日本后，他广泛涉猎西方、日本史学书籍，发现这些书籍研究方法与中国传统的历史研究有天壤之别。于是，他在办报之余，开始收集相关史料，将最新的史学知识、史学理论和方法介绍给国人。其中他将日本学者浮田和民讲授的《史学原论》翻译成中文，认为这正是他理想中的史学。《史学原论》全书共8章，4万余言，可惜现在无法找到杨毓麟翻译的《史学原论》的版本，但是不少学者看到《史学原论》对梁启超新史学思想的影响，以及影响到中国近代史学理论和史学方法。而杨毓麟恰恰是第一位将《史学原论》翻译成中文的中国人，可见其对新史学的贡献实属不小。杨毓麟对《史学原论》的翻译，表明他希望通过自己的努力向国人介绍他认为科学意义上的历史学。

在翻译《史学原论》的同时，杨毓麟还翻译了日本学者小野塚喜平次的《政治学大纲》，这算是国人最早接触到的国外政治理论。杨毓麟译《政治学大纲》出版于1903年5月，属于最早的《政治学大纲》译本，杨毓麟译本的结构、内容以及特色对后来的各种译本产生了巨大的影响。杨毓麟之所以同时翻译《史学原论》与《政治学大纲》，主要是认为历史学与政治学有着密切的关系，任何历史研究上的重大突破，都对政治有着重要的影响。也就是说，任何政治运动、社会变革，都与历史理论的突破有着关联。国人普遍缺乏现代政治知识，是杨毓麟当时关注的重要问题，没有现代政治知识，一切政治变革、政治运动都无从谈起。结合当时中国现实的政治社会环境，不难看出，杨毓麟认为国人首先需要掌握现代的政治知识，才能更清晰地认清政治形势；了解现代政治原理，才能更好地改造社会。所以，他同时翻译《史学原论》和《政治学大纲》这两本书。

此间，杨毓麟不仅注重理论上的译介和宣传，而且将主要精力投身到革命斗争实践中。1903年，俄国侵略者违背条约规定，拒绝从我国东北撤离军队，留学日本的学生500余人集中到东京神田锦辉馆，召开拒俄大会。会后，学生们决定成立"拒俄义勇队"，杨毓麟积极参加到义勇队中。5月2日，拒俄义勇队改名为"学生军"，并且通过了12条规则，杨毓麟被任命为学生军本部办事。后来驻日公使干涉学生军的行为和活动。5月11日，学生军不得不又改名为"军国民教育会"，以"养成尚武精神，实行民族主义"作为号召和宗旨，并提出三种革命的途径，包括鼓吹、起义、暗杀。他们具体开展的革命实践活动是：广泛地开展革命宣传活动，练习射击，学习制造炸药，派遣"运动员"回到国内发动、策划武装起义，组织暗杀。正是在军国民教育会成立之日，杨毓麟自告奋勇地要求担任"运动员"，愿意回到国内负责江南一带，以策划武装起义。回国之前，杨毓麟在军国民教育会内部与黄兴等6人组织了一个暗杀团。通过冯自由的介绍，杨毓麟与横滨的梁幕光等取得了联系，学习制造炸药，后来因为制造炸药过程中不小心，还使自己的一只眼睛被炸伤。为了能够实现暗杀团的职责和主张，杨毓麟等人秘密携带炸药回到国内，邀请一些革命志士共同到北京进行暗杀活动，计划要在故宫内城或颐和园内一举炸毙西太后及清政府官员。但是在北京居住了数月，终因朝廷戒备森严，无从下手，而不得不返回上海。

　　1903 年 12 月，杨毓麟应革命人士的邀请，回到自己的故乡长沙，参与华兴会的筹备工作。第二年 2 月 15 日，华兴会召开正式成立大会，杨毓麟受邀参加，加入华兴会，并被组织派往上海，担任华兴会外围组织爱国协会会长，章士钊担任副会长。当时，黄兴、刘揆一与哥老会首领马福益等人共同协商，准备在西太后慈禧 70 寿辰之时，当全省官吏在皇殿行礼之际，能够预先埋下炸弹，以将他们彻底炸毙，乘机进行起义。杨毓麟为会长的爱国协会则在上海响应长沙的起义，可惜的是这次起义因为奸人的告密而宣告流产。

　　1904 年 11 月，黄兴、刘揆一、杨毓麟、章士钊等 40 余人在上海英租界新闸新马路余庆里召开秘密会议，决定分几路人马前往大江南北运动学界、军队，并在湖北、南京等处发动起义。不久，因为受到万福华刺杀王之春事件的牵连，余庆里机关受到清政府的破坏，清兵在机关搜索出手枪、炸药、名册、会章各种物品，清政府官员随之按照名册逮捕了黄兴等 13 人，后来清政府兵士在物品中发现杨毓麟的名片多张，杨毓麟为了躲避官吏的耳目，只好改名杨守仁，于 12 月 4 日启程，与宋教仁等人再次前往日本。

　　经过这次失败后，杨毓麟意识到在东南沿海发动起义还不如直接袭取首都取得的收效快，于是，杨毓麟开始改变计划，逐渐混入官场政界，以求能够从事中央革命，成为辛亥革命时期主张"中央革命"的第一人。他再次回国直奔京城，在同是长沙人、当时的官学大臣的帮助下，到译学馆担任教员。他正是以教员的身份作为掩护，秘密地策划暗杀活动，并主持参与了轰动一时的吴樾刺杀五大臣的暗杀活动，此举给政府当头棒喝，震惊中外。杨毓麟正是以其行动将革命思想付诸实践，给当时的革命志士以极大的鼓舞。

　　1905 年 12 月，杨毓麟谋取到一个随五大臣出洋考察宪政的随员职位，他在 1905 年 12 月第三次到日本。此次他在日本待了半年有余，大规模地译介西方国家的各种制度。这项工作得到宋教仁的支持和帮助，因为杨毓麟对英文比较陌生，加上身边还别的事务，所以凡是涉及英文资料的翻译，他都请宋教仁担任。这段时间杨毓麟与宋教仁之间往来频繁，为翻译西方各国的制度投入了很大的精力。

1906 年 6 月，杨毓麟正式加入当时的革命组织同盟会，以协助黄兴等人扩展同盟会的组织，进行革命宣传。杨毓麟利用各种机会宣传革命思想，扩大同盟会的组织基础。他姐姐病逝，他只在家待了 7 天便回到上海，在上海设立正利厚成肆为江海交通机关，以便扩充组织。在上海期间，杨毓麟还参加了收回利权的斗争。1906 年 12 月，萍浏醴起义爆发，杨毓麟打算在上海响应起义，但是因为起义很快失败了，使其主意未能实现。1907 年 1 月，因为受到萍浏醴起义的牵连，湖北日知会案发生，刘静庵等 9 位革命人士先后被逮捕，其中柳继贞被囚禁在长沙。杨毓麟到处筹措经费，托人营救被捕的诸位人士。

四 《神州日报》与民族主义思想的宣传

杨毓麟作为辛亥革命时期杰出的民主革命家、宣传家，在《新湖南》发表后，还先后创办、主编了《游学译编》、《中央丛报》、《汉帜》、《神州日报》等多种报刊。特别是 1907 年 4 月 2 日在上海创刊的《神州日报》，由于右任担任社长，杨毓麟担任总主笔。这份报纸在当时的影响非常大，是继《警钟日报》后资产阶级民主革命派在国内出版的又一份大型日报，也是同盟会在东南 8 省进行革命宣传的重要言论阵地，对民主革命思想的传播有着巨大的作用。杨毓麟担任《神州日报》总主笔一年有余，这一年多的《神州日报》着力于宣传民族主义。用于右任的话说，杨毓麟为了这份报纸"风风雨雨，夜以继日，四处奔波，可谓至苦"。杨毓麟不仅主张在报纸上发表民族主义的文章，同时自己也撰写文章，前后发表了超过 10 万字的政论和时评文章，用他真挚的感情去打动读者，他成为《神州日报》最为努力的作者。

杨毓麟对帝国主义的认识发轫于《新湖南》，对帝国主义的本质认识极为深刻，有高出同辈的地方。如果说《新湖南》时期他对帝国主义的认识尚停留在理论的分析和批判上，到了《神州日报》时期，他的反帝爱国思想就越来越具有实践性，在此方向上迈进了一大步。他在《神州日报》的文章中，将反帝与当时国内外政治局势相联系，比如说与上海的"大闹公堂事件"、发生在东三省的"高景贤事件"以及津镇、苏杭甬的外债等联系在一起，使他的反帝主张和思想具有强烈的现实感，也能更好地调动社会民众的情绪。可以说，这个时期他是用笔墨为武器向帝国主义及其走狗开火，使民众逐步认识帝国主义的丑陋面目。

国内外形势的紧张引起杨毓麟的极大关注，他看到在帝国主义的侵略下，朝鲜、越南等周边国家都受到不同程度的迫害，中国的命运也将如此，特别是帝国主义各国对待中国采取均衡主义政策，从而能够保证各国在华的势力范围，美其名曰保全中国领土，尊重中国独立，其实是想一起来瓜分中国利益。东三省正是在帝国主义均衡主义的对华政策之下，成为日俄两国控制的东三省。杨毓麟还列举当时上海电车越界设轨事件、越界置巡警事件、越界收捐事件、湖南英商要求城内杂居事件等，这些事件皆表明帝国主义的蛮横无理。杨毓麟反对帝国主义列强对中国路权的侵占，同时也反对清政府举借外债。当时发生的津镇铁路收归商办一事引起杨毓麟的密切关注，他反对依靠少数官僚垄断，将铁路权出卖，因为津镇铁路延及三省，他建议由三省绅商士民公开选举社会明正贤达人士画线分担，组织公司招募股份，使公司成为法人，这样可以不依靠那些豪绅官吏，不为他们所把持。这样公司成立，则不难开工，路权也照样属于国人。而在苏杭甬铁路上，清政府提出分办路与借债为两事，试图掩盖向英商借款 150 万英镑修路的事实。江浙地区为此掀起了规模浩大的保路运动。杨毓麟对此表示赞同，认为这种丧权辱国的外债不能借，更何况外债是以路权为抵押，即中国主权遭受破坏。此后的苏杭甬铁路只有改为沪杭甬铁路。1908 年中英之间就沪杭甬铁路借款签订合同，盛宣怀也因居中旋走而升为邮政大臣，杨毓麟对此进行了猛烈的抨击和讽刺。

不仅对清政府出卖路权举借外债表示不满，杨毓麟还对清廷及地方当局擅自举借外债提出批评。当然，杨毓麟并不是反对一般的利用外资，也就是希望不能靠借外债以供政府的挥霍，对于外债要有一定的计划，不能旧债尚未偿还新债又至。

杨毓麟在《神州日报》中的民族主义宣传，还包括"排满革命"，揭示清政府政治的黑暗、官吏的贪婪。杨毓麟对清廷的所谓化除畛域、皆为国民的政策进行了驳斥，认为真正的想法是希望旗人能够有好的生活，而化除畛域只是对汉人的说法，显然有偏向旗人的嫌疑。汉人在经济上要承受痛苦和压榨，在政治上也要受旗人的压制，各方的发展自然不如人愿。杨毓麟认为清朝的政治是一张奇怪的网，皇帝高高在上，下面各级官吏等级森严，趋炎附势。而到了地方上，也存在这么一张政治的关系黑网，贪赃枉法、徇私舞弊在官场上司空见惯。

清代中国在国际交涉事件上，从来没有过成功。清政府不断丧失自己的主权，断送了不少边疆省份的利益。在矿山、铁道、工商利益上皆不断遭受外国的羞辱。社会风俗也极为恶劣，官员们嫖宿、抽食鸦片、酗酒者众多，不能承担责任。如此情形下，无所谓羞耻，也无所谓尊严，治安秩序混乱不堪。杨毓麟指出，这样的社会已经到了没有办法挽救的地步，政治黑暗，道德沦丧，只有等待沦亡。

1907 年春末夏初，在京城官场围绕庆亲王奕劻发生了两件丑闻。一件是直隶候补道段芝贵以 10 万两巨款行贿庆亲王，另以 1.2 万两买下当时名伶杨翠喜送给奕劻之子载振为妾，因而被提升为黑龙江巡抚。另一件是奕劻以助赈为名，大办 70 寿辰，收受寿仪近百万两。消息传出，舆论哗然。杨毓麟在《神州日报》上连续发表文章对这位清廷亲贵的无耻行为进行了无情的披露，指出，杨翠喜以女优而造成政界的恐慌，来自于无耻候补道段芝贵的操弄，而在官场竟然将黑龙江巡抚之职位随便安排，由此对当时朝廷之腐败进行了嘲讽。一个女优有如此大的魅力，能够使一个无赖的候补道得以升任为巡抚，这不得不使那些远离皇亲贵族青睐的人瞠目结舌。朝廷能够随便将巡抚授予人，可见清朝权贵"纳贿之术，为途亦多"。杨毓麟抨击买妾置媵用来换取官职，将矛头直接指向清政府的政治腐败，正是他们放纵，不顾国家生死安危使然。

教育方面，清廷大谈教育普及，实际上未见进展。学堂因为经费不足而倒闭，学术价值被贬低，教育行政机关趋于停滞，在设置专门掌控教育的机构"学部"后，教育行政基础依旧不能确立，教育也没有什么改变，教育的宗旨依旧以个人的取向为依归。虽然朝廷将教育天天挂在口头，但往往未能有有效的措施出现。地方上的教育在设置提学司后，更显得弊端日多，虽然专门设置了地方教育行政机关，但因没有专门供给地方的教育经费，只有"教育"的门面，而没有振兴教育的实务，教育依旧在黑暗中徘徊。

正因为清政府的腐败无能，杨毓麟主张开展反清斗争，进行国民联合运动。要想真正地消除满汉畛域的问题，只有铲除满汉民族政治之间的间隙，设立法律上的普通国民权利的保障体制。如此，需要以国民大多数的利益为依归，不能以国民大多数利益供某部分的牺牲；需要以国民大多数感情为指导，不能以国民大多数感情供某部分之游戏。这样才能激起国民大多数对政治的热情，才能真正实现各民族的团结，联合起来反对清政府的统治，这才是中国的出路。

《神州日报》上杨毓麟发表的文章还有非常重要的一点，即反对清政府的"预备立宪"，揭示出其虚伪的本质和荒诞措施。杨毓麟认为清政府所进行的"预备立宪"是根本行不通的，因为清政府长期所坚持的君主专制制度，从来就没有过立宪的思想，也从来没有过立宪的资格。杨毓麟指出，凡是立宪的国家，国民都有监督质问的权力，但是清政府却处处限制民众自由言论、集会、结社，所谓预备立宪，只是空谈，根本就没有实现的可能。清政府所主张者实乃专制，而立宪只是其名，政府正是以"预备立宪"来迷惑人心，迷惑民众的视听。"预备立宪"所进行的官职改革，在中央只是一群

"不男不女之天阉"、"非驴非马之骡"所主持的一场滑稽剧。杨毓麟还提醒立宪派不要对清政府抱有任何幻想，所主张的"预备立宪"不过是玩弄两面派手段，口口声声喊着立宪，心中却充满着专制的想法；口口声声说要调和满汉矛盾，心中却抱拥着强权主张；口口声声说要上下一心、军民同体，心中却处处希望压制民权的发展。他指出立宪派请愿的结果将得不到实现。

杨毓麟在《神州日报》上发表的文章延续了他之前的特点，具有很强的理论色彩。但是他对帝国主义本质的认识较之前撰写《新湖南》时期又有了新的发展，他指出，对帝国主义的侵略活动和行径，需要运用批判的武器公之于众，罪行暴露到光天化日之下。同时，要通过"国民联合运动"对侵略者进行批判。其反帝的主张和行为较之前有了更多的实践性，在理论上也较同时代的其他革命宣传家有高明之处。杨毓麟对国际公法等法律条文的理解，在当时的革命党人中也属出类拔萃。

杨毓麟此时已不是坐而论道的清谈家，而是一个能够身体力行的革命活动家，他以舆论作为武器，将办报作为自己的神圣职责，希望通过报刊宣传革命思想，达到革命之目的。《神州日报》创刊后仅仅 37 天，因邻居发生了一场火灾，报社的机器设备付之一炬。火灾发生时，杨毓麟还在为《神州日报》撰稿，因火势锁住了房门，最后他不得不沿着电线杆爬下楼，才幸免于难。当天《神州日报》因设备的损失被迫停刊。但杨毓麟并没有退缩，仅仅停刊一日，第二天报刊又继续出版。而且杨毓麟在《神州日报》上发表的大量文章都是根据现时帝国主义的侵略行径和清政府的腐败事例而撰写，针对性明显，有感而发，联系实际斗争发表政论时评，调动了国内民众的积极性，影响了国内的舆论。

五 欧洲游学期间革命思想的继续发展

杨毓麟在从事革命活动的时候，往往感觉到自己的知识水平有限，尤其是在日本的时候，他感到自己所学到的知识全部是由日文转译过来的，至于西方现代的文明思想和现实生活到底如何，却一直不得而知，缺乏真正的体验。所以，他决定到欧洲去，一者希望亲眼见识一下西方的真实情形；一者也希望能够发现新的知识，直接对这些知识进行学习和利用，从"原产地"传回中国，使中国人对西方有更为直接的认识，不再只是转借于日本，使国人少走弯路，也为未来国家的建设贡献力量。

1908 年，杨毓麟开始寻找到欧洲去的机会，恰逢蒯光典被聘为清政府留欧学生处监督，即将赴任，杨毓麟谋得蒯光典的秘书一职，得以有机会到欧洲。1908 年 4 月乘船西行，5 月初到达英国首都伦敦。后因留欧中国学生掀起的驱逐蒯光典的学潮，蒯光典被迫去职，作为秘书的杨毓麟也不得不辞去秘书，转赴苏格兰阿伯丁大学学习，此时他专攻英文和生计学，希望能够探寻"社会学之奥"。此后，他一直都未曾离开过英国。

同时在英国留学的还有章士钊与杨昌济。章士钊攻读的是逻辑学和政治经济学，杨昌济攻读的是伦理学、哲学和教育学，从 1907 年到 1911 年，三人朝夕相处，刻苦钻研，一起学习长达三四年之久。杨毓麟除了学习政治经济学，主攻英文、生计学和社会学之外，还研究社会主义学说。此时的杨毓麟已经快 40 岁了，身体每况愈下，因为之前的英文根底很浅，学习起来十分吃力。即便是这样，他还是不忘将所学得的知识与中国的实际相结合，在此期间他撰写了《中国字母》一书，希望能够用拉丁字母来改造中国汉字，这可能是中国人最早将汉字拼音化的尝试。此时的杨毓麟还研制炸弹，他到博览会、图书馆、研究所等地收集资料，试图对炸弹的材料和制作进行改造，意图能够制作出威力更加强大、携带更加便捷的新式炸弹，并撰写了《炸弹》一书，对炸弹的制作进行系统的论述。此时的杨毓麟还游历参观英国，了解英国社会。他不久通过游历学习各方面科学知识，还利用暑假到英国农村访问调查，以此接触英国社会的下层群众。在英国留学期间，他还作为通讯员，给国内的报刊供稿，介绍欧洲局势以及社会政治经济状况，写有《英国工党小史》、《英人满疫论》、《政府之罪恶》、《英人对于四国借款舆论之一》等长篇文章,刊载到《民立报》上。值得注意的是,1909 年 5 月 15 日至 8 月 7 日的《民呼日报》上连载了杨毓麟署名"蹈海子"的长篇小说《销魂狱》和《民呼日报宣言书》,表明他时刻未忘记报效祖国,为祖国做贡献,其爱国之情溢于言表。

1909 年秋,孙中山流亡伦敦,杨毓麟曾与孙中山会面,建议设立欧洲通讯社,孙中山表示赞成。这时的杨毓麟还担任同盟会驻英国的联络员。杨毓麟对自己发表《新湖南》以来,在理论和实践上探寻的无政府主义进行了反思,已对无政府主义失去兴趣,认为在外国能够实行的东西,因为国情不同,在中国就未必能够行得通。他通过研究西学,对西方的政治、经济制度进行系统的研究和探索,吸收新的思想养分。他在给《民立报》社的通讯中,指出无政府主义是绝对真理,必须与现实物质世界相结合,才能够达到理想的黄金世界,但是又用佛教理论对这个黄金世界的到来进行否定。他一方面赞成要进行铁血革命,但又感叹无政府主义只会导致人心的涣散,自己也不想卷入到无政府的波澜之中。他在理论探索上陷入了矛盾,导致他无法自解。

1911 年 4 月 27 日,孙中山、黄兴等革命党人所精心准备、指挥和领导的黄花岗起义失败了,不少青年革命骨干被残害。消息传到英国,杨毓麟非常悲愤,忧伤过度,以致几个晚上都不能睡觉,他听到误传说黄兴在战场上牺牲了,深受刺激。后来看到冯自由从加拿大写来的信函,才知道黄兴只是伤了右手,断了两根指头,生命没有大碍。不过,武装起义的失败,加上他的"脑炎"旧病复发,所提倡的暗杀活动也屡屡遭受失败,心中的各种痛苦都无法解脱,使他"愤不乐生,恨而死之,决投海中自毙"。[①] 于是,他留下遗书,将他这几年留英期间的积蓄 130 英镑中的 100 英镑转寄给黄兴作为革命运动的活动经费,另将 30 英镑寄给老母报养育之恩。

1911 年 8 月 5 日,杨毓麟赴利物浦大西洋海岸边投海自沉。

---

① 杨毓麟:《杨君笃生绝命书》,《民立报》1911 年 10 月 11 日。

　　杨毓麟所处的中国，正是急剧动荡变化的时代，中国内忧外患频仍。处于这种时代的杨毓麟，不断寻求救亡图存的方法。起先，他与梁启超、唐才常等人一起进行维新变法活动，思想倾向改良变法。不久后，由于社会环境的变化，杨毓麟的思想随之发生巨变，民族主义思想逐渐诞生，具有了典型的民主革命性质，对当时的思想界产生了巨大的冲击力。他成为著名的革命家，也是湖南最早明确鼓吹反帝反满民主革命的杰出思想家。

　　不管是在当时的历史条件下，还是在后来的历史发展中，杨毓麟的民主革命思想都起到了很大的作用，符合当时社会变革的需要，进行了革命的思想动员。因为，第一，他所宣传的民主革命思想，尤其是率先使用"帝国主义"一词描述东西方的资本主义列强，并且认识到帝国主义是资本主义生产力迅速发展的结果，具有一定的前瞻性，对国人后来对帝国主义的认识也起到了积极的作用。第二，他创办的报刊在革命思想的宣传上，起到了很大的作用。比如说《神州日报》，这是继《警钟日报》后资产阶级民主革命派在国内出版的又一份大型日报，成为同盟会在东南8省进行革命宣传的重要言论阵地，传播了民主革命思想。特别是他对民主主义的宣传，不再停留于纯粹思想的传播，在实践上也迈出了很大的一步。第三，他的民主革命思想能够与革命实践活动很好地结合到一起，不仅为当时的革命志士起到表率的作用，也影响到了后来的革命者。他不仅能够学习和宣传革命思想，同时也能将其他理论的学习结合在一起，在日本留学期间将《政治学大纲》和《史学原论》翻译成中文，成为这两部著作的最早翻译者。尤其是他在日本期间还积极投身到革命的实践活动中去。杨毓麟虽然最后以投海自沉结束了自己的生命，但是他为革命的后来者留下了宝贵的精神财富，也为推进中国思想现代化进程做出了应有的贡献。

杨昌济　近代中国著名的伦理学家与教育家

　　杨昌济是近代中国著名的伦理学家、教育家。他所主张的伦理思想包括民族伦理、生活伦理、人际伦理、家庭伦理。其伦理思想是他融贯中西的产物，极大地适应了时代发展的需要。杨昌济有着受英美教育思想影响的独特教育理念和实践，特别是他的教育经世思想，影响了包括毛泽东、蔡和森等在内的当时一大批有志青年，在很大程度上推进了中国思想文化的现代化。

　　杨昌济早年积极地参加维新改良活动，但后来在杨毓麟等人的劝导下，到日本学习师范科，后来又到欧洲学习哲学、伦理学、心理学，成为影响中国一代青年的著名伦理学家、教育家。

一　家世与赴日本留学

杨昌济（1871—1920），名怀中，字华生，湖南长沙县人。杨昌济所在的杨氏为板仓杨氏，为书香门第，高、曾祖父都是太学生，祖父杨万英也是邑庠生，一生都没有做过官，在家乡以教书为业。杨昌济的父亲杨书祥，母亲向氏为平江县人，外祖父为进士出身，做过清朝国子监学录，为诗书世家。这对杨昌济产生了很大的影响。

杨昌济7岁开始进馆学习，跟随的蒙师就是自己的父亲杨书祥。他入学的第二年，父亲病逝，不久，母亲也逝世，这给杨昌济的童年蒙上非常浓厚的阴影。1888年，杨昌济17岁，与自己的表妹向仲熙结婚。第二年参加长沙县试，即考上秀才。1890年他考举人不中，为了生活，便开始在乡间以教书为业。

杨昌济于1898年进入岳麓书院读书，积极参加了谭嗣同、唐才常等在湖南组织的维新改良活动，加入他们的南学会，成为通讯会友，由此开始与谭嗣同等人接触，并向他们学习求教。戊戌变法之后杨昌济看不到科举功名的前途，认为那些功名都是虚伪和无用的东西，便开始绝意仕途。这个时期杨昌济的家庭生活也发生了很大的变化，1898年他的儿子杨开智出生，1901年又生下女儿杨开慧。同时，杨昌济的哥哥杨昌运染上了鸦片烟瘾。杨昌济必须用自己的薪水维持一家人的生活，救济自己的哥哥，由此承担着非常沉重的经济压力。

此时的杨昌济隐居在乡间，感到非常的苦闷与迷茫。他的好友，也是同乡的著名革命党人杨毓麟从日本给他写来了一封信，要求他东渡日本，去学习先进的科学技术，这与传统的科举相比，对杨昌济更具有吸引力。正是在朋友的感召下，加上当时所处的环境，他萌发了到日本去留学，学习西方先进技术以拯救中国的想法。1903年农历二月，杨昌济非常坚决地告别了家乡，离开了他的妻子和儿女，东渡日本。杨昌济出发之前将其名改为"怀中"，寓意心怀祖国，虽然身在异邦，却也时时不忘自己是一个中国人。杨昌济离开自己的妻儿和已有的生活，确实需要很大的勇气。

杨昌济到日本后，便进入东京弘文学院学习。他刚开始上的是速成师范科，这种速成班也是当时众多中国留学生的最先选择，不久以后便转入了普通科。在弘文学院，杨昌济刻苦学习，成绩特别优秀，由此受到院长的赏识。1906年，杨昌济从弘文学院顺利毕业，后来升入东京高等师范学校专修教育学。在杨毓麟、章士钊等人的极力推荐下，清政府派往欧洲的留学生总督蒯光典调杨昌济到英国去继续深造。1909年春，杨昌济进入苏格兰的勒伯丁大学哲学系，这个时候他学习的是哲学、伦理学和心理学。1912年夏天，杨昌济结束了在勒伯丁大学3年的学习，并获得了文学学士学位。此后，他还前往德国进行了9个月的考察，并去瑞士游览了一圈。杨昌济在德国重点考察了教育制度，并留意德国的政治、法律等各项制度。考察结束后，杨昌济便启程回到已阔别10年的祖国，回到故乡长沙。

二 教育经世思想与湖南早期
共产党人群体的形成

杨昌济回国时，正值立宪派人物谭延闿督湘。谭延闿见到留学归来的杨昌济学识渊博，为了网罗人才，便请杨昌济出任湖南省教育司长。不过杨昌济在国外目睹资本主义国家对教育和人才培养的重视，感到中国教育落后，人才缺乏，无心参与政治，下定决心，以教书育人为己任，走教育兴国的路子。他称自己对国内的情况不怎么了解，又缺乏行政能力，谢绝了谭延闿的聘请，希望去当一名普普通通的教师，以此培养人才，改变中国教育的局面。此后，他先后应省立第四师范、第一师范等学校的邀请，在长沙任教5年之久。

杨昌济在长沙的5年，非常重视人才的培养，特别是在第一师范教书期间，学生数以千百计，但他对毛泽东尤为赏识。杨昌济既受了传统教育的影响，有着深厚的传统文化根底，对王夫之、曾国藩、谭嗣同等人的著述和思想情有独钟，不断地研析，成为他教育思想中浓厚经世情怀的来源。同时，又由于杨昌济留学西欧等地，受到英美教育思想的影响，注重对西方科学文化知识的学习，中西并用，从而形成了符合中国国情的教育理念和独特的教育经世思想。

杨昌济的教育经世思想包括以下内容。首先是理论与实践的关系，杨昌济主张"即知即行，知行合一"。他称："即知即行，知行合一，必如是而后可谓之自觉……知则必行，不行则为徒知，言则必行，不行则为空言；自觉与活动乃不可相离者也。无活动则无自觉，故实行尚焉。博学、深思、力行三者不可偏废。博学、深思皆所以指导其力行也，而力行尤要。力行为目的，而博学、深思为方法。博学而不行，何贵于学而深思而不行，何贵于思？能力行，则博学、深思皆为力行之用，不能力行，则博学深思亦徒劳而已矣。且博学与深思亦力行之一事也。非真能力行者，学必不能博，思必不能深，故学者尤不可不置重于实行也。"① 因此，他非常强调知的重要性，认为生平要注重两者，一要主张力行，一要主张深思。力行之义与人的身体体魄有关，而深思之事与人的灵魂精神世界有关。而对深思之事特别强调，认为非常重要。他还批评某些只重力行而忽视学问，只重视"天才与经验"，不重视学问的人。由此，杨昌济反复强调不能光靠天资，而是要靠学力，要开创一番事业，必须有学识，能够观察事情的原因与结果以及目的、手段等，这些都需要学问才能有所创获。当然，杨昌济并非一味地强调学问，也强调社会实践，注重力行。他认为要想获得真知，光在书斋中勤思苦想还不够，必须到生活实践中去追求，不仅有有字的书本，也有无字的书本，要注重学习生活与社会生活的结合。由此能够积累"实事实物"方面的知识，达到从社会中获取知识。

其次是在对待中西文化的态度上。杨昌济因为他的特殊的学习

---

① 王兴国编：《杨昌济文集》，湖南教育出版社1983年版，第365—366页。

经历，一方面是西方知识，一方面是中国传统，所以他注重结合中国的国情来学习西方科学文化知识。他认为学习西方科学知识是相当必要的，许多有识之士对中国的学问皆有不少深入的研究，可惜对世界知识却没有相当的了解，并且学习的知识也不是社会所需要。杨昌济认为必须派遣这些人出国学习，才能够使素养得到提高，必须懂得外国的语言，才能够真正学到他们的学问，以及学问的独到之处。学习西方不能照抄照搬，因为每个国家的文化和文明只适合一定的国情，必须根据国情进行适当的取舍，深入研究，才能真正学有所获。假如不能理解这层意思，只知道一味崇洋媚外，就不能成为一个"完全资格"的中国人。他称这些人"将来学成归国，乃全然一外国人，将不能有中国人完全之资格。深于本国之文学，则知本国有固有之文明，起自尊之心，强爱国之念，且对于国内之风俗习惯，均能知其起源，悉其意义，对于祖国既不至发生厌薄之感情，对于国俗亦不至主张激急之变革，此真国家存立之基础，不可不善为培养者也"。①

　　再次是经世的方法手段问题。杨昌济主张教育经世。杨昌济目睹了清政府的腐败，也感受到了国力不济，受到外人欺凌，认为必须改革才能继续生存。不过，杨昌济改革社会的主张与维新派在中国建立资产阶级立宪政体的主张不同，与资产阶级革命派推翻清王朝的统治也不同，他是着手于发展教育、培养人才。杨昌济认为教育十分重要，不管是社会变革还是经济发展都离不开教育。杨昌济对变法的主张也有自己的看法，称变法有两种，一种是自上而下的变法，一种是自下而上的变法。自上而下的变法比较迅速，而自下而上的变法则比较迟缓。他认为变法要先变科举、变学校，要想变科举、变学校，则须先变学术。而变科举、变学校须自上而下的变法，变学术则须自下而上的变法。在认识到中国积弱的原因后，他认为振兴农工的方法也要靠办学堂、兴学会、办学报。三者之中以兴学会为最重要，学会的工作在"考察"、"联络"、"化导"，所以

---

①　王兴国编：《杨昌济文集》，湖南教育出版社 1983 年版，第 52 页。

他极力提倡教育。杨昌济在谈到自己留学的动机时，称："余自弱冠，即有志于教育。值世局大变，万国交通，国内人士，争倡变法自强之议，采用东西洋各国成法，创兴学校，以图教育之普及。余以为处此时势，非有世界之智识，不足以任指导社会之责，于是出洋求学，留于日本者六年，复至英国留居三年有余，又往德国留居九月。"① 回到国内后，他便以"欲栽大树柱长天"的志向自任，不顾各种官场的诱惑，专门致力于教书育人的工作，培养出能够为国建设、效力的人才。

那如何实现经世呢？杨昌济为了达到自己的志愿，他特别强调修身。他认为要成就大业者，就要树立远大的理想和抱负，做能够有助于社会的有用人才，这是他道德教育的目的所在。他在撰写《论语类钞》的时候，第一篇就是"立志"，引用"三军可夺帅也，匹夫不可夺志也"的话，即要确立自己的坚定的信仰，不能随便放弃自己的理想和主义。这就需要为了自己的理想、主义奋斗终生，要能够坚忍、持之以恒。他认为："近世伦理学家言，谓有道德之人，与长于技艺之人有别。彼善于绘画者，虽终岁不执笔，无害其为美术家。然若士人修身，一旦懈于为善，则立失其为善人君子之资格。盖君子之于修身，乃毕生之事，一息尚存，此志不容稍懈。古人云盖棺论定，诚恐平生行善，至衰老而改行，则终不得为完人也。"并且"吾无过人者，惟于坚忍二字颇为著力，常欲以久制胜；他人以数年为之者，吾以数十年为之，不患其不有成就也"。"余尝谓天才高者，其成就或反不如天才较低者之大，要视其坚忍力何如耳"②。在这个过程中，杨昌济强调"务实"，有了自己的人生理想，并为有此抱负努力奋斗的精神，脚踏实地一步步去实现，这就需要务实的精神。他在一师的时候，就曾以曾国藩的例子说明务实的重要性，称："涤生日记，言士要转移世风，当重两义：曰厚曰实。厚者，勿忌人，实则不说大话，不好虚名，不行架空之事，不谈过高

① 王兴国编：《杨昌济文集》，湖南教育出版社1983年版，第52页。
② 同上书，第68页。

之理。"所谓"不行架空之事",即是能够扎扎实实做事,能够如日本学者福泽谕吉一样办义庆应大学,将教育视作天职,不图名利;所谓"不谈过高之理",即能够"心知不能行,谈宵过动听,不如默而为愈"。[①] 他希望能够用全神贯注的精神从事社会事业的建设,必须能够用心踏实进行。

为此,杨昌济重在实践他的教育经世思想。他利用湖南省第一师范学校的讲台,将其思想不断地传授给他的学生,并不断地给学生各种新思想、新事物。他教学计划的规定,所讲不限于西洋之伦理学说,中国先儒如孔孟周程张朱陆王及船山之学说亦间取之;拟每次授语录一二条,有我之心得处讲给学生听。毛泽东就深受杨昌济的影响,他称杨昌济努力要求和鼓励学生立志做有益于社会的正大光明的人。李维汉、萧三、周世钊等人都对杨昌济有深刻印象,认为他能够带领学生在昏天暗地的世界里寻找光明,能够将学生培养成材。杨昌济也非常注重对学生的培养,他教育毛泽东、蔡和森等要以湖湘先贤为榜样,以此激励他们成为"柱长天"之才。再是积极引导学生读书,成立哲学研究小组,时常召集学生讨论各种学术性问题。

杨昌济的教育思想和理念在第一师范得到了很好的实践,影响了湖南早期共产党人群体的成长,毛泽东、蔡和森等湖南早期共产党人的言行无不受益于杨昌济的影响。

三　伦理思想的历史价值

1918 年 6 月,杨昌济应北大校长蔡元培的邀请,往北京大学任伦理学教授。他是民国时期有名的伦理学家,翻译有《西洋伦理学史》、《伦理学根本问题》等,通过大量伦理学著述,阐发了他的伦理思想。杨昌济的伦理学思想有几个方面的特征。

---

① 《毛泽东早期文稿》,湖南出版社 1993 年版,第 581 页。

　　首先是伦理学知识博大精深，贯通古今，融会中西。这种思想集中体现在杨昌济的《达化斋日记》中。这本日记内容十分丰富，里面谈到诸多问题，包括古今中外几千年，其中有孔孟程朱之道，也有孔佛耶回之教，有人道主义、民主主义、社会主义、非战争主义、自然主义，还有治身、治心、治物等方面，真可谓包罗万象，体现出杨昌济思想的博大。杨昌济还将古今中外的知识全部融入伦理学中，这就是"精"了。他在一师、北大教书的时候，能够将他所阅读过的《二十四史》中的人物，用笔墨点画，尤其将其中的嘉言懿行作为修身科的材料。对于中西思想的了解和融会贯通，达到当时所能达到的最高水平。中国古代伦理学家对西方的伦理学说不可能了解。而到了近代，如魏源、康有为、梁启超、孙中山，以及一批出洋留学的学者，他们虽然懂得一些西洋的政治历史地理和民情风俗，但毕竟没有专门研究西洋伦理学说。所以，他们对西洋伦理学也认识不多。而杨昌济由于他特殊的学习经历，不仅对中国古代的伦理学说，而且对西洋的伦理学说都有深刻的研究，并且能够将二者结合起来，达到弃其糟粕，吸其精华之效。

　　其次，杨昌济的伦理思想能够自成体系，别树一帜。他的伦理思想虽然有对我国传统道德的继承，也有对外国先进道德的认识，不同于中国封建主义的伦理思想，也不同于资产阶级的伦理学说。他将两者改造加工后成为一种比较完整的富有革命民主主义思想体系的伦理学说。杨昌济的伦理学思想包括："劳动神圣，勤工俭学，物质救国，科学，民治主义，互助，自由平等博爱，民族主义，民主主义，民生主义，不狎妓，不纳妾，不赌博，远大、超旷、笃实、精勤、仁厚、义利之辨，诚伪之辨，敬肆之辨，勤惰之辨，贞淫之辨，仁暴之辨，怒、介、敬、浑、诚，伦理学之定义与范围，道德律，义务，良心，品性，道德与宗教之关系，意志自由，德，个人与社会之关系，男女之关系，女子问题，劳动问题，家族制度，国家与法律，惟物论，绝对惟心论，人格惟心论，实验，实用，生活，博学、深思、力行，善恶之标准，贵我、通今、实行、勇敢、坚忍，爱乐主义，卫生，财产制度，艺术之伦理的价值，自我实现，人格，尊尊，亲亲，尊贤，尚功。"① 这些思想与中国几千年的封建主义的伦理学说中的"三纲五常"和"忠孝节义"等完全不同。

湖南第一师范时合影

再次，杨昌济的伦理学思想比较注重实践。杨昌济的思想跟随着时代的变化不断转化，最后杨昌济的世界观在朝唯物主义方面转化，这主要是他不断地追求新思想和躬行实践。不管做什么，杨昌济都强调实践，强调做事要有毅力。他经常对学生说要以坚忍二字作为常胜的秘诀，那样就不怕没有成就了。并且他还以达尔文的进化论，斯宾塞著述"道德原理"为例说明毅力的重要性。指出，要想获得成功则必须能够集中全方位的精神，以将事情办好。现实生活中的杨昌济言行谨慎，不说谎话，不涉狎邪，不赌博，做事勤恳，崇尚劳动，衣食菲薄，珍惜时间，废止朝食，冷水沐浴，长途步行

① 杨昌济：《达化斋日记》，湖南人民出版社 1978 年版，第 86 页。

以及反对无谓的应酬，等等。他良好的修身、道德践履，对学生们产生了深刻的影响，如毛泽东等人就在冬天用冷水淋浴，以磨炼意志。

　　杨昌济的伦理思想就具体内容而言，包括民族伦理、生活伦理、人际伦理、家庭伦理等。他的民族伦理观主要受湖湘文化的影响，特别受王船山、曾国藩、谭嗣同等人的影响。如果说王船山的历史观摆脱汉民族遭受外族欺凌的观点间接地影响到杨昌济，那么谭嗣同对杨昌济的影响则是直接的。当时在长沙岳麓书院读书的杨昌济加入了谭嗣同等人组织的南学会，与谭嗣同进行兴趣和学习交流。谭嗣同鼓吹民族革命，将矛头指向清朝满族贵族的反动统治。而杨昌济对谭嗣同充满敬畏之情，也能站在世界的角度观察中华民族的危亡。所以，杨昌济在继承批判王船山、谭嗣同民族观的基础上，发展了他的民族伦理，形成了他独具特色的民族伦理观。杨昌济的民族伦理观包括三个方面的内容。一是提倡各民族平等，对中华民族要充满信心。杨昌济摆脱了王船山狭隘的大汉族主义民族观，根据时代的需要创新了其内容，认为："王船山一生卓绝之处，在于主张民族主义，以汉族之受制于外来之民族为深耻极痛。此是船山之大节，吾辈所当知也。今者五族一家，船山所持狭义之民族主义，不复如前日之重要（然对于复辟说则甚为重要）。然所谓外来民族如英、法、俄、德、美、日者，其压迫之甚，远过于汉族前日之所曾经验。故吾辈不得以五族一家，遂无须乎民族主义也。"① 杨昌济认识到王船山民族主义的狭隘性，希望能够将汉民族与少数民族融为一体，由此达到各民族之间的平等。他也对当时的世界时势看得非常清楚，认为外强我弱，中华民族正是在危难之际，面对这些世界帝国主义的侵略，国人却很麻木，杨昌济表现出极大的忧虑和痛心。由此，杨昌济表示抵御外侮是中华民族的紧迫任务。并对中华民族充满了信心，认为中国人的民族思想已越发发达。当然，他非常反对一些青年表现出悲观的厌世情绪，极力反对如杨毓麟、陈天华那

---

① 王兴国编：《杨昌济文集》，湖南教育出版社1983年版，第212页。

样以自杀解脱自己、逃避现实的消极做法，将救世的希望寄托在每一个中国人的爱国心上。所以，他在出国前夕，将自己的名字改为"怀中"，始终以一种坚忍的心面对现实，无意于参政，孜孜不倦地致力于教育培养人才。

杨昌济的民族伦理观还包括学习祖国的历史文化。他以强烈的历史责任感培养人们的爱国主义情感。他认为要培养人们的爱国主义情感，则须学习本国的文学、历史、文化，他称："深于本国之文学，则知本国有固有之文明，起自尊之心，强爱国之念，此真国家存立之基础，不可不善为培养者也。"① 他主张培养人才必须从小学开始，通过比较中外教育形势，批评当时重视实科、轻视文学，重视外国语、轻视本国文化的倾向。他指出要在重视物质文化的同时，也重视精神方面的内容。杨昌济正是第一个提出精神文明建设重要性的学者。杨昌济指出历史、地理对于人们爱国心培养的作用不可或缺，认为，要强化一个人的民族自信心和责任感，必须要让人们重视历史、文化，希望在各类学生中进行祖国历史的教育，加强地理教育，使学生在熟悉山川、都会、村落的过程中养成爱国心。杨昌济还认为要强化人们的国家观念、民族意识，必须读书看报，以了解世界的形势，把握社会的动态，强化心中时时有社会国家的观念。

杨昌济的民族伦理观还包括要为国家和民族杀身成仁的报国献身精神。杨昌济深受中国传统文化的影响，指出要重视民族大义，要对国家和社会尽责。他将中国古代封建社会所称的五伦扩展到对国家、社会的责任，以此丰富人的社会义务内容，扩展了人的责任范围。杨昌济还分析了世界的新形势，认为国家与国家之间的竞争是优胜劣汰，弱肉强食，要成立一个全人类的政府显然不可能，一个人必须属于一个地域、一个政府和国家，既然人都会属于一个国家，那么国家的利益则显得尤为重要，当国家与国家、国家与团体的利益发生冲突的时候，则要维护自己国家的利益。杨昌济发展了

① 王兴国编：《杨昌济文集》，湖南教育出版社1983年版，第58页。

孔孟的"仁义"学说，提出了"三义"说。他非常重视个人的生存权，认为生存是最大的道德，是最重要的和最宝贵的。不过，他也认为处理小我与大我的关系要贯彻"义"字，称保自我为小义，保一家为中义，保国家为大义。在三者关系上，他提倡要舍小义为中义，舍小、中义为大义，要能够为国家和民族而牺牲自我。所以，他特别钦佩谭嗣同等六君子为国家和民族所做出的牺牲和贡献，认为这种精神值得学习，才是真正的爱国志士、仁人、君子。

杨昌济生活伦理观的形成与他小时候的经历有非常密切的联系。杨昌济小时父母即去世，从小失去父母的爱，受尽生活磨难，心灵受到巨大的创伤。结婚生育儿女之后，在增添生活乐趣的同时，也加重了生活的负担。家庭贫困、生活艰难的磨砺是杨昌济养成节俭生活伦理的背景。

杨昌济的生活伦理观非常丰富，概括起来有三方面的内容，即节俭的生活准则、勤奋的劳动态度、自强的奋斗精神。他节俭的生活准则正源于他苦难的人生经历，由此表现出克己奉人的现实主义态度，提倡生活节俭，努力创造物质财富，坚决反对铺张浪费。他提倡俭以自立，养成节省开支，能够储蓄的生活习惯，以备后患。他认为人的一生只有20岁以后的数十年属于工作的时间，老了的时候则精力不济，不能再从事工作，只能消耗原来的积蓄，所以在年轻能够赚钱的时候，一定要储蓄一定的资金，以为年老的时候做准备，而且子女教育、家庭婚丧等都需要用钱。所以，只有一定的储蓄，才能够独立于社会，不依赖于他人。从自身、家庭的角度而言，俭能够自立；从社会的角度而言，俭能够养廉。强调人要有自知，要能正确分析和对待自己。他强调不要轻易施物于人，以促使他人去劳动，不依赖他人生活，从而树立起尊严。认为个人不谋取他人的财物，同时也不轻易将自己的财物给予他人，这样就能够确立自立的原则，保持社会的廉洁。他还坚持俭以惜物，反对铺张浪费。他主张"小物必惜"，节俭是一个人应该拥有的生活品质，同时也反对守财奴式的惜物，必要时能够为社会事业和民族利益而慷慨捐助，做出牺牲。

杨昌济的生活伦理观中还包含有勤奋的劳动态度。认为人要珍惜生命的每一分钟，要认真对待每一件事。他主张劳动要勤奋，要珍惜自己的劳动和力量，通过辛勤的劳动创造出生命的价值。他极力反对那些坐吃山空不劳而获的人。他指出，一个家庭要能够自立必须每个人都能够辛勤劳动，不依赖他人而能够独立生活，只有如此，国家才能够自立，才能够强大，社会才能进步和发展。他还告诫那些家境比较富裕的人不要骄奢纵容自己的子弟，要让子弟养成勤劳的习惯，依靠自己的双手养活自己。还告诫人们要珍惜时间，对中国人的时间观念表示反感，认为中国人的时间观念比较淡薄，有针对性地提出要惜时，要珍惜和节约时间。他还提出如何做到珍惜时间：对每天要做的事情立一个计划，按计划进行；要免去那些不必要的应酬，主张不要滥交朋友，那样会节省不少时间；要守时，在生活实践中能够做到"惜时"，如约会之类能够如期而至，如此才能够做到珍惜时间。

　　杨昌济的生活伦理观还主张自强的奋斗精神。他在《治生篇》中对如何治家、家庭如何理财等进行了详细的论述。他指出，子弟不可依赖父兄，认为子弟在年少的时候，必须送其读书，并且根据个人的爱好和兴趣让其学习专门的技艺，这样才能够在长大以后独立，能够不依赖自己的父兄。所以，作为长辈就应该督促子弟做长远的打算，让他们自己独立起来。他还认为子弟成长起来以后，就不要再与父母生活在一起，应该自立门户，独立生活。当然，父兄也不应该依赖子弟，子女固然有赡养父母的义务，但是父母也要设法不靠子女的赡养。因为如果靠子女赡养的话，假如子女不贤淑的话，就难免有流离失所的危险，自己有储蓄能够养活自己，也能够为儿女省去后顾之忧。从社会的角度而言，子女并非父母的私有财产，父母能够自立，则也算是对社会和国家做的贡献。杨昌济还认为兄弟之间也不要互相依赖，这样会造成很多弊端，损害了兄弟之间的自助自立的精神。

　　杨昌济的人际伦理观主要包括谦敬互让，浑厚包容，乃做人之要务。杨昌济特别强调"万物并育而不相害"，人人应该和平共处，恩怨不必过于分明，所以他认为做人有三戒：一戒好为人师，在别人面前不能装大，不懂装懂，动辄指手画脚，讥讽别人。二戒当面揭示他人过失，以致别人难堪，遭人嫉恨。三戒议论他人长短，说话不够谨密，对别人要多说鼓励的话。不过，对于原则性的问题，杨昌济主张不能无原则地一味迁就，而应该正确处理好本人与他人的关系，达到互相谦让谅解。杨昌济在回国后即生活在城市，却没有染上市侩的气息。如何在人的交往中表现出"诚"，杨昌济说：表现出诚意要慢慢来，要在"淡"的交往中获得诚；必须要有外在的表现形式，温和的表情，待人接物不怨不怒。在与朋友的交往中，需要与友为善，循理而行。待人以情，要对他人充满爱。他主张对天地万物要充满感情，由此体现出对生命的尊重。同时还主张仁爱的兼容性，不能毫无原则地迁就他人的不义行为，不能对待他人没有任何限度，导致无谓的牺牲。同时又主张人为孝道可以屈义。杨昌济的人际伦理观对现代湖湘文化有重要的启示，包括宽厚包容、重诚守信、尊道爱人等精神，都是现代湖湘文化的核心内涵。

杨昌济的家庭伦理思想包括家庭成员平等，反对家庭成员间区分尊卑，主张平等对待年幼者与妇女。他将中国封建社会中的"三纲"视作不人道的思想，并揭示出这种思想的残酷性，试图唤起社会和大众对"三纲"思想的认识。他主张男女平等，反对男尊女卑，反对女子缠足等。杨昌济还提倡独立的家庭伦理，包括子弟不可依赖父兄、父兄不可依赖子弟、兄弟不可互相依赖等。杨昌济极力反对家族主义，批判宗族主义，认为宗族是封建社会的产物，是当时社会的一种组织形态，这种宗族思想存在着诸多弊端，使人性遭受摧残。他还对家庭中心论进行了批判，认为家庭成员居住在一起，免不了要闹矛盾，要争吵，对社会、家庭没有丝毫好处。杨昌济主张婚姻自由，反对早婚和纳妾，感叹中国女子没有婚姻自由，而且为了社会的发展，认为晚婚晚育、优生优育非常的重要，由此能够减少人口数量，提高人口质量。杨昌济的家庭伦理思想具有其现代性，为人们构建一个和谐的家庭环境提供了有益的方法。

四　体育思想的形成、实践与人才的培养

33 岁的杨昌济出国留学，在国外 10 年系统地学习了西方卢梭、斯宾塞、赫尔巴特等人的哲学、伦理学以及教育学思想，其中体育思想在他的思想中占据重要的位置，尤其是对毛泽东早期体育思想的形成有重要影响，并对近代体育教育事业有重要的启示。

杨昌济非常重视人的德、智、体的全面发展，要求人能够在身体和心灵方面都得到锻炼。他认为一个人如果没有强健的身体，则不会有坚忍的毅力和精神，很难对恶劣的社会环境做出适应和调整，更不用说学习和追求学问事业了。换言之，没有强健的身体，则很难干出一番宏伟的事业。对于一个国家而言也是如此，没有个人强壮的身体，就不会有国家独立、民族富强和繁荣。人的身体关系到军队的建设，不注重身体的国度，国家只会衰颓。后来毛泽东就遵循他的教诲，非常注意锻炼身体，并发出了强有力的呼号："身体是革命的本钱。"杨昌济还认为，一个国家和民族必须要有尚武的精神和刚强的民风，只有如此，才能够抵御外敌的入侵。如唐朝有尚武的风气，当时国力强盛，多次打败外族的入侵，并且创造了唐朝的繁荣和强盛，留下"盛唐"之美誉。相比之下，宋人则不同，尚文轻武，最终是国势衰微，备受外族的侵凌。杨昌济还认为日本的尚武精神，使其能够横扫东南亚。他认为国家兵力的强盛，国民的生产力都与体育有直接的关系，体育对于个人的生存和发展，对于国家的兴衰都有着重要的关联。杨昌济意识到体育的重要性，要求国民加强身体锻炼，在这个基础上建立起强大的军队，以挽救国家的危亡。他强调加强体育锻炼的目的在于增强体质，促进人的身心的全面的协调发展。可以看出，他的这种思想与他在日本留学时流行的军国民思潮的影响有关，希望在广受侵凌的中国能够开展军国民教育，用身体的强健来挽救国家的衰亡，振兴民族。

既然身体这么重要，那如何才能具有好体质呢？杨昌济称体操"既使之强壮，又使之健美，又使之敏捷，三者毕皆，体育之目的可谓已达矣"。① 体操能够使身体的头、腰、足等部位得到活动，能够使人体的各个部分都得到均衡的发展；能促进人体形体的优良发展，避免驼背等不良形体，使身体看上去更健美；还能够锻炼人的力量、柔韧性等，达到强身健体的目的。杨昌济主张中学、小学都应开设体育课程，社会中的人也应该学习体操。不仅如此，杨昌济还设计了不少体操项目，包括手指伸缩运动、肩胛骨的运动、左右斜向后反身运动、左右斜向后坐运动、足尖画圈运动、跳跃运动、运目运动等，每天都坚持做这些体操项目。不过，他强调在一定的年龄阶段进行相应的体育锻炼，在小学多组织游戏，以达到锻炼身心的效果，在中学则更适合于体操运动，甚至还可以适当开展一些军事训练。他认为在体操运动的过程中，要注意力集中，以免受伤，不能马虎对待。杨昌济主张学校应该积极开展各种户外体育活动，利用自然环境达到锻炼身体的目的。他认为体操与运动都比较适宜在新鲜的自然空气中进行，那样才能收获到应有的效果。室内运动虽然也算锻炼身体，但一般达不到效果，因为室内空气不新鲜，与青少年的发展很不适合。他要求锻炼身体不能以比赛、获奖为目的，而应该培养出一种爱好，尤其不能为此而妨碍学习。他主张在实践中进行德、智、体的培养，希望学校教育是个完整的体系，将体育与其他的课程放到一起，达到学生的全面协调发展。身体的养护还包括消极养护，要求老师和家长刻意防止事故的发生，因为青少年都比较活泼，喜欢运动，这些都容易造成意外的发生。比如说在玩单杠、双杠的时候，就比较容易受伤，甚至教师还应该检查学校楼梯、扶手等是否结实，这些都比较容易造成学生的伤害。杨昌济还认为要对学生赏罚分明，强调不能随意体罚学生、伤害学生，尤其不能任意打学生的脑部，容易造成伤害。

同时，在教育的过程中，需要减轻学生学业的负担。因为受传

---

① 王俊奇：《近现代二十家体育思想论稿》，人民体育出版社1993年版，第64页。

统学而优则仕思想的影响，我国历来都非常重视课堂知识的讲授。这些学校的课程负担很重，对学生的健康造成很大的影响，尤其是限制了学生其他方面的发展。特别是少年儿童正值身体发育的时候，如果有太多的课程负担，则很容易对身体的发育造成影响，尤其是他们记得过多，坐得太久，则会使身体容易疲劳。所以，课程不宜太多，否则会使他们的身体受到损伤且自己也意识不到。杨昌济给教育总长范源濂写信，在报刊上发表文章呼吁，指出学校教育最容易伤害儿童的身体，课程太多，负担太重，希望借此引起社会、学校的重视。他称学生的成绩不能以钟点的多少为准，要以实际收获到的效果为准。极力反对那种为了追求成绩而给学生加班加点的做法，损害了学生的身体，也给学生造成极大的心理、身体负担，反对搞疲劳战、突击战。

此外，他还注重对体育活动中学生人格和道德的培养，主张适当开设劳动手工课，开展体育游戏活动。这样不仅能够让学生掌握一定的技能，还能够培养学生的自信心和克服困难的精神。在这些游戏运作的过程中，能够使人在与他人的共同玩乐中培养与他人共处的精神，培养人的想象力，培养人的集体荣誉感等，甚至能够培养勇敢、果断、遵守纪律的品格。他认为活动中的一些事能够反映出一个人的品德和性格。比如说在棋类活动中，有些人就喜欢悔棋，而对方要悔棋则不让悔；在玩篮球的时候，如果输球了就发脾气，表现得很急躁，胜利时则得意忘形。这些行为都是不健全人格的表现。思想品德不优良，教师必须加以教育，督促其改正，以促进心理的全面健康发展。还应该在体育活动中确保双方都遵守游戏规则，尊重对手，以发扬体育精神，培养学生的体育道德风尚。

要想有强健的身体，还须注重搞好个人与环境卫生，这是人体生命能够正常运转的基本保障，防治各种疾病的前提条件。杨昌济指出："吾国人有一极大弊病，即不洁是也。衣服不洁，口齿不洁，体肤不洁，器具、书物不整，随地唾涕，当道便溺，浴室、厕所尤为不洁……而欲改良习惯，不可不赖教育。故教育者，必养成生徒爱清洁、爱整齐之习惯，断不许丝毫潦草。"[1] 针对个人卫生，杨昌济主张不仅要搞好皮肤卫生，要经常沐浴，同时也要注意保护视力，教育学生不要在黄昏的时候看书，不在光线暗淡的地方看书，眼睛与书本之间要保持一定的距离。对于环境卫生，则包括学生活动的各种场所，如教室、操场、厕所等地方要保持干净。必须预备痰盂、垃圾篓等物，严禁随地吐痰、乱扔纸屑，还应经常扫地，抹桌子，窗户要常打开，以保证新鲜空气的流通，打扫卫生之前要洒水，防止灰尘四处飘散。他还特别指出饮食方面的卫生，主张将学校的"会食制"改成书院的"分斋制"，以斋舍为单位，多设小食堂、厨房，能够让每一个小厨房招数人承办，由学生轮流检查监督，保证饮食卫生和安全。

　　杨昌济提倡简单的养生保健方法。他认为劳动是最有益于身心健康，称"流水不腐，户枢不蠹，人常劳动则身体健康"。适当的劳动是德育训练中的必要内容，也是锻炼体魄的重要项目。他曾经举例说明，在英国有位首相，每天中午都伐一棵树，久而久之便收到了锻炼身体的效果。长沙板仓有一位陈姓的读书人，由于身体虚弱，常年受到病痛的折磨，后来他每天都到山上去挖一棵树，在劳动中身体得到了很好的锻炼，不久后身体就变得强壮多了。他提倡在平时教育中进行手工劳动，开设手工课，学生不仅锻炼了身体，也培养了品性。沐浴也是杨昌济所极力主张的，他认为传统中国人不注重个人的卫生，而且社会上的许多人都不喜欢洗澡，不讲究卫生。所以，他建议能够将小浴盆改成大浴盆，能够在里面多加些热水，能够浸泡全身，驱除寒气，长期养成这样的沐浴习惯则能够起到锻炼身体的作用。他叫自己的儿子和女儿实行冷水浴，毛泽东等人后来也效法进行冷水浴，特别是到了冬天，冷水浴不仅锻炼了身体，还能够起到锻炼人的意志等作用。除此之外，还应该有合理充足的营养补充，这是最为关键的，是保持强健身体的根本。在贫富严重对立的环境中，普通的工人和农民由于长期缺乏食物，而导致身体

---

　　① 李沛诚：《杨昌济教育思想简论》，湖南教育出版社 1983 年版，第 84—86 页。

虚弱。杨昌济发现许多贫苦家庭的学生由于长期的食物缺乏，营养严重不足，面呈饥色，从而导致智力低下。如果改善学生的营养和卫生条件，则他们的身体素质和智力都将得到大幅度提高。在起居方面，要求定时，这也是保持身体健康的方法。他认为早起早睡的习惯有利于身体健康，如果晚上睡得晚，在第二天就可能睡到日上三竿，这样最不利于身体健康。杨昌济还提倡静以养生，主张潜心于宋明理学等的"静心养心"的方法，提倡静坐养生。蔡和森等曾一度仿效。

杨昌济的体育思想的形成，经历了长期摸索的过程。他在系统地了解和掌握西方的先进文化之后，结合中国的国情，形成了适合当时社会的体育思想。他常言"教育不可不置重体育"，表露体育在德、智、体中的地位，积极肯定体育在培养全面发展的人和提高国民素质上所起到的积极作用。他主张学校的学生开展各项体育活动，促进了西方体育活动项目在近代中国的传播。

杨昌济的体育思想深刻地影响了毛泽东。1917年4月毛泽东在《新青年》上发表了《体育之研究》一文，文中可以看出杨昌济忧国忧民的思想引发了毛泽东的思考，毛泽东在文章的开头即写道："国家的力量很弱，练武的风气不振，民族的体质一天比一天柔弱，这是很可忧虑的现象"，表达了毛泽东忧国忧民的思想，并希望能够通过体质的锻炼，而增强兵力国力，达到体育强国强种的效果。其次，杨昌济的学识也影响到了毛泽东，《体育之研究》中充满了辩证唯物主义的哲理，以及后来毛泽东所撰写的《矛盾论》、《实践论》，也在一定程度上体现出杨昌济的哲学思想。杨昌济的体育方法也影响到毛泽东，毛泽东在《体育之研究》中体现着自己对杨昌济体育思想的实践，并将这种实践写到文章中，他主张洗冷水浴，认为运动一定要有恒心，必须坚持长期的锻炼，锻炼时要全神贯注等，这些，都是受杨昌济体育思想影响的经验之谈。

1920年1月17日，杨昌济病逝于北京，年仅49岁。后归葬长沙县板仓。

　　杨昌济的教育、伦理、体育思想在近代中国有较大的影响力，他乐于用自己的行动实现自己的愿望和思想。五四运动的时候，他发表《告学生》一文，表达了对青年学生的热切希望，并参加发起北大哲学研究会，撰写文章号召青年敢于言说，敢于行动。他的女儿杨开慧后来嫁给了一代伟人毛泽东，此间他非常关心毛泽东、蔡和森、萧子升等一批青年的学习和生活，鼓励他们立志做"柱长天"之才。所以，杨昌济的思想在近代中国具有较大的影响力，对于一代青年人的成才、成长有着直接的作用。

　　在当时的历史条件下，杨昌济的教育、伦理、体育思想，有着积极的历史作用和影响。因为，第一，他主张的教育思想中，受湖湘文化的影响，有着浓厚的经世情怀，同时，他也留学西欧等地，注重对西方科学文化的学习。由此，他的教育思想达到了中西并用，符合中国国情的教育理念和实践，形成了独特的教育经世思想，影响了湖南早期共产党人物群体的成长。第二，他的伦理思想也具有博大精深、贯通古今、融会中西的特点，具有强烈的历史责任感，并且注重培养人们的爱国主义情感，强化国人的民族意识、国家观念。尤其是其人际伦理思想对建设现代湖湘文化具有重要的启示，其中宽厚包容、重诚守信、尊道爱人等精神可以说是现代湖湘文化的核心内涵。其家庭伦理思想也为现代社会营造和谐的家庭环境提供了有益的方法。第三，杨昌济在西方系统地学习了卢梭、斯宾塞、赫尔巴特等人的哲学、伦理学以及教育学思想，尤其是体育思想在他的思想中占据重要位置，非常重视人的德、智、体等方面的全面发展，要求人在身体和心灵方面都得到锻炼。这些思想对毛泽东早期体育思想的形成有重要影响，并对中国近代体育教育和体育事业有重大的推动作用。

易白沙　新文化运动中反对尊孔读经第一人

　　易白沙在学生时代就对封建主义和帝国主义进行了无情揭露和批判，表现了对民主、共和的真心向往，顺应了国家和社会发展的需要。新文化运动中，他成为反对尊孔读经的第一人，对历代帝王荒淫腐朽、残暴不仁的罪恶行径进行了集中揭露和批判，是反袁斗争理论的重要提供者，引领了当时的时代潮流，是推进中国思想现代化的重要人物之一。

　　易白沙从小刻苦好学，很小就熟读四书五经和《资治通鉴》等书，对中国古代文化有深刻的了解和体会。易白沙是新文化运动中反对尊孔读经的第一人，也是五四时期的一位风云人物。他是《帝王春秋》的编写者和《新青年》的撰稿人。

一　家世与早期革命活动

易白沙（1886—1921），本名坤，字越村，湖南长沙人。易白沙的父亲易焕章是清末武官，驻守在湘西直隶州永绥，易白沙曾在湘西待过一段时间。正是在这样的家庭，使易白沙自幼好学。6 岁时即能够诵读《论语》、《孟子》等，12 岁时就读完了《五经》、《通鉴》。他从小就熟读经史百家，特别喜欢墨子的学说，喜欢墨子所具有的仁侠做事风格。易白沙通过对传统文化典籍的研读，打下了非常扎实的传统文化根底。易白沙身处帝国主义对中国大肆侵略，中华民族面临日益严重的危机的时代，使其思想发生了不少变化。他早年诵读王夫之、顾炎武等人的著述，其中所具有的民族主义思想极大地影响了他。从这些著述中，易白沙希望寻找到能够解救社会危机的思想来源和理论武器，逐渐产生了民主革命的要求。

易白沙 16 岁时，就受到当时湘西直隶州同知吴传绮的赏识，吴邀请易白沙主持永绥师范学校。一年后，吴传绮被弹劾回到原籍，易白沙又被邀请到安徽，相继主持了安徽省城的怀宁中学和安徽师范学堂旅皖湖南中学。易白沙正所谓少年老成，当时安徽的耆宿，如朱孔彰、邓艺孙等都将之引为忘年交。在安徽，易白沙特别结识了章炳麟、陈独秀、苏曼殊等人，开始阅读早期翻译过来的《天演论》、《民约论》、《独立宣言》、《人权宣言》等著作，受到西方民主、进化论思想的浸染，逐渐成为一位激进的民主革命者。

易白沙在安徽期间便开始了革命活动。1911 年武昌起义爆发，安徽巡抚出逃，旧政权迅速瓦解。孙毓筠督安徽，新政权很快就建立起来了，但是政治局势并未得到根本的改观。易白沙与安徽革命党人韩白彦等组织进步学生编成青年军，易白沙担任一个大队的军监。青年军立下为民除害的决心，准备除掉当时一个草寇出身、飞扬跋扈的巡防营统领王瞎子。经过一番努力，王瞎子被除后，易白沙和青年军赢得了很好的社会声誉。后来辛亥革命的胜利果实被袁世凯掠夺了，并且发生了宋教仁案，不久后二次革命爆发，易白沙积极投身到二次革命中，与新上任的安徽督军柏文蔚联络，以推动安徽讨伐袁世凯的行动。后又劝说湖南谭延闿出兵。二次革命失败后，易白沙和诸多革命人士一样遭到袁世凯的通缉，他被迫到日本开始了流亡生活。

二　流亡日本与民主思想的发展

易白沙在日本流亡期间，开始大量接触西方的政治学说，对西方文化也产生了浓厚的兴趣，并有了较为深入的理解和认识。流亡日本期间的易白沙开始拿起笔杆，进行一系列的创作，极大地影响了中国思想的现代化进程。1914 年 5 月章士钊主编的《甲寅杂志》在日本创刊，该杂志为欧事研究会的喉舌，包括陈独秀、李大钊、高一涵等都是杂志的撰稿人。所倡导的共和思想，对专制的反对，使该杂志轰动一时。易白沙也在《甲寅杂志》上发表了一系列文章，影响着当时的思想界。他先后发表的文章有《国务卿》、《广尚同》、《铁血之文明》等，这些文章对袁世凯的丑恶行径进行了毫不留情的批判，为易白沙赢得了较高的声誉。

易白沙通过对民主、共和、法治等的向往，希望能够更好地改善社会。他采取借鉴历史以明察现实的方式，特别是《墨子》中的"尚同"思想。他在《广尚同》一文中将墨子的"尚同"思想视作"中国的民约论"，指出墨子当年所提倡尚同的用意，是寄希望君主能够倡明大义，大公无私。墨子为统治者设立了一个政治要尚同的标准，但是从古至今，从来就没有统治者去遵循过。君主专制的中国，尚同的思想只到君主而止；革命之后的中国，实行总统专制，尚同的思想也只到总统而止。尚同只是一个美好的想象和愿望，不尚同则成了中国政治的普遍状态。几千年来，中国政治都是不尚同。为此易白沙提出要"广尚同"，即希望能够将墨子的尚同学说和思想，结合近代意义上的民主政治学说发扬光大。

易白沙的"广尚同"思想，围绕着他对"天"、"仁"、"民"三者关系的构想而展开，中心意思是真正的同于天的本质，就应该同于民，即统治者一切权力的运作，都应该符合民众的利益和意愿，即是说，要按照民众的意愿行事，实现真正的民本思想。所以，同于天就应该同于民，同于民才是同于天。易白沙的同于天思想，本义是要强调"天子为天所选择而立者。其所以立天子，在兴民之利，除民之害，天子亦不敢违天之欲、不避天之憎。盖专制时代，一夫之威权易于滥用而无所限制，不得不尊天以制天子"，即同于天应该是为了现实政治的需要，同于天是为了限制天子。天所以能够限制天子，具有如此高的权威，能够成为尚同的最高标准，那是由天的本性所决定的。天具有行广而无私、施厚而不德、明久而不衰的本质特征。易白沙进一步阐发，指出"天道荡荡，无偏无党；天道平平，无党无偏"。他所言的"天"具有自然的伟大，代表着优秀的品质。在天面前，则没有贵贱、贫富、上下之分，处于平等的地位。由此，易白沙赋予"天"平等的现代意义，即民众所希求的平等。

同于天必同于仁，易白沙对二者关系进行了说明。这个说明使他对同于仁的解释也必然纳入"平等"的框架之内。他指出，社会之所以能够成为一个社会，其中的一个重要条件就是人人相爱，即社会具有"仁"。仁则是社会道德最高境界的表现。墨子希望社会能够达到人人相爱、人人相亲，即能够实现"仁"。但是同于天与同于仁还是有根本上的差别。同于天所描述的是自然性的平等法则，但是同于仁则是道德性或社会性的平等法则。同于天必同于仁使自然界与社会实现了转化，在这个意义上使自然法则有了社会意义。不过，由于自然界的事物不可能没有差别，也正所谓社会中的各种事物也存在不同。这使道德意义上的平等具有了要求包容、宽容以及求同存异的要求和内涵。易白沙指出：世界上的事物存在差异，同于仁并不是要取消这种差异而去一味地追求平等，而是要在求同存异的基础上去追求真正的平等。他认为，衡量是非的标准只有一个，那就是天，那就是仁，仁即是天的体现。易白沙真正的目的是要说明理想的社会应该是一个平等的社会，但平等的社会并不是要一味地取消差异。只有允许不同，允许差异的存在，才能够实现真正的平等，实现同于天而同于仁。由此，易白沙大大地丰富了"平等"所具有的内涵。

易白沙所主张的"同于天"、"同于仁"的思想，从根本上强调了人类应该遵循的一些原则，比如说平等、公平、正义、宽容。这些人类的普遍原则怎样才能落实？易白沙借用墨子的话说："同于民"，是同于天、同于仁思想的现实体现，对于现实的社会而言，天、仁、民三者皆是指向民而已。易白沙追求三者的统一，就是根据现实时代的需求，用近代民主学说对墨子的尚同学说进行改造和发挥。"同于民"主要指国家层面或者制度层面，包括开议会以"询万民"，由此达到同于民。再是实行法治，同民于法。古代中国既已有法，但是有法并不一定意味着法制和法治，因为法具有不同的性质，有属于民意的法，也有属于天子的法。易白沙认为真正的法治应该是民意之法。易白沙对墨学的复兴，注重的是墨子的思想，他的《广尚同》多方论证尚同思想的核心部分在同于民，即利用民主主义对墨子尚同学说进行解读，表明了他自己的民主主义立场和民主主义思想。

在《国务卿》一文中，易白沙考证了美国国务卿这一重要官职名称的由来。文末指出："今美洲之国务首班自若也，未尝与吾爵制相谋也，而人从而卿之，于是本欲立卿，乃走于美以圆其卿说，是诚袁枚文曲之类也，宜曰曲卿。直衡逻辑，又宜曰丐相。"讽刺封建余孽复古的不死之心，描述了他们的丑恶心态，以此表示对民主制度的向往。

易白沙不仅表示出对民主主义的赞美，同时也毫不留情地揭露帝国主义的本质和压迫弱小民族的罪行。1914 年 11 月，易白沙在《甲寅杂志》上发表《铁血之文明》一文，对帝国主义的战争政策给予揭露。他指出自俾斯麦倡导铁血主义以来，天下真正的强国就是依靠铁血政策，他们视之为天经地义，倡导国民能够持刃杀人，"杀人之铁，复刃长而锋利。则俘虏台隶，身婴其祸者，歌颂为文明之上国焉"，这样的"列强"之国皆追求"民之发育"，但又带来诸多的忧患。易白沙指出，德意奥俄法英六大强国以及日本"扩充军实，惟恐后人"，"朝野上下，除厉兵秣马而外，几无他事"。所以，就"积数十年之精锐，竭六国富强之武力，决裂于一旦。虎啸龙兴，风驰电掣，此今日战祸所以撼天地，震海岳，为生民以来未有之血斗也"，① 揭示出帝国主义之间的本质就是战争。

对于战争的性质，易白沙认为：奥塞之间的争端，本来应该付之于"第三期海牙会议"，由此来判断"奥塞之是非"。但是各国却一起投入战争之中，原因即在于"俄且试其侵略之旧图焉，法且洗其前耻焉，英且藉杀其势以莫予毒焉，日本且雪其责还辽东之愤焉。君皆抱其亚历山大、拿破仑之雄图，民皆扬其如火如潮之客热"。也就是说各国不是从停息战争出发，而是从自身的利害关系出发，即为了能够掠夺更多的殖民地和巩固自己的统治而进行残酷的战争。易白沙深刻地揭露出这场战争的非正义性和掠夺性。对于战争的起源，易白沙也从人类起源和发展的过程出发进行了深刻的分析，他认为不足则相乱，无法满足的欲望使他们撕破脸皮进行残酷的你争我夺，揭示出帝国主义之间的分赃行为。易白沙的反战思想得以体现。

易白沙还从战争的惨烈之状况和给弱小民族带来的灾难的角度，揭示了这场战争旷古未有的残酷性。他说："杀机之开也，始则物与物战，再则物与人战，再进则人与人战，再进则野蛮与文明战，再进则文明与文明战，再进则半文明与全文明战，再进则全文明与全文明战。铁血主义者，愈进而愈精，愈演而愈烈，天下极惨，莫如全文明之相战矣。故今世纪之战乱，反不若太古国家，蜗争蛮触，无悖于天和，无伤于人道。"现今的战争都是"文明施于弱小，则除之惟恐不尽，陷之惟恐不深，立法惟恐不严，设防惟恐不密；必使亡国顽民，靡有孑遗而后快，彼殖民辞典久无仁术二字之可寻。"易白沙对第一次世界大战惨绝人寰的战况进行了描述，认为"瞻彼西

---

① 易白沙：《铁血之文明》，《甲寅杂志》第1卷第4号，第1—8页。

方，龙蛇起陆，大地不足以杀人"。① 目力所及，皆是杀人的战场。他深刻地揭示帝国主义通过战争犯下的滔天罪行，正是帝国主义之间的战争给人民带来了深重的灾难，各帝国主义表面上还结盟，互相标榜，貌似慈惠，其实都充满着险恶用心。

《甲寅杂志》上易白沙所发表的文章，其思想主要侧重于两个方面，一是对帝国主义行为的揭露和无情的批判，一是希望能够建设近代民主主义政治。这两者之间相辅相成，很好地结合在一起。袁世凯看到易白沙发表的系列文章之后，试图以重金对他进行收买，但易白沙并不为其所动，继续着他斗士般的行动。

三　无鬼论的哲学思想

《甲寅杂志》创刊尚不到半年，陈独秀主办《青年杂志》即《新青年》，该杂志以"改造青年之思想，辅导青年之修养"为宗旨，并且号召"科学与人权并重"，批判旧思想，提倡新观念。在陈独秀的邀请下，易白沙加入到《新青年》阵营，并发表了《述墨》、《我》、《战云中之青年》、《孔子平议》、《诸子无鬼论》等文章，这些文章对中国传统文化进行了学术上的初步清理，给袁世凯正在提倡的尊孔读经以及时的批判，也给复古主义当头棒喝。他的《孔子平议》被视为最早举起打倒孔家店的旗帜，也是易白沙作为新文化运动重要人物的代表性著述。

易白沙在近代墨学的复兴热潮中，主张用墨家否定传统儒家的正统地位，反对在儒学主导下的封建社会的专制和个人独裁，为启蒙救亡提供思想文化资源。此时易白沙对墨学的提倡也是对新文化运动的重要贡献，提倡墨学的救世精神。易白沙在《述墨》中指出，周秦诸子的学说，真正对国人有益而没有毒害的，只有墨子的学说。他主张用墨学救国，并且赞扬墨学所具有的对振奋民心、拯救时弊

① 易白沙：《铁血之文明》，《甲寅杂志》第 1 卷第 4 号，第 3—12 页。

的积极作用。同时，易白沙也推崇墨家科技所具有的救国功效，认为墨家比较精于制器械，擅长治守，提倡以寡少敌众，保护弱小，就算是大国对于以墨家治国的国家也无可奈何。易白沙针对中国的现实情况，主张用"非攻"、"节用"、"兼爱"学说，还特别主张发扬墨子的"勤建之说"用以挽救现实中国的"恶俗颓风"，认为墨学是根治中国社会弊病的灵丹妙药。易白沙还相当肯定墨子的宗教学说，他指出"天神地祇，人鬼物魅，为愚民心中不可离之物，是以浅化社会，人心之结，必以宗教，宗教之成，必由信仰，用以劝善禁恶，趋吉避祸，维系社会道德于不坠者，鬼神之力也"。他认为天志明鬼作为仪式宗教可以达到教化人心、端正风俗的效果，对社会很有必要。可见，此刻易白沙对于鬼神的观念与新文化运动所倡导的科学思想有所违背。不久后，随着新文化运动的继续开展，科学观念的逐渐深入人心，易白沙对鬼神的观点有所修正，这较多地表现在所写《诸子无鬼论》一文中。

《诸子无鬼论》发表于1918年7月的《新青年》上，其中展现了易白沙的哲学思想，他是利用诸子学说中的无鬼论观点否定有鬼论，从而表现出他对人类社会和客观世界的唯物论认识。新文化运动兴起后，出于宣传科学思想和树立科学权威的实际需要，陈独秀、刘半农、鲁迅等都纷纷写文章对有鬼论等迷信活动和思想进行了猛烈的批判，易白沙的《诸子无鬼论》即通过宣传无鬼论，批判有鬼论而加入到这股破除迷信的潮流之中。易白沙在文章中指出，在中国的文化中，既存在有鬼论的传统，也存在无神论的传统。古代的帝王通过神道设教，而运行天下掌控民众，将那些不祭祀鬼神的国家视作野蛮，然后想方设法地灭掉它们。这种鬼神的国家正是流行于帝王的提倡，所以有鬼论与帝王政治之间有着密切的关系，神权充当了君权的护符。而无鬼论为诸子所提倡，管仲、老聃、庄周、韩非、刘安、王充等诸子都认为鬼神起于人心。其中孔子的态度比较含糊，但是他提出多重人事，少说鬼话，"只有墨家祀天佑鬼，施于浅化之民，因风俗以立教义。中国宗教不能成立，诸子无鬼论之功也。"当然，无鬼论在中国古代之所以也能衍为传统，主要是人们所进行的摆脱神道的努力。"国人三千年以前有首出之英，欲脱此神道以入于人道，举凡鬼神奇谈，摧陷而廓清之，故国人至今无统一之宗教。此种学说潜滋暗长，虽君主亦无如彼何。诸子之无鬼论，皆欲解脱神道者也。首先发难以仆神权者为道家，其后法家、儒家相继以起，墨家天志、明鬼，亦力求改良，去君主之网罗，为宗教之仪式。薄葬、明鬼，道相乖违，汉人犹谓其难从。帝王之神道设教，诸子早唾弃无余矣。"易白沙分析了有鬼论和无鬼论各自产生的历史原因，总结了诸子无鬼论者对摆脱神道、颠扑神权的斗争历史，由此向人民展示出中国历史中两种对立的世界观的冲突。在这里，显然可以看出易白沙所赞成的是诸子无鬼论，反对的正是作为帝王护符的有鬼论。

诸子的思想都被纳入无鬼论的行列之中，但是他们的主张存在不同程度的差别。易白沙此时表现出对无鬼论的坚定信仰，对于诸子无鬼论的思想中，最为欣赏在历史上具有代表性的两位著名无鬼论思想家荀子和王充。易白沙给予他们特别的推崇，他完全赞同荀子和王充在认识论上对鬼神产生原因的分析，认为"荀子、王充言鬼由心造"的观点较韩非、列子解释得更加详细，主张也更为彻底。不仅如此，他还充分肯定荀子不仅排斥鬼神，凡是古代相传之上帝及祯祥妖孽诸说，均以为无关人事。也就是说人间的一切事物都与所谓的鬼神没有任何关系的观点，易白沙如荀子一样也相信人力可以胜天，妖魔鬼怪都不足使人害怕。他还充分肯定王充"人之所以生者，精气也，死而精气灭。能为精气者，血脉也。人死血脉竭，竭而精气灭，灭而形体朽，朽而成灰土，何能为鬼"的看法和观点，认为王充"从物理上辩明无鬼，谓世俗言鬼神状态皆不足信"，[①] 其言论真可谓有理有据，无懈可击。

易白沙在《诸子无鬼论》中，极力肯定先秦诸子的无鬼论，尤其对荀子、王充的无鬼论学说最为赞同，他们对鬼神进行了大胆否定，并且对无鬼论进行了强有力的论证，代表了中国历史上关于世

---

① 易白沙：《诸子无鬼论》，《新青年》第 5 卷第 1 号，1918 年 7 月 15 日。

界和人类社会本体论认识的最高水平。易白沙对荀子和王充无鬼论思想的肯定，也表明了易白沙本人对有关鬼神问题的看法。他坚守了世界的客观性，也坚守了唯物论的基本立场，表明他思想中的唯物主义特性。

易白沙的哲学思想中，不仅有对于唯物论的讲述，还有他方法论上的辩证思维，这特别体现在《我》①一文中对"我"进行的哲学思考和论述。易白沙首先从个体和他体，也就是个人与他人的关系中考察了"我"的由来以及本质，指出："我之本原惟何？即对于一切偎生、非偎生划一鸿沟之界，建国立都，设险自守，以与之宣战者也。质言之，我之名词，即个体与他体、此族与他族宣战之名词也。……我之性质，即独立之性质，即对于他人、他族宣战之性质。"也就是说，"我"之所以能够成为"我"，是因为有与"我"相对立的他者的存在，正是因为他者，才使我具有了意义和地位。所以，易白沙所谓"我"的独立地位，并不是说要孤立"我"，而是要使"我"能够在社会中存在，在整体社会中能够找到自身的价值和意义。如此，则不难在尊重个人的情况下，又将个体纳入整体之中，使个人和整体取得统一。易白沙由此出发还继续探讨了"我与国家及世界之关系"，易白沙从两个角度阐述了这种关系，一种是以先后论，一种是以轻重论。所谓的先后是"我为先，世界次之，国家为后"。所谓的轻重论，则是"世界为重，国家次之，我为轻"。两者之间看似矛盾，但是却统一，要看情况而定，有时要强调必有我而后有世界，有时则要强调必无我而后有世界，需要有贡献和牺牲精神。两者之间相辅相成，所凸显的是"我"在这个世界体系中所处的位置和个人应该承担的责任。易白沙总结道："由先后之说，必有我而后有世界；由轻重之说，必无我而后有世界。有我者，非有我，亦非无我，我与世界无须臾离；无我者，非无我，亦非有我，个体之小我亡，而世界之大我存。"世界正是由许多单个的有限的个体生命组成，不能离开小我的奋斗。同时，也只有将小我的生

① 易白沙：《我》，《青年杂志》第1卷第5号。

命放到无限的世界大我中，才能体现出小我生命的价值与意义。

易白沙对我的性质的分析，对我与非我、我与世界的关系的分析和揭示基本上是准确的，表明易白沙的哲学思辨已经达到了一定的高度，具有较高的理论水平，但其中也存在着一些缺陷。他在阐发他的"先后论"时，过分地夸大了"我"的主观能动作用。其中特别强调"我"在社会中的作用，这也是易白沙强烈的救国救世的社会责任感的体现。他在《我》中描述国情民势，认为"晚近民听不钧，大盗崛起，圣智之祸，横于九隅；廉耻之维，绝于四境；天下士夫，各丧其我"。于此，易白沙提出，既然知道国家危亡，那就应该去挽救危亡，要求"人人矜重自我"，唤醒个体的自觉精神，希望能够通过自我的改造，从而造化世界、造化国家，也就是说自我要对世界、国家有所贡献。这其中体现出强烈的爱国主义精神。

易白沙所展现的这种社会责任感，还在其《战云之青年》[①] 一文中有专门的表达。他指出"逢逢战云，一西一东，一南一北，吾青年……其责任重，不啻背负四百兆男女老幼之哀乐，且肩担六大洲人类之荣枯"，呼吁青年不要放弃责任，那些放弃责任的青年即成为一钱不值的青年。他还指出青年放弃责任的后果是"父母妻子，仰事俯畜，饮食衣服，思想言论，当一一俯首静待他人裁制"。他认为明朝的灭亡是因为那个时候中国的青年纷纷放弃责任，只知道享受权力情欲。易白沙希望青年要吸取历史的惨痛教训，能够勇敢地承担其社会的责任，以挽救四亿的民族和世界六大洲。那什么是责任？易白沙说"精洁纯白，坚忍沉毅，出于良知之自然，不可旁代，不可中立。""如孝子之救父，忠臣之抗国，慈母之保赤子，侠士之重然诺。全由一己精神，振荡发越。用志所在，大浸稽天而不溺，大旱金石流山土焦而不热，赴汤蹈火，死不旋踵，以求心之所安。"他还格外强调："彼各立于良知上主人地位，绝对不容他人代尽其责任者也。此种责任心，至精洁纯白"。于此提醒青年要明确知道责任的意思。

———————————

① 易白沙：《战云中之青年》，《青年杂志》第 1 卷第 6 号。

对于现在青年的责任。易白沙针对当前局势指出："干戈环绕于吾人之四周，干戈之外，又有干戈以环绕焉。何地无号啼之声，何处无死亡之惨。空气呼吸，何一非血雨腥风。祸灾迁移，何一不惊心动魄。"易白沙指出："惟在目前千金一刻之转瞬光阴，救父抗国保赤子践然诺而已。"他认为"凡个人与国家，国家与世界，言笑动止，罔不息息相关"。他指出世界各国的纷争，"欧洲战云，弥漫世界，吾青年本无中立之理也"。尤其是青岛则成了切肤之痛，美好的国土，我国青年一旦放弃了责任，"遂使清夜胡筘，杂吹于邹鲁缙绅先生之门。而五月七日最后通牒无形之灭亡，视比利时塞尔维亚之山河破碎，为辱几何，非我青年不负责任之咎而谁咎哉？"对于国内的纷争，易白沙指出："国势安危，道德存亡，身世荣辱，我青年肩上之责任，实万无放弃之余地，万无中立之理由。"认为"我青年唯一之责任，惟祈诸良心判其曲直，仗剑而起。左袒其兄也可，左袒其弟也亦可，而袖手旁观则不可。以非他人他国之事，无中立之余地也"，也就是说，不管是国内还是国际形势，都不允许青年处于袖手旁观的中立地位，而必须承担起保卫世界、保卫国家的责任，这样才算是真正的顶天立地的时代青年。

对于未来青年的责任。易白沙指出："推测将来，吊死扶伤，培养元气，以恢复人间百福，此固慈善事业中第一问题。维持永久和平，廓清野心家之侵略主义，尤人生应有之筹策。"这就是未来青年的责任所在。易白沙专门论述青年的责任，这与五四时期对青年的发现和重视有密切的关系，也是青年追求自身价值和目标的体现。

四 《孔子平议》的思想内涵

易白沙的《孔子平议》一文为他在当时的"新青年"队伍中赢得了声誉。《孔子平议》中对孔子的公开批判，使他成为新文化运动后批孔第一人。他发表的批孔文章比陈独秀、李大钊的批孔文章要早好几个月。

易白沙对孔子的批判并非一般意义上的否定孔子，而是采取历史主义的态度，从历史的角度实事求是地考察孔子及孔子学说的得失。易白沙认为，将现今人心风俗之坏、学问之停滞一味地归于孔子，或者说要端正学风、树立风俗要崇拜孔子都是不对的，是愚昧惰性的体现。易白沙一方面对孔子及其学说本身所具有的地位给予肯定，认为孔子在春秋时期虽称为显学，但不过是9家之一，主张君权于72诸侯，"复非世卿，倡均富，扫清阶级制度之弊，为平民所喜悦。故天下丈夫女子，莫不延颈举踵而愿安利之"。认为孔子的学说有适应和代表时代要求的一面，自然有其存在的历史价值。并十分肯定地指出孔子学说之弊病，予以毫不留情的批判，认为孔子在其身后之所以被诸多统治者利用，从而能够享受到冷牛肉的大礼，完全是孔子被利用的结果，这样的话，孔子之咎自难辞。新文化运动所倡导的文化取向不是肯定传统而是批判更新传统，易白沙眼中的孔子也是统治者的"傀儡"，并不是学术意义上的孔子。所以，易白沙重点在揭露孔子学说所固有的弊端，将孔子与两千多年的君主专制制度相结合，从而达到否定孔子的目的，为改造旧文化，提倡新文化制造历史根据。

孔子对中国的君主专制统治有着不可推卸的责任。易白沙指出孔子及其学说所具有的四大弊端：一是孔子提倡尊君权，导致漫无限制，则容易演成独夫专制之弊端。"君主独裁，若无范围限制其行动，势将如虎添翼，择人而食。故中国言君权，设有两种限制：一曰天，一曰法。""前说近于宗教，后说近于法治，皆裁抑君主，使无高出国家之上"。然而孔子的君权论无此两种限制，以君象天，君与天为一体，容易导致专制独裁。二是"孔子讲学不许问难，易演成思想专制之弊"。他指出孔子所处本为诸子并立时代，当时诸子百家争鸣，各思以己说易天下，受此刺激，孔门弟子对儒家学术也不免产生怀疑，遂时起问难，然"孔子以先觉之圣，不为反复辨析是非，惟峻词拒绝其问"，而孔学"一门之中，有信仰而无怀疑，有教授而无质问"。孔子教学主张不懂而问，反对质问，这种为学之道容易发展成思想专制。三是"孔子少绝对之主张，易为人所借口"。"美其名曰中行，其实滑头主义耳！骑墙主义耳！"四是"孔子但重做官，不重谋食，易入民贼牢笼"。易白沙指出，如此以致孔子信徒都信奉"时"字，实行骑墙主义，把"君子谋道不谋食"、"学禄在其中"作为读书格言。易白沙认为孔子自身所具有的这些弱点，导致孔子成为独夫民贼百世之傀儡，孔子及其学说成为历代统治者的工具，所以尊孔与尊君权息息相关，其产生的社会危险也不小。

易白沙不仅准确地揭示了孔子学说所固有的主要弊端，而且也深刻地揭示出孔子的学说与君主专制主义的内在联系，转换性地将对政治问题的考察深入对文化问题的考察，其立论不仅深刻，而且颇具新意。除此之外，易白沙思想的深刻性还在于，他没有因为批判孔学的弊端而将孔子全盘否定，而是在批孔的同时对孔子所具有的历史地位给予必要的肯定，这在五四这个全盘否定孔子的时代并不多见。当然，易白沙在看待和处理孔学与国学以及与中国传统文化的关系上，也持有当时人少有的见解，表现出他文化方面的独特思考和理解。他特别强调中国古代的学术包括有儒家之学、九家之学以及域外之学，三者混成的学问才叫作国学，所以孔子治学只能成为儒家一家之学，而不能成为中国一国之学，国学的范围实际上较孔学范围大很多。由于孔学是国学的一部分，所以易白沙坚决不同意将孔学称为国学，不同意将中国文化的成就归于孔子一家，更不同意用孔子的学术统一中国的学术。易白沙明确指出中国学术存在多样性这一客观的事实，并且尊重学术文化的多样性的必要，在他而言，如果中国学术失掉多样性而以孔学来涵括中国文化的话，那么中国文化也就失去了生机。

可见，易白沙对孔子及其学说进行批判的思想动机，是因为独夫民贼利用孔子作为傀儡，从而垄断天下的思想。他是从孔子充当复辟封建统治敲门砖的角度对孔子进行批判，但并未全盘否定孔子，而是在批判孔子的同时给予其应有的历史地位。易白沙辨析了孔学与国学的关系等问题，对五四时期新文化运动贡献不少，在认识上不盲从，客观而真实地对孔子及其学说进行评价。

五 《帝王春秋》对封建专制的批判

　　1916 年，洪宪帝制在全国的反袁浪潮中寿终正寝，此时流亡日本长达两年之久的易白沙返回国内。1917 年到 1918 年这段时间，易白沙先后到长沙县立师范学校、省立第一师范学校任文史类的讲习，后还到天津南开大学、上海复旦大学任教授，都没有干多久便辞职。这个时期的易白沙心情特别郁闷。当时北洋军阀内部的分裂局势越来越加剧，各个派系之间互相争斗愈演愈烈，在推倒袁世凯的帝制后，国家并未出现好转，反而是越来越坏，越来越糜烂。1919 年，易白沙回到湖南，他将自己埋身于岳麓山中，远离闹市，连亲戚朋友皆不相见。1921 年春，孙中山领导粤军驱走桂系后，重建护法军政府，曾经两度致书易白沙，要他迅速到广东协助事务，他也没有及时回应。易白沙认为从二次革命到反袁的护国战争再到护法运动，都不过是一干军人、党人在斗来斗去，这种与国民运动不相干的党派运动不可能取得任何成绩。易白沙准备继续投身于新文化运动，而不是参加政治运动，他在继《孔子平议》后又撰写了《帝王春秋》，并为他赢得了较大的声誉。

　　《帝王春秋》[①] 一书成书于 1920 年。易白沙利用中国历史上的大量史料，再加以自己的按语，全面揭露了人治的危害，对历代帝王的荒淫腐朽、残暴不仁、害民伤民的丑陋行径进行了集中的揭露和批判。易白沙在书中揭示了几千年封建专制帝王在政治上的种种罪恶行径，思想上的愚昧腐朽，生活上的荒淫无耻。他分别从人祭、杀殉、弱民、媚外、虚伪、奢靡、愚暗、严刑、奖奸、多妻、多夫、悖逆等 12 个方面将帝王残害百姓的行为进行了表露，他在书的序言中称"举吾国数千年残贼百姓之元凶大恶，表而出之"。易白沙认为，中国两千多年的封建社会停滞不前，重要的原因是专制主义实

---

　　① 易白沙：《帝王春秋》，岳麓书社 1984 年版。

行绝对的统治，造成社会的黑暗腐朽。在专制主义的统治之下，只有人治，而没有法治。虽然人治有时候是根据圣人的理念来进行治理，但是在现实社会之中，坐在帝王宝座上的人却更多的是不按照圣人言行行事的庸主。易白沙在书中对外指责日本、德意志等君主专制国家"降崇造孽，虽千百桀、纣、幽、厉不如也"，对内严厉地鞭挞清朝统治者以及像袁世凯之类的军阀，否定张勋、康有为等拥戴溥仪复辟、袁世凯帝制自为的做法，由此，该书充满了现实针对性。

易白沙著《帝王春秋》

《帝王春秋》的视野不仅限于中国，也旁采西方史实，书中同时也充满批判袁世凯及军阀的文字。在《人祭》篇中，易白沙在罗列封建帝王以人为祭的残酷和野蛮后，认为"墨西哥古时以人衅社，德人孤林雅各谓日耳曼东部犹行落桥之祭，惟其投之以俑，而不以人，至今其俗乃绝"。西方有人祭的风俗，那都是古代酋长所为。但中国之人祭，"及满清入主中国，洪宪皇帝恢复帝制，乃衅张文祥以祭马新治；衅徐锡麟以祭恩铭；衅王连生以祭郑汝成，人祭之典竟与帝王相终始矣。"他在《杀殉》篇中指出："欧洲英、德、秘鲁诸邦，古重殉葬，印度、鞑靼，其礼亦隆，往往于古墓中掘有遗骨，酋长居中央，从死列其旁。宝玉戈剑之属，无不备具，此犹曰：未开化之时也。日本明治天皇之死，大将乃木希典切腹以殉，举国尊为军神，膜拜顶礼。"在中国："洪宪皇帝将死，亦手刃其爱妾，犹有杀殉之遗风焉。"在《弱民》篇中易白沙揭示出历代帝王弱民愚民的丑行后写道：中国历代对工商等皆有严戒，"至清时，尤禁工商入仕，彼视工商为有损耕战，与军国主义相违背也。帝王干涉人民之职业，更蔽塞人民之思想，所谓忠孝，所谓六艺，所谓科举，乃吾人精神生活之桎梏业。满洲治中国二百六十五年，皆得八股之力。其文体有乌龟格、蛇形体、燕尾格诸名称，有犯上、犯下之禁，有截搭题之制，有以而字、之字、乎字、者字为题目考试人民者，美其名曰：'代圣人立言'。圣人者，孔子也。孔子言：'民可使由之，不可使知之'。满洲政府得其道矣。最近洪宪皇帝犹称吃鸦片烟者为良民。"他指出洪宪皇帝与历代帝王一样深得孔子"民可使由之，不可使知之"的道理。

易白沙还揭露帝王们及袁世凯"媚外"、"虚伪"与"奢靡"的丑恶。易白沙在《媚外》篇中列举历史上封建帝王对外敌"实行称臣、称侄、称子、称孙"的卑劣行径后，指出帝王的对外政策有两种，一种是媚外，一种是侵略。媚外政策受到人们的唾骂，而侵略者则受到愚昧的崇拜，他们不知道其罪恶其实与媚外相同。易白沙指出，清政府常常抱有灭掉洋人的志向，但是最终也只能落到割地赔款、出使谢罪的地步。洪宪皇帝当时希望能够像日本、德意志一样成为强国，但同时又以二十一条与日本作为交换，竟也不知道他到底是想侵略还是媚外。易白沙在《虚伪》篇中揭示，我国虚伪欺诈的风俗为世界人类都没有，这都是帝王以数千年的教训日积月累而造成的。其中比较明显的是洪宪皇帝的筹安会，国民请愿选举大总统为皇帝，并且宜昌出现石龙的祥瑞，这些都是欺骗国人的把戏。在《奢靡》篇中，易白沙指出："洪宪以来，全国武人各拥巨资，一赌之输赢，至数十万元。今虽号称共和，人民饮食起居，所设施者，皆贵族底，而非平民底，矜夸底，而非美术底，窃盗底，而非互助底。政象紊乱，人民宣告破产，日在水深火热之中，皆供此最少数民贼之牺牲也。"他认为奢靡之所以产生，是因为阶级制度的需要，因为"文化增进，美的观念亦愈普遍。凡口之所同嗜，耳目之所共乐，身体心志所共安，各得其欲，无偏枯之苦。虽白璧为墙，黄金筑地，人人吃玉，家家焚丝，又何奢靡之有？"指出中国从古至今帝王之家所呈现的奢靡景象。

易白沙还揭露帝王们及袁世凯政府的"严刑"、"奖奸"。他在《严刑》篇中说，食人者为"未开化民族所有之事帝王则用之于刑典"，这是帝王们惯用的手段，其残忍程度达至极致，而清政府也多次兴大狱，"庄廷龙、戴名世、吕留良诸人戮尸诛族，祸及路人。"在地方上，州县长官"所制之非刑，则随其人而异，大抵残酷无复人理"。光绪宣统年间，"杀戮党人全国大索"，武昌发难以后，总督瑞澂株连牵及以激成之，而洪宪皇帝也大起党狱，攀龙附凤的人，以陆判官汤屠户最为恶劣。其中"帝孽张敬尧督湘，亦烹人之心。食人尤为武人惯技，不独张氏"。易白沙深刻地认识到实行严刑酷吏的严重社会后果，称"一则摧折廉耻之心；一则养成残忍之性，故造成无耻无情之社会"。在《奖奸》篇中，易白沙指出，中国人凡是有做官发财的思想都希望来自于"苟得"，中国人中"狡黠者揭竿而起，残贼人民，以争富贵，庸懦之人虽不能逐鹿其中，亦旁观鼓舞，以激扬大盗之勇气"。易白沙指出："张子房所谓'能与共分天下，今可立致也。'历代王者持此分赃之术，以驭群雄，忠孝不过空谈，利禄实为羁绊。洪宪当国，此术大行，买议员，买新闻纸，买军队，买刺客，买侦探，惟恐人之不嗜利。故贪赃纳贿，寡廉鲜耻之徒，一时布满国中，今大盗虽去，小偷犹多，其秣马厉兵，磨牙吮血者，举目皆是也。"易白沙揭露帝王的这些丑恶行径，将清政府和军阀袁世凯视作中国几千年来封建帝制的集大成者，所以，要将这些封建余孽扫除干净。

易白沙除了揭露帝王及袁世凯的恶性外，他还指出了"多妻"、"多夫"、"悖逆"等陋习，这些不仅在帝王之家存在，在某些权贵之家也存在，描绘出中国社会之丑陋。易白沙在《多妻》篇中指出，明代有选女的制度，那是帝王蹂躏女子人格之表现。选女制度对女子的耳、目、鼻、发、肤、颈、肩、背等有一者不合法则被排除，然后还要听其声音，则"稍雄、稍瘐、稍浊、稍吃者皆去之"，甚至还要量女子之足，乃至"分遣宫娥之老者引至密室，探其乳，嗅其腋，扪其肌理"，最后是"熟察其性惰言论而评汇其人之刚柔愚智贤否"。选女之法从古至今皆如此，"管仲娶三姓之女；汉丞相张苍妻妾以百数；武帝时豪富吏民畜歌者至数十人；周代士人亦有滕婚之礼；齐人乞食，亦有一妻一妾，俗重早婚，为祸更深。父母求子孙之繁衍，年未及冠，即有室家；学业未成，即育子女。加以娶妻之弊，兼逃之俗，全国上下竭一生之力，终日孜孜而求者，皆所以供多妻之牺牲而已。"易白沙指出多妻给中国社会造成的问题和弊病。

在中国社会除了多妻现象，也存有多夫之现象，易白沙在《多夫》篇中指出，多夫这个现象其实并不是什么恶德，而是要视其制度产生由来决定。易白沙分析了中国社会存在的这种现象，称王公大人以富贵而纵淫妻妾，无所限制，比如我国帝王娶妇，达到数万人之多。于是富贵人家的女子则窃其权势，也效法其行为，如"山阴公主，公然出于请求。唐中宗许韦后以不相禁忌，此由多妻之俗而生此反响也。多夫由于地理与政治，则民人奉行其制反若天经地义，不可违背，无人敢诋为不道德之事。其由于风俗之奢淫者，亦与男子蓄妾无异。蓄妾之制，倘以为恶，则女子置面首又何可訾议。此外如吾国与日本之贫人不能蓄妻，而行共妻之约，乃由生计不足，出于不得已而为之。吾国皇后多夫者，以晋之贾后为最滥。"发展到清政府的宫闱之中，也是常有的事情。易白沙还认为这种事情"不仅王家有之，权门贵族亦多有之。帝王后宫之数，盈千累万，乃反奖励女子贞节，言行相悖，未有甚于此也"，这些都是中国社会所存在的陋习。

易白沙还指出中国社会之"悖逆"现象，他认为中国古代尧舜禅让是为了"去监门之养，而离臣虏之劳也"，因为那个时候的天子大多是为人民服务，受尽苦累。但是后来之县令，连子孙都得以宽裕。由此观之，易白沙认为："古代天子肥甘不足于口，轻暖不足于体，采色不足视于目，声音不足听于耳，便辟不足使令于前，而所任之忧患，又百倍于人民，不得已而出于禅让。"他们禅让的心理实际是要解脱奴隶一样的苦难，与道德没有任何关系。唐虞时期的天子还比不上战国时期的县令。所以"后世篡夺攘窃，不绝于史。今日为父子兄弟夫妇之亲，明日即成干戈鸩毒绞缢之仇"。到了清政府圣祖世宗时代，兄弟争位非常激烈，而"德宗被幽瀛台，死于暧昧之中，尤为今日所共见"。现今"武人割据，增兵筹饷，时时发生内讧；人民争夺家产，父子兄弟凶凶争讼者举目皆是。吾以为遗业之制，不即废除，是一家犹有一帝王也。督军之制不即禁绝，是一省犹有一帝王也。省省称帝，家家有王，安得谓之共和"。易白沙深刻地揭示出现今社会所存在的各种弊病。

易白沙从丰富的历史资料中概括出历代统治者的这些特征，认为这些专制主义者往往只关心手中的权力，而不会顾及老百姓的利益，正是因为有了这些特征的专制主义者，给国家和社会带来无穷无尽的祸害与痛苦。对于专制主义的帝王而言，他们正是试图利用这些手段驯服出一群能够服从自己统治的顺民，能够实现自己最有效的统治。孙中山认为易白沙的《帝王春秋》"从历史知识，唤起知识阶级诛除独夫民贼，可谓严于斧钺矣"，并为该书题写了书名进行推介。不过此时的易白沙似乎不再能潜心于学术，他更重视启发人民的觉悟，不再活跃于新文化运动这个舞台的中心。

刚过而立之年的易白沙面对的是军阀混战，面对的是混乱的中国。

1921 年，易白沙得知北洋政府以统一为号召欺骗中外民众，愤激到了极点，他再也不能隐居下去了。他短衣束裈，内藏小铳，往北方，希望能够干掉几个军阀败类，但未能如愿。后来易白沙南下广东拜谒孙中山，希望中山先生能够北伐，自告奋勇要组队赴北方杀贼，而胡汉民等人劝说易白沙要以文章报国，不必赴险，这使易白沙非常失望。易白沙一方面感到国家的状况一日不如一日，一方面又无能为力，于是，他决定以死殉国，在遗言中表示："不能杀贼而死，有何生存价值"。① 1921 年端午节，易白沙乘船到他仰慕已久的陈白沙的故乡广东陈村，效法屈原，蹈海而死，此时他年仅 35 岁。

虽然易白沙以蹈海的方式结束了自己年轻的生命，但他所主张的思想却影响了一代又一代的中国人。第一，他在日本流亡期间就开始接触西方的政治学说，对西方文化产生了浓厚的兴趣，进行了一系列的创作，极大地影响了中国思想现代化进程。他在《甲寅杂志》上发表了许多文章，对袁世凯的丑恶行径进行了毫不留情的批判，还阐释了对民主、共和、法治等思想和主张的向往。这些文章批判和揭露了帝国主义的罪行，也宣扬了近代民主主义政治。第二，他后来加入到《新青年》的创作队伍中，对中国传统文化进行了初步的梳理，尤其是创作了《孔子平议》，打响了新文化运动中评判孔子的第一枪，成为反对尊孔读经的第一人，也为他赢得了声誉，成为新文化运动的重要代表人物之一。第三，他还对帝王的黑暗统治进行了批判，尤其是针对袁世凯的黑暗统治，揭示出历代统治者只会关心手中的权力，而不会顾及老百姓的利益，这些专制主义者给国家带来了无穷的痛苦和灾难。他的这些思想为近代中国思想的民主化进程起到了很好的教化作用，同时也为中国民主进程打下了思想基础。自此以后，对中国传统文化的批判认识成为了一股潮流，取其精华、弃其糟粕成为一般人的常识性认识，民主主义思想在中国大地上蓬勃发展。与易白沙有师生情谊的毛泽东为之题写挽联，他用饱含激情的笔调写道："无用之人不死，有用之人愤死，我为民国哭前途；去年追悼杨公，今年追悼易公，其奈长沙后进何?"②

① 《易白沙遗书补记》，《大公报》1921 年 9 月 28 日。
② 《毛泽东挽联作品》，《中国青年报》1993 年 12 月 2 日。

蔡和森　马克思主义中国化的先行者

　　蔡和森是我党的创始人之一，也是我党早期杰出的无产阶级理论家、宣传家、革命活动家。在短暂而又光辉的一生中，他不仅为中国革命艰辛探索、鞠躬尽瘁，并为之奉献出了宝贵的生命，而且提出了全面深刻而又符合马克思主义原则的一系列思想理论，开拓了马克思主义中国化的历史新境界，对毛泽东思想的形成有着极为重要的贡献。

　　蔡和森是我国第一批具有初步共产主义思想的知识分子之一，参与了中国共产党的建立，并且是我党早期重要的领导人之一。蔡和森在对中国革命道路探索过程中提出了中国共产党的建党思想，科学而系统地传播了马克思主义唯物史观，而且运用马克思主义理论初步提出了中国新民主主义革命理论，处于湘籍无产阶级革命家群体的核心地位，对中国革命发展做出了重大贡献。

一　早年时期的艰辛探索

　　蔡和森（1895—1931）原名泽膺，字润寰，号和仙，学名蔡林彬。清光绪二十一年三月初五（1895 年 3 月 30 日）诞生于上海机器制造总局一个小官员家庭。蔡家祖上尚属殷实，祖辈世居湖南省湘乡县（今双峰县）永丰镇人寿总季家巷，家中开设蔡广益酱园，并兼营南货店，其所出产的"永丰"辣酱颇为出名。蔡和森祖父蔡寿崧早年在家经营辣酱和南货店，后来湘军兴起之时弃商从戎，在湘军里当了一名哨长。蔡和森的父亲蔡荣峰从小不善读书，长大之后更不善于经商，30 多岁时利用父亲参加过湘军以及自己岳母是曾国藩府上亲戚的关系，在江南制造总局中谋得了一个官职，并得到了"奉政大夫，州同衔"的职衔。蔡和森的母亲葛兰英（后改名为葛健豪），虽出身于当时湘乡荷叶（今属双峰县攸永乡）的湘军豪门，但平日里看上去并不像"大家闺秀"，而是衣着朴素，持家勤俭，邻里都称赞她厚道贤惠。

　　1899 年，蔡和森随母亲离开上海江南制造总局，回到了家乡寄居于外祖母家。随后父亲蔡荣峰也因为时局动荡、人事倾轧而弃官返乡，从此蔡和森全家在荷叶定居下来。蔡和森从小喜欢读书，在幼时家境尚可之时，他随着表兄启蒙。1908 年蔡家回到了永丰镇，因为家境日渐衰落，年仅 13 岁的蔡和森不得不到蔡广益的兄弟店蔡广祥酱园做学徒，在辛苦的工作之余，他还在每天关上铺门之后站在昏暗的桐油灯下读书自学，这也使得他很早就感受到生活的艰辛。1911 年秋，蔡和森结束了学徒生涯，直接进入了双峰初等小学读三年级。1912 年又考进双峰高级小学。在学校期间，蔡和森学习勤奋刻苦，阅读范围广泛，并且关心国家大事。有感于当时社会的黑暗，他从学生时代就开始立志要改变社会黑暗腐败的现实。1913 年春，蔡和森来到长沙，首先在湖南铁路学校（前身是清末铁路学堂）求学，后来考上省立第一师范学校，在这里他认识了志同道合的挚友毛泽东。蔡和森在一师只读了两年书，但他的学识却大为长进，并且有了较广的朋友圈子。1915年秋，蔡和森考入湖南高等师范学校文史专科2班，同班之中有一位后来成为我党早期的工人领袖邓中夏。1915年新文化运动爆发，陈独秀等新文化运动旗手及《新青年》杂志主张的"民主"与"科学"等观念开始在全中国广泛流行，蔡和森在长沙读到《新青年》后，深受震动和鼓舞，有了初步的除旧布新的观念，并且同中国古代诸子百家中墨子的"兼爱"、"非攻"等观念结合起来，把墨子所讲"兴天下之利，除天下之害"，解释为要让天下人过饱食暖衣、和平幸福的生活；把"只计大体之功利，不计小己之利害"①，解释为要使天下人都得到好处，就要不惜牺牲自己的一切。从这里可以看出蔡和森已经有了初步的为劳苦大众革命奋斗的思想。

1917年，蔡和森从湖南高等师范学校毕业，但在就业时屡遭挫折。1917年9月，蔡和森一家迁居到岳麓山下的刘家台子，蔡和森主要还是继续潜心研读。这一时期，蔡和森、毛泽东、罗学瓒、张昆弟、陈绍休等人利用刘家台子蔡家作为互相切磋学习、谈论时局的场所。为了将所学知识用于实践和改造社会，蔡和森与毛泽东等一帮志同道合的友人决心建立一个改造个人和人类的学会，其办法是首先进行个人良好品德之修养，进而改造整个社会。蔡和森此时思想还处于社会改良阶段，组织学会是蔡和森等人运用所学知识改造社会的一大举动。蔡和森首先提出将学会以"新民"二字命名，其意取《礼记·大学》偏重"在明明德在新民"之意。梁启超也有《新民说》一文，即"才不其所本无而新之，以建设中国一种新道德、新思想、新精神"，"一味欲维新我国，当维新我民。"②而蔡和森给学会取名"新民"二字，包含着进步与革命的意义，学会的宗旨是"革新学术，砥砺品行，改良人心风尚"，会员纪律有："一、

---

① 《新民学会文献汇编》，湖南人民出版社1979年版，第23页。

② 梁启超：《新民说》，载《饮冰室文集》（专集）第3册，云南教育出版社2001年版，第78页。

不虚伪，二、不懒惰，三、不浪费，四、不赌博，五、不狎妓。"①
提出学会成员要"以一人之忧共诸天下，以天下之忧纳诸一身"，
"当忠为之谋，解其一人内顾之忧力智力，以利用于共同之大目的之
上，夫然后天下事始可为也"，"群治之昌明有望"② 也。这样，以
学会为中心，依靠团体力量多团结"做事之人"，求得真才实学，
"稳立做事之根基"。蔡和森希望把学术和政治结合起来，三年内把
新民学会塑造成"中国之重心点"，用坚强有力的团体力量打破现在
教育界学术界的沉闷气氛，达到"新民"之目的。后来，随着学会
成员特别是主要核心蔡和森、毛泽东思想的转变，学会的宗旨也改
为"改造中国与世界"，则表明新民学会由一个改良性质的团体转变
成为革命团体。1918 年到 1921 年间，新民学会探讨改造中国的途
径，成为当时一个以青年学生为主的战斗性很强的民主革命团体。
在五四运动以后，中国共产党成立之前，新民学会在湖南地区的革
命运动中起着核心领导的作用，为湖南地区的建党建团工作做了思
想上和组织上的准备。也正是在这一时期，蔡和森本人也逐步对新
民学会的前途和性质进行了深入思考，早在 1918 年初，蔡和森曾对
毛泽东所谈新民学会会务"经纶天下之大经，立天下之大本的意趣"
说道："弟实极其同情，且尤不讳忌嫌疑于政党、社会党及诸清流所
不敢为者之间。以为清流既无望，心地不纯洁者又不可；吾辈不努
力为之，尚让何人去做？尚待何时去做？此区区之意，相与共照者
也。"③ 这段话虽然语义含糊，但也反映了蔡、毛二人在思考新民学
会由革命团体向政党的转变，这是毛、蔡欲将新民学会建设成为一
个比一般社会党更具革命性的政党组织的表示，蔡和森明确提出毛
泽东不要指望清流派来改造社会，而要自己组织政党。他在复萧子
升信中还提出："窃意吾会须八表同营，以一人之忧共诸天下，以天
下之忧纳诸一身。其人手办法，则自会友相互间为始。诸自有志以

① 《新民学会文献汇编》，湖南人民出版社 1979 年版，第 119 页。
② 《蔡和森文集》（上册），湖南人民出版社 1978 年版，第 3 页。
③ 同上书，第 14 页。

上，即当忠为之谋，解其一人内顾之忧力智力，以利用于共同大目的之上，夫然后天下事始可为也。吾等皆有心人，然只恐心量不大，有'苟能是是亦足矣'之心，则群治之昌明愈益无望，此弟最近之矍然猛觉者也。"① 所谓"群治之昌明"，就是组织政党的目的。蔡和森由此提出新民学会要敢于也应当向政党组织甚至社会党转变，已具有一种与旧有政党观念明显不同的党派观念，也不忌讳人们对于政党的鄙弃；他决心"效法列宁之所为"，要在新民学会基础上建立列宁式的新型的革命政党组织。这表明，在中国早期马克思主义者中，蔡和森是最早敏锐意识到建党之必要和建党之方向者之一。蔡和森在组织和领导新民学会活动中，更进一步地了解了当时中国的国情现状，比如他就讲"旷观前辈名人，疏空罕成者多矣。辞费其才之不足，智之不逮也，无充分之练习耳"②。因此，他为了把书本知识同实践结合起来，在 1918 年春夏之交，同毛泽东沿洞庭湖游历，目的在于考察社会和向社会学习，弥补书本知识的不足，获得更多的真才实学，了解民众疾苦，同时又锻炼了身体和意志，为以后投身中国革命运动做了必要的准备。

二 "极端的马克思派"

1918 年 6 月，蔡和森从长沙前往北京，为湖南青年赴法勤工俭学做准备工作。留法勤工俭学运动始于 1912 年，当年李石曾、吴玉章、吴稚晖、张继等在北京发起组织"留法俭学会"。当时任教育总长的蔡元培力赞此事。"留法俭学会"在北京成立留法预备学校，送 80 多人赴法勤工俭学。1916 年 3 月，巴黎成立了华工学校，蔡元培等人还亲自讲授课程。由于华工教育取得成绩，进而提倡国内青年学生赴法勤工俭学。同年 3 月中法两国人士蔡元培、吴玉章、李石

---

① 《蔡和森文集》（上册），湖南人民出版社 1978 年版，第 4 页。

② 同上书，第 1 页。

曾、欧乐、穆岱等为了"发展中法两国之交谊",促进中国经济文化之发展,在巴黎发起成立了华法教育会。1917 年在国内也成立了华法教育会,组织赴法勤工俭学活动,事实上已成为该会的主要活动内容。北京留法预备学校也重新建立,并在长辛店、河北高阳县布里村、保定育德中学及成都先后成立各种各样的预备学校,为赴法勤工俭学运动的发展准备了必要的条件。此时正是十月革命成功以后,马克思主义开始传入中国,在当时的时代背景之下,中国人尤其是知识分子对于人类历史上第一个社会主义政权充满了好奇和好感,马克思主义也开始在中国广泛流传起来。此时欧洲各国正在爆发无产阶级革命,如能去法国勤工俭学,既可以做工养活自己,又可以求学获得新知,更重要的是能够就近了解革命后的苏俄情况。所以留法勤工俭学成为当时进步的知识青年追求真理和谋求民族救亡图存之道的最适宜办法。

蔡和森在北京为赴法勤工俭学积极准备过程中,由老师杨昌济引见,结识了当时许多教育文化名人如蔡元培、李石曾、李大钊、陈独秀、章士钊、熊希龄等人,广泛地接触当时国内最新的思想观念,并通过书信与还在长沙的毛泽东、罗学瓒、周世钊、萧子璋等人探讨。在这些书信中开始表现出向"走俄国之路"即社会主义道路的转变。1918 年 8 月,毛泽东偕 25 人赴京,与蔡和森一起积极为赴法勤工俭学做准备。1919 年 3 月,萧子璋先程赴法,毛泽东即回湖南,蔡和森则来到保定加入当时留法勤工俭学预备学校。5 月 4日,五四运动爆发,蔡和森和湖南的一些青年参加了当时北京学生的游行示威请愿活动。7 月,蔡和森回到长沙,他一面向人民宣传五四运动后的北京政治形势,一面积极鼓励和组织青年赴法勤工俭学,并动员自己的母亲和妹妹一道去往法国勤工俭学。1919 年 12 月 25日,蔡和森、向警予等一行终于搭上法国邮轮,由上海启程赴法。

1920 年元月底,蔡和森、向警予等一行来到法国首都巴黎。蔡和森到达法国之后,在母亲葛健豪和向警予的支持下,刻苦攻读法文及学习革命理论。他以顽强的毅力在克服语言障碍之后,就潜心研读马克思主义著作,做了大量读书笔记,翻译出了马克思恩格斯以及列宁的一些经典著作如《共产党宣言》、《社会主义从空想到科学的发展》、《共产主义运动中的"左派"幼稚病》、《国家与革命》等著作的重要章节。蔡和森在法国还做了一项重要工作，就是尽可能地团结当时在法的留学青年，通过宣传马克思主义，使得他们能从当时欧洲流行的非马克思主义思想中解放出来，走无产阶级革命的道路。1920年，蔡和森与向警予、李维汉、萧子璋等邀集在法各地留学的新民学会会员在蒙达尼公学举行了5天的会议。这次会议明确地提出用组织共产党、建立无产阶级专政的方式也就是俄国的方式，来达到"改造中国与世界"的目的。蔡和森鲜明地指出："激烈的俄式革命，组织共产党，实行无产阶级专政之主张，也就是仿效俄国十月社会主义革命的方法，改造中国，最终目的是要消灭人剥削人、人压迫人的制度，实现共产主义社会；改造的方式是用暴力推翻反革命的暴力，以无产阶级的迪克推多（专政）代替资产阶级的迪克推多。"① 蔡和森在马克思主义的学习、研究和宣传中，认识到了阶级斗争和无产阶级专政在中国革命中的重要性，主张组织共产党，建立无产阶级专政。在这次蒙达尼会议上，蔡和森第一次在学会中公开宣传他的建党主张，又从世界大势来阐发"激烈革命"之必要，明确提出"主张组织共产党，使无产阶级专政"，并且着手改造学会成为中国式布尔什维克党，以适应中国革命形势的发展需要。所以参与会议的蔡畅肯定地说，蒙达尼会议展开"改造中国与世界"的社会主义道路的思想大辩论，"为在旅法勤工俭学学生中创建党组织的工作揭开了第一页"。据现有党史资料，蔡和森在蒙达尼会议上阐明的关于组织共产党的主张，要比同年11月上海共产主义小组制定的《中国共产党宣言》还早四五个月，因此蔡和森是提出在中国建立共产党的第一人。但是，蔡和森满怀信心地提出在新民学会建立共产党的组织的主张，引起了会员们的热烈争论，最终出现了严重的意见分歧。这使蔡和森意识到，学会的组织形式和会员的主义信仰，都难以适应中国革命形势发展迫切需要的革命

---

① 《蔡和森文集》（上册），湖南人民出版社1978年版，第24页。

政党的要求，"照旧组织革命机关是不中用的"，加上蒙达尼会议已议决在法会员可以另组新团体而不可以学会为牺牲，为另组政党组织提供了依据。因此在急切建党的心情驱使下，蔡和森放弃了改造新民学会为共产党的计划，而是以会友为基础在会外另行建立党的组织。

蔡和森与向警予在法国

1920 年 8 月到 1921 年 1 月，蔡和森同时还利用留法的有利条件影响和促进了毛泽东及国内同志的建党活动。蔡和森在 1920 年 8、9 月连续致信毛泽东，提出系统的建党思想和建党原则，在信中多次提出要效法列宁领导的布尔什维克党，建立中国共产党的主张，提出在国内实行无产阶级专政的思想，认为在马克思主义科学社会主义指导下，用革命的暴力推翻反革命的暴力，建立无产阶级政权才是中国革命唯一切实可行的办法。他说："和森为极端马克思派。极端主张：唯物史观、阶级战争、无产阶级专政"①，体现了他鲜明的立场和态度。在这3封重要的信中，蔡和森在中共党史上最先根据列宁的建党学说，比较系统和正确地阐述了中国共产党的建党原则，包括有关于党的阶级基础、党的指导思想、党的性质任务、党的组织纪律、党员条件、党群关系以及国际主义原则等，系统阐明了关于建党的理论、路线、方针和组织原则。在筹建中国共产党的时间上，他提出必须在两年内要建立起来。蔡和森在总结近代中国革命经验教训的基础上，指出中国共产党在指导思想上必须以马列主义为指导思想；在革命方法上必须走十月革命道路，以暴力夺取政权；在社会发展道路方向上，他提出社会主义是拯救中国的"对症之方"，正如他在写给毛泽东的信中所阐述的："我对中国将来的改造以为完全适应社会主义原理和方法。"② 从这些资料来看，蔡和森是中国当之无愧的系统宣传列宁建党学说的第一人，为中共创建奠定了思想和理论基础。

除了向国内宣传建党思想之外，蔡和森还积极从事中国共产党的建党实践工作。在法国留学期间，蔡和森积极地在新民学会和其他革命青年中进行思想教育工作，把他们引向马克思主义方向，同时还和赵世炎、李立三、王若飞等人就他的建党思想多次交换意见，并得到了他们的赞同，之后又和周恩来、赵世炎等一起筹组中国共产党旅欧的早期组织。1920年在新民学会旅法会员召开的蒙达尼会议中，蔡和森首次提出了现阶段革命任务是要在中国组建共产党并在中国共产党的领导下进行革命斗争，以实现无产阶级专政。他的主张引起与会人员的强烈争论，对不赞同的代表，会后蔡和森分别与他们交谈，从而使大部分人改变了原来的错误观点，进而转为信仰马列主义。李维汉在《回忆新民学会》中曾写下这样一段话，说明蔡和森在当时对于留法期间的青年思想信念的深远影响："和森是

---

① 蔡和森：《蔡和森文集》（上册），湖南人民出版社1978年版，第51页。
② 同上书，第50页。

我们留法会员中的先驱者……约八月至九月的时间内，我有机会集中阅读了和森以'霸蛮'精神从法文翻译过来的《共产党宣言》、《社会主义从空想到科学的发展》、《国家与革命》、《无产阶级与叛徒考茨基》、《共产主义运动中的'左派'幼稚病》和若干关于宣传十月革命的小册子。此外，我同和森做了多次长谈，涉及范围很广，包括欧洲革命斗争形势，俄国十月革命经验，布尔什维克与孟什维克的区别，共产国际的性质与任务，第三国际与第二国际决裂等内容。通过阅读和谈话，使我深知只有走十月革命的道路才能达到'改造中国与世界'的目的。"[1] 也是在 1920 年，由李维汉领导的工学世界社连续召开了 3 天会，参加这次会议共 30 多人，经过热烈的辩论，大多数代表赞成其办社宗旨是信仰马克思主义和践行俄国式的社会革命。参加这次会议的很多社员后来成为中国共产党的骨干。

三　党内杰出的理论家和宣传家

1921 年 2 月，蔡和森组织领导留法勤工俭学学生，发动了为争取学权和生存权而斗争的"二二八运动"。这是一次向北洋政府驻法大使馆的请愿活动，要求北洋政府发给勤工俭学学生每人每月 400 法郎的补助，以 4 年为限。此时，劳动学会领导人赵世炎、李立三仍然坚信工学主义，主张勤工俭学到底，他们反对向政府请愿。这场运动虽然没有达到目的，但却教育了广大勤工俭学学生，使他们感到工学主义不是救国救民之路，促进了勤工俭学学生不同团体的相互了解和革命团结。1921 年 6 月初，北洋政府内务总长以特使名义来到法国，企图以出卖海关、邮政和滇渝铁路建筑权作为担保，向法国政府借款一万万金法郎，用于向欧洲国家购买军火，以进行内战。在法的中国留学生无不义愤填膺。6 月 30 日，由周恩来、蔡

---

[1]　李维汉：《回忆新民学会》，《历史研究》1979 年第 3 期。

和森、赵世炎、陈毅等人发起联合巴黎各华侨团体，组织了拒款委员会，发表"拒款"宣言，并公布借款真相，同时撰写通讯，寄回国内，揭露北洋政府借款真相。在一片反对声中，法国政府被迫宣布暂缓借款。1921 年 9 月，华法教育会停发了原来给学生的微薄津贴。同时，北洋政府驻法公使和法国当局，借留法学生勤工俭学的名义，向欧洲各国募集巨款创办了里昂中法大学，但却将已在勤工俭学尤其是参加过"二二八"运动和"拒款"斗争的学生拒之门外。10 日，在蔡和森、周恩来、赵世炎的组织下，100 多名学生代表集会于巴黎，组织入校队于 21 日砸开里昂中法大学校门，占领了校舍。蔡和森等人后被法国警察逮捕，28 天之后被强行遣送回国。

蔡和森回到上海后，经陈独秀、陈公培介绍，加入了中国共产党，并留在党中央从事党的理论宣传工作。这期间，蔡和森协助编辑团中央机关报《先驱》，先后发表了《批评"好政府"主义及其主张者》、《在封建的武人政治下废督裁兵不可能的铁证》、《现在还是政治战争时代并不是"法统"战争时代》、《基督教徒在政治上的大活动》等重要文章，向广大青年进行马克思主义阶级斗争学说的宣传和教育，着重批判了当时所流行的各种改良主义的政治主张。党的二大召开后，蔡和森被选为中央委员，受命创办党的机关报《向导》周报。1922 年 9 月 13 日，《向导》周报在上海创刊，总发行处设在环龙路。《向导》周报在其创刊号《本报宣言》上，开宗明义地提出："反抗国际帝国主义的侵略"，"推倒为和平统一的障碍军阀"，为"统一、和平、自由、独立"而奋斗。这表明，宣传党的二大制定的打倒军阀和打倒国际帝国主义的纲领，号召国民建立一个统一、和平、自由、独立的国家，是《向导》周报的办报宗旨和方针。在这种办报方针指导之下，《向导》采取小型周报出版形式，每星期出 3 版，16 开本 8 页。从 142 期起，增加到 12 页，到144 期再增加到 16 页。字数由每期 1.2 万字，增至 2.4 万字左右。主要开设了"事实短评"、"读者之声"、"各地通信"和"寸铁"等栏目，内容丰富多彩，文字生动活泼。从 1922 年 9 月《向导》创刊到 1927 年 7 月被迫停刊 5 年内，尽管处在被查抄、查禁的恶劣环境下，但它的发行量依然从几千份上升到十万余份，共出版了 201 期和汇刊 5 册；刊发了国内外政论、时评 700 余篇，各地通信近 120 篇，各种文告、宣言近 60 件，国内外读者来信 110 余件，总计 320 万字以上。《向导》的主要撰稿人有陈独秀、蔡和森、瞿秋白、高君宇、李达、彭述之、张国焘等，毛泽东、周恩来、赵世炎、王若飞、张太雷、李立三及共产国际驻中国代表马林等也发表过一些重要文章。陈独秀在《向导》上发表了 270 多篇文章，几乎每期都有他的作品。① 从此到 1925 年，蔡和森主编的《向导》周报成为中国共产党早期报刊中持续时间最久、出版最正常、影响最大的报刊，在宣传马列主义，特别是宣传党的路线、方针、政策和推动国民革命等方面起到了非常重要的作用。早在 1920 年，蔡和森在同毛泽东讨论建党步骤时就提出，党要有"一种有力的出版物"，② 强调了党报作为宣传舆论阵地的重要性。蔡和森在主持《向导》周报期间，用"和森"署名发表了 134 篇文章，以他们夫妇共用"振宇"的笔名发表了 36 篇（其中至少有 22 篇是他撰写的），大力宣传了党的方针、政策，尤其是大力宣传了中共"二大"制定的反帝反封建的民主革命纲领，这种宣传第一次明确无误地打开了当时中国人民的眼界，使中国人民在各种复杂的社会现象面前认清了斗争的目标，"在大革命准备时期和大革命时期，《向导》是真正成为全中国革命的向导"③。其次是把反对军阀的斗争和反帝斗争结合起来作为《向导》宣传的一个中心思想。蔡和森指出，帝国主义是中国人民的最大压迫者，是中国军阀存在、国家分裂、内乱永续的原动力，因此中国国民运动的真正意义在于反抗国际帝国主义。此外，蔡和森在《向导》宣传中还特别强调武装斗争的重大作用，以及积极宣传党提出的建立以国共合作为中心的统一战线策略。这一时期的《向导》成为指引中国革命前进的一盏明灯。

① 吴向伟：《蔡和森与〈向导〉周报》，《传播与版权》2003 年第 2 期。

② 《蔡和森文集》（上册），湖南人民出版社 1978 年版，第 34 页。

③ 李立三：《纪念蔡和森同志》，《红旗飘飘》第 5 期，湖南省图书馆藏书。

在主编《向导》周报期间，蔡和森还先后在上海平民女子学校和上海大学任教。当时为了给进步青年介绍人类社会发展的历史知识和规律、革命道路的长期性和曲折性，辨析当时社会上的各种无政府主义、工团主义等非无产阶级思潮，蔡和森系统地、全面地讲述了社会发展史，用历史唯物主义观点解释社会发展的必然规律，最后编写了长达15万余字的《社会进化史》一书。该书以恩格斯《家庭、私有制和国家的起源》为蓝本，结合中国革命的历史实际，较系统地传播了恩格斯这一著作的基本思想。《社会进化论》一书科学地阐释了唯物史观的基本思想，即恩格斯关于两种生产理论是唯物史观的基础的思想。他在《社会进化史》一书中开宗明义地阐释了这个原理。他说："人类进化的主要动因有二：一是生产，一是生殖。前者为一切生活手段的生产，如衣食住等目的物及一切必要的工具皆是；后者为人类自身的生产。"① 蔡和森把两种生产的原理作为贯穿全书的基本线索，综观《社会进化论》全书各章节内容，旁征博引，从家族、财产和国家的进化三个侧面，由古至今，详细考察了人类社会发展的全过程，科学地阐述了人类历史发展的规律，并论证了中国革命的历史必然性。他说："政治革命的根源在于经济上的矛盾，各种各色的政治革命，从最初一次以至于最后一次，都是借着没收或强夺甲类的财产来保证乙类的财产的。"② 蔡和森分析了中国自鸦片战争以来由于外国资本和商品的倾销造成中国传统的农业和手工业的破产，"中国四万万人口有三万万五千万不能生活下去，面临饿死、乱死、战死的绝境，这是最大多数的生死临头的问题。""中国今日所发生的问题哪一种能在现社会制度之下结局？所以中国的革命，一定不能免的。"③ 此外，蔡和森还对无产阶级学说和阶级斗争学说，以及人民群众在历史发展中的作用等唯物史观的基本问题进行了科学的阐释。这本著作是我国最早用马克思主义的立场、观点和方法来论述人类社会发展的历史及其必然趋势的光辉

---

① 《蔡和森文集》（下册），湖南人民出版社1978年版，第7页。
② 同上书，第129页。
③ 同上书，第34页。

著作，是蔡和森传播和阐释马克思主义唯物史观思想观点的集大成者，也是在马克思主义民族化、通俗化等方面的最早尝试，有其特别和重要的历史功绩。当时这本书出版之后，很快被抢购一空，以后又相继出版了第二、三版。

四　大革命时期的蔡和森：总结党史第一人

1925 年冬，蔡和森受中国共产党的委托，前往莫斯科参加共产国际执行委员会第六次扩大会议。会后，蔡和森作为中国共产党驻共产国际的代表，留驻苏联一年多时间。在此期间，蔡和森一面继续深入学习马列主义，一面认真总结中国革命的经验教训，并应中国共产党中山大学旅俄支部的邀请，做了《中国共产党史的发展》的重要报告。这份报告共 5 万字左右，其主要内容包括：中国共产党产生的历史背景；中国共产党的历史使命；党的政治生活和劳动生活的发展；从党的第二次全国代表大会到党的第四次全国代表大会期间党内的政治生活情况，等等。这份报告具有重要的历史意义，主要体现在两方面：一是借鉴和研究马克思主义发展史、列宁主义形成史及西方各国共产党的经验教训，不仅提出了运用马克思主义于中国革命实际而形成中国共产党"自己的理论"这一历史任务，而且初步确立了马克思主义中国化的基本原则和发展方向，将马克思主义中国化提升到一个新的高度。他虽然还没有使用"马克思主义中国化"这个概念，但已经明确提出马克思主义中国化、形成中国化的马克思主义和党"自己的理论"等问题，可以说奠定了马克思主义中国化的基础。他认为中国共产党要担负起领导中国革命的任务，不能把马克思主义教条化和简单照搬俄国革命经验，必须"以马克思主义列宁主义的精神来定出适合客观情形的策略和组织才行"①。中国共产党进行革命所面临的环境与其他国家的共产党有所

---

① 《蔡和森的十二篇文章》，人民出版社 1980 年版，第 21 页。

不同，欧美各国共产党要领导工人阶级直接推翻资产阶级，建立无产阶级专政而达到共产主义社会，而中国共产党面临着资产阶级民主革命尚未成功，政治独立日渐丧失而完全附属于帝国主义，经济以农业为主导，民族资本主义不能发展而变为帝国主义的市场或原材料供应场，无产阶级尚未十分壮大。因此它不仅负有解放无产阶级的责任，而且负有民族革命的责任。这就要求中国共产党"要估量民族革命中的各阶级势力和社会各阶级对民族革命的趋势如何，然后才能定出我们在民族革命中的策略，有了革命的正确策略才能完成革命责任"①。在"完成革命责任"的过程中，中国共产党还要将马克思列宁主义应用到中国革命实际中，逐步形成党自己的"革命的理论"。二是《中国共产党史的发展》这一报告自觉地运用马克思列宁主义的立场、观点、方法研究中共党史，这部报告实际上也是我们党最早的一部党史著作。蔡和森在报告中从历史的必然过程阐述了中国共产党产生的阶级的、政治的、经济的背景，考察和研究了五四运动以前的历代革命运动，分析中国共产党之所以成为民主革命领导力量的历史必然性。他还注重研究党的路线和政策，全面总结和分析了从中共一大到四大党的政治背景，介绍会议的内容、做出的决议，以及这段时期党的路线和政策的逐步形成过程，详细阐述了中国共产党成立后，马克思主义者同李汉俊为代表的合法马克思主义的斗争、同戴季陶的斗争以及同无政府主义者的斗争，从而说明党的革命理论是在同各种非马克思主义理论的长期斗争过程中形成发展起来的。

1927年3月底，正当大革命与国共第一次合作处在最关键的时期，蔡和森从苏联回到了祖国，4月初来到了当时革命的中心——武汉。蒋介石在上海发动四一二反革命政变之后，革命形势急转直下，各地反动势力纷纷露出狰狞面目，开始镇压革命群众，先后发生了夏斗寅叛变、长沙马日事变、江西朱培德等事件，当时作为各种势力风云际会的武汉，蔡和森开始反思大革命中陈独秀等领导同志的

---

① 《蔡和森的十二篇文章》，人民出版社1980年版，第10页。

路线错误问题。1927 年 4 月 27 日，中共在武昌第一小学礼堂召开了
第五次全国代表大会。当时参加大会的代表约 80 人，代表全国党员
57000 多人。大会由陈独秀主持并代表中央做了关于政治和组织问题
的报告，陈独秀在这次报告中不仅没有对他所领导的中共中央所犯
下的右倾投降主义错误作全面、深刻的检讨，反而继续坚持鲍罗廷
提出的"西北学说"，因而引起了代表们的极大不满。蔡和森和瞿
秋白等人对陈独秀的报告提出了尖锐的批评。蔡和森激烈地反对陈
独秀的右倾投降主义错误，强调指出，我们在广东和南京等地失败
的根本原因是退让，不敢与国民党右派作坚决的斗争。当前的主要
任务应该是毛泽东所提出的立即开展土地革命，大力支持工农运动、
武装工农，向国民党右派主动进攻。另外，蔡和森还着重阐述了如
何正确处理与小资产阶级的关系问题。大会吸收了蔡和森等人的正
确意见，通过了《政治形势与党的任务决议案》、《土地问题决议
案》等。蔡和森在会上当选为中央政治局委员和宣传部长，并代理
中央秘书长的职务。5 月 17 日，驻守宜昌的国民革命军独立十四师
夏斗寅发动叛变，企图趁唐生智和张发奎的主力正在与奉军苦战、
武汉防卫空虚之际，一举推翻武汉国民政府。为应付这一突发事变，
中共中央召开了紧急会议。蔡和森、李立三在这次会议上建议共产
党应该建立发展自己的军事力量，迅速将叶挺所部和中央军事政治
学校全部学员开赴前线，击退叛军，进而攻取湖南作为根据地。同
时，为应付更大的革命危机，必须积极发动广大工农群众，扩大工
农武装，"以暴动对付暴动"。中央接受了蔡和森等人提出的派遣叶
挺所部反击夏斗寅的建议，并且由毛泽东派出了全副武装的农民运
动讲习所学员配合，但拒绝了发动工农建立湖南根据地的正确主张。
到 6 月下旬，党内一批人和共产国际代表由于蔡和森的观点与自己
背道而驰，便攻击他犯了"左派幼稚病"，是要"与国民党"决裂，
再加上 6 月下旬蔡和森严重的哮喘病和胃病复发，陈独秀等人便借
口蔡和森刚从国外回来，"情况不熟悉"，撤销了其代理秘书长的职
务，改由邓中夏担任，在邓中夏未到任前，由张国焘兼任。

大革命时期的蔡和森

　　蔡和森虽然离职养病，但仍然非常关心时局的发展，7月2日，蔡和森病情恶化，不得不住进汉口一家医院。8日，他在《向导》周报上发表了题为《国家统一与革命势力的联合》的文章，严厉驳斥了国民党右派破坏统一战线的反革命言论。这时，大革命失败已经不可逆转，陈独秀无力挽回大局，深感心力交瘁，遂引咎辞职，得到中央批准。一个星期后，汪精卫发动了"七一五反革命政变"，轰轰烈烈的大革命遭受全局失败。鲍罗廷、瞿秋白避居庐山，研究善后对策。对此，出院后的蔡和森心急如焚，一连向中央写了7封信，要求立即采取紧急措施，重新号召土地革命，反对逃跑主义和散伙主义。8月7日，瞿秋白、蔡和森、李维汉和毛泽东等20多人在汉口召开了半天的紧急会议，史称"八七会议"。接替鲁易的共产国际代表罗明那兹参加了会议。会议由瞿秋白主持。蔡和森在会上严厉地批评了党内存在的右倾机会主义错误，同时，为加强对土地革命的领导，他提出选举对农民斗争问题富有经验的毛泽东进入中央政治局，自己回湖南组织秋收暴动。当天晚上，蔡和森正欲与湖南农民运动的著名领导人彭公达乘船回湘，忽然接到新的中央政治局命令让其停止前往。翌日，新的中央政治局决定他以中央特派员的名义赴北方局指导工作。他先到北京，不久迁居天津，这一时期蔡和森针对当时大革命失败后革命转入低潮，党员思想混乱、失败情绪浓厚的问题，写成了《党的机会主义史》的长篇报告，其中肯定了中国共产党领导第一次国内革命战争的伟大功绩，同时对五大以后机会主义在党内政治和组织方面的表现做了详细的分析和论述。

五　精诚贯日月，烈士万千年

　　1928 年 3 月，蔡和森的前妻，中国共产党早期杰出的妇女革命运动家向警予在汉口法租界三德里被捕，五一国际劳动节这天被长沙军阀所杀害。蔡和森闻此消息已经身在莫斯科，准备参加中国共产党在莫斯科召开的第六次全国代表大会，他不胜悲痛，撰文《向警予同志传》以悼念，他在传末写道："伟大的警予，英勇的警予，你没有死，你永远没有死。你不是和森个人的爱人，你是中国无产阶级永远的爱人！"

　　蔡和森在党的六大上继续当选为中央委员，任中央宣传部部长。大革命前后的革命形势问题及中国革命道路问题，成为当时六大争论的焦点，蔡和森在六大前后从中国的国际地位和中国政治经济发展不平衡性出发，较系统地探索了中国革命的有关理论问题。首先，他分析了大革命失败后中国革命的形势，他认为革命高潮的到来需要四个条件，第一有全国普遍性；第二有相当持久性；第三运动发动于大的城市，而非单独爆发于乡村；第四我们在力量和阶级关系上可以对敌人维持优势。而中国当前并没有像有些党内同志说的处于革命高潮时期，同时也不是处在低潮时期，而"现在革命形势既非高潮亦非低潮，而是两高潮之间的中间形势"。① 这种观点写进六大决议，成为当时探索中国革命道路的一个重要成果。它在批判党内当时"左"倾倾向的同时，也给悲观失败论者指明了前途，正确判定了当时革命发展和战略策略制定的科学基点。其次，蔡和森对中国国情进行了认真科学的探析，1922 年 9 月，他首次在《中国国际地位与承认苏维埃俄罗斯》一文中指出，自鸦片战争以来中国已不是独立国而是完全沦为"半殖民地和半封建的中国"②。这个概念后来被普遍使用并沿用至今。蔡和森认为，中国社会经济关系、阶级关系和阶级斗争的发展都是不平衡的。中国土地关系中除了地主经济外，还出现了公司、农场等不同形式的资本主义发展趋势。在这种复杂的经济关系中，一方面，阶级关系的发展是复杂的、不平衡的，需要采取相应的不同路线和政策。乡村雇农和手工业工人是农村无产阶级的主要力量，应使他们联合起来，成为土地革命的基本力量；豪绅和地主都是乡村反动势力的代表，农民反对他们，夺取政权，分配土地，都是土地革命现象；富农在革命中似可维持中立，但在土地革命急剧进行时也有迅速反动的可能。"这就初步分清了土地革命中的主要矛盾以及依靠力量、中间力量和革命对象等基本问题。"再次，初步探索了农民游击斗争和武装割据理论。蔡和森认为，中国社会发展和革命发展的不平衡性决定了农民运动的主要方式是游击斗争，也决定了游击斗争的结果和前途。不仅要组织武装和建立红军，而且要形成割据局面。最后，突出强调当时的主要危险——盲动主义。蔡和森指出："现在摆在大会前的危险主要的是盲动主义。其主要表现是命令暴动、定期暴动、不顾主观力量和缺少准备的暴动，这将给革命带来严重损失和危害。"③ 蔡和森所提出的这一系列符合当时中国国情的理论观点，遭到了当时党内实际上总负责人李立三的批判。而 1928 年 9 月，刘少奇、陈潭秋以顺直省委扩大会议的名义，批评蔡和森"组织上的极端民主化，破坏党的

---

① 《蔡和森的十二篇文章》，人民出版社 1980 年版，第 132 页。

② 同上书，第 10 页。

③ 同上书，第 143 页。

集中制"等，并向中央提出处分要求。向忠发和李立三点名批判蔡
和森，并撤销了蔡和森中央政治局委员和宣传部长的职务。

　　此后不久，蔡和森哮喘病发作，只好暂时离开中央机关工作岗
位，一边养病，一边从事理论著述。在莫斯科养病期间，蔡和森还
参加了关于立三路线的批判讨论，以同志般的热情帮助李立三。
1931 年，蔡和森从苏联回到上海后，中央派他去香港指导中共广东
省委的工作。3 月，蔡和森携带家眷，从上海坐船到了香港。1931
年 6 月 10 日中午，蔡和森冒险去香港海员工会参加一次紧急会议，
在这次会议上，蔡和森被混入会场的叛徒顾顺章认出，当即遭到国
民党特务的逮捕，当时被捕的还有施晃等 5 位同志。蔡和森被捕后，
中共党组织立刻派人进行营救，但他很快被引渡到广州。此后，国
民党当局对蔡和森施用了各种酷刑，企图逼迫他说出组织秘密。蔡
和森大义凛然，横眉冷对敌人，没有吐露半个字。到这年冬天，蔡
和森被敌人残忍杀害，年仅 36 岁。

　　蔡和森所处的时代是社会变革最剧烈，各种思想碰撞最激烈的时代。
中国社会的发展到此时已经走到了旧民主主义革命的终点，时代呼唤着新
的政党和思想来解决中国前途命运的问题。蔡和森在这样一个时代，顺应
历史发展潮流，敏锐和主动地接受和信仰了马克思主义，并在中国革命的
实践之中发展和丰富了马克思主义。第一，蔡和森为中国革命的发展做了
大量的组织活动工作，有力地推动了中国革命的发展，例如他与毛泽东等
人发起组织新民学会，是我国在俄国十月革命以后成立的一个影响较大的
革命团体，也是湖南省反帝反封建的核心组织。他还直接参与了建党的一
些活动，在中国共产党早期担任中央重要负责人，参与了一些重大决策，
提出了一些重要的党的工作方针、政策，直接影响了中国革命的发展；第
二，蔡和森是中国共产党早期的重要理论家和宣传家，他的一些理论和观
点，对中国革命的发展具有重要指导意义。尽管蔡和森没有直接参加党的

一大，但对中国共产党的成立有着重要历史贡献，他也是中国共产党内第一位提出按照列宁建党原则组建中国无产阶级政党的领导人，他与毛泽东、陈独秀等人的互通书信，也直接影响了他们的建党思想，他还提出了一系列有关建党的理论、路线、方针和党的组织原则。同时，蔡和森还以其深厚的理论功底，最早用马克思主义的立场、观点和方法论述人类社会发展的历史趋势，以及关于党的革命斗争和政治发展的历史总结，为中共的党史研究奠定了最早的基础；第三，蔡和森是中国共产党提出将马克思主义中国化的第一人，还提出中国无产阶级政党的建设、发展以及革命斗争要借鉴和研究马克思主义发展史、列宁主义形成史及西方各国共产党的经验教训，初步确立了马克思主义中国化的基本原则和发展方向，推动了中国革命正确道路的探索和发展。蔡和森虽然在 36 岁之时便离开了人世，但他以自己宝贵的青春和生命，谱写了中国革命史上最壮丽的篇章。

李达　中国早期马克思主义理论的集大成者

　　李达是中国共产党的主要创始人之一，也是中国早期伟大的马克思主义理论家。他将马克思主义的研究和宣传作为自己一辈子的事业，出版了中国人写的第一本马克思主义哲学教科书，卓有成效地促进了马克思主义在中国的传播，新中国成立后致力于毛泽东思想的研究和宣传，为推进马克思主义中国化做出了重大贡献。

　　李达是中国共产党创始人之一，将马克思列宁主义的宣传和研究作为自己一辈子的志业。他出版了中国人写的第一本马克思主义哲学教科书，是中国现代著名的马克思主义理论家。

一　早年求学与对马克思主义的初步接受

李达（1890—1966），字永锡，号鹤鸣，湖南零陵县人。李达祖父李光亮，只有几亩薄田，以此为生，养育着两儿两女。为了摆脱贫困的命运，李光亮让次子即李达的父亲李辅仁读了几年书。李辅仁则教过蒙馆，还当过学徒，做过一些小生意，但依旧无法摆脱贫困的命运，最后还是回到家乡种地主的田。李达的母亲胡氏，是一个典型的农村妇女，每天忙活着家务，但无法供养几个孩子读书。只有李达例外，他天资聪慧，勤奋好学，父母非常喜欢他，所以独享着读书的待遇。

1895 年，只有 5 岁的李达即跟随着父亲学字，读《三字经》、《百家姓》。7 岁的时候跟随胡燮卿读书，胡是前清秀才，在当时的零陵算是一个大学问家，见到李达如此聪明好学，非常喜欢。胡先生不管是到哪里教书，都带着李达在自己身边跟读。当时的李达进步很大，他读过的书都写着密密麻麻的注解和眉批。不仅背诵老师指定的课文，还大量地阅读了《三国演义》、《水浒》等古典文学作品。他还特别喜欢数学和自然科学知识，并且非常勤奋好学，碰到不懂的问题，不睡觉不吃饭，也要最终弄懂为止。

1905 年，废除科举，永州府在当地书院的基础上倡办永州中学。当时年满 15 岁的李达以优异的成绩考上了这所中学，并且获得公费学习的待遇。永州中学是零陵、新田等 8 县的最高学府。当时考上永州中学的李达在考生中年纪最小，个子最矮，大家都围过来端详着这位乡下来的少年。入中学的李达仍然刻苦，连寒、暑假都不休息。从第二学期开始，他的各科成绩在班上都是名列前茅。1909 年，李达中学毕业，当时除师范学校之外，其他学校都需要自费，所以他只有选择高等师范这条路。他打听到京师优级师范学堂招收新生，他父亲想方设法筹集到一笔路费，让他到北京去报考这所学校。李达第一次离开家乡，一路上经过武汉、上海、天津等大城市，目睹了这些城市中帝国主义的侵略行为。李达抱着求知的目的考入了京师优级师范学堂。但是，他只在这所学堂学习了两年便感到了学政的腐败。李达认为中国的贫困和落后，国民文化水平低下，只有发展教育，普及科学文化知识，才能够唤起人们的觉悟，实现国富民强，遂萌生了教育救国的理想。

　　1911年，辛亥革命爆发，李达为之振奋。但不久后，袁世凯窃取了辛亥革命果实，北洋军阀取代清王朝。李达对此感到非常失望，于是返回故里。回到家乡的李达开始到中学教书，半年后他转入湖南工业专门学校，两月后，转入湖南优级师范。李达受孙中山实业思想的影响，决定一改其教育救国的理想，开始了实业救国。他参加统考到日本留学。1913年，李达以优异的成绩考取了湖南留日官费生，试图借助这个机会以发挥他的聪明才智，实现他"实业救国"的理想。到日本后，第一年他学会了日文，后来又学习了德文和英文。但因为过于勤奋，导致身体变坏，染上了肺病。这种情况下，他不得不辍学回国。回到国内，他在家乡与一位中医师合伙开办了博记药店，一边从事药剂师，一边养病。这个药铺开了3年，他的肺病总算养好。1917年春，李达第二次到东京，考入日本第一高等学校，学习理科。李达原本认为只要学习理工科，就能够达到救国的目的，但是后来慢慢地认识到，首先需要民族的独立，主权的完整才谈得上国家的富强。

　　正当李达困闷的时候，俄国发生了十月社会主义革命，给李达带来了希望。在东京，李达从报纸上看到十月革命爆发的消息，此后他不顾资料的缺乏和日本当局的反对，开始学习和研究马克思主义的理论，积极地投身到中国留日学生的反帝反封建的革命斗争中去。他放弃理科的学习，专门攻读马克思列宁主义。此时李达疯狂地阅读《共产党宣言》、《资本论》第一卷、《〈政治经济学批判〉序言》、《国家与革命》等马列著作，以及那些介绍马克思主义的唯物史观学说、剩余价值学说和阶级斗争学说的书刊。虽然此时的李达对马克思主义的理解还属肤浅，但是他的目的很明确，希望能够从马克思主义中找到救国之路。经过刻苦学习，五四运动后的李达成为了一个马克思主义的宣传者和信仰者。

　　五四运动以后，国内掀起了马克思主义宣传运动，李达在日本积极为国内报刊撰稿。在 1919 年 6 月 18、19 日，李达第一次在上海《民国日报》副刊《觉悟》上发表《什么叫社会主义?》和《社会主义的目的》两篇文章。这两篇文章都是宣传科学社会主义。他的第一篇文章初步说明了社会主义的原理，回答了社会主义是什么的问题，同时还阐明了社会主义与共产主义的区别和联系，明确划分了社会主义与无政府主义的界限。他指出社会主义是共产主义的低级阶段，两者的纲领和政策不能相提并论。而社会主义与无政府主义根本不同，无政府主义不承认有国家组织，社会主义虽然也不承认资本主义这样的国家，但要组织的社会主义国家则与无政府主义的政府组织不一样。李达在文章中还嘲笑了那些假社会主义，指出社会主义、共产主义、无政府主义都有自己的主张，不能笼统地将社会主义当作共产主义，也不能将无政府主义当作社会主义。这是李达对假社会主义最早的批判。在第二篇文章中，李达论证了社会主义的历史必然性，阐明社会主义的目的是要改变 19 世纪的文明的弊端，消灭资本主义。指出社会主义的核心是要解决经济上的不平等，消灭经济上的剥削，消灭政治上的压迫。只有达到这两者才算实现了真正的社会主义。这两篇文章在当时的环境下，起到了分清真假社会主义的作用。

李达在宣传马克思主义上用力颇多，他还以《战前欧洲社会党运动的情况》作为标题，在上海《民国日报》副刊《觉悟》上连续发表了9篇文章，向国内介绍欧洲社会主义政党的情况。李达还翻译了国外的3部介绍马克思主义的书籍，包括《唯物史观解说》、《马克思经济学说》、《社会问题总览》。这些书都于1921年由中华书局出版，其中《社会问题总览》一书介绍了科学社会主义的理论和各国社会党的实践，还谈到了社会政策、工会问题、妇女问题。这本书分为3册，共有400多页，约21万字。《马克思经济学说》则介绍了剩余价值原理，这本书多次再版，被李大钊创办的马克思学说研究会视为重要学习文献。《唯物史观解说》主要是宣传唯物史观，书中附有《马克思唯物史观要旨》、《译者附言》，李达说明了著译者的目的，称"这部书是荷兰人郭泰为荷兰劳动者作的，解释唯物史观的要旨，说明社会主义必然发生的根源，词义浅显，解释周到"，"凡是要研究社会主义的人"，"至少非把这书读两遍不可"。[①] 在《马克思唯物史观要旨》这篇附录中，李达对唯物史观的产生及重大意义做了简要的说明，特别翻译了马克思和恩格斯对唯物史观的论述。这些对于我国先进分子直接从马克思主义创始者那里学习、掌握唯物史观的基本原理很有作用。这3部译著的出版对马克思主义在中国的传播起到了重要作用。

二　马克思主义信仰的坚定

1920年暑假，李达从日本回国，开始积极投入反对基尔特社会主义的斗争之中。李达对于张东荪等一些人的基尔特社会主义进行

---

① 郭泰：《唯物史观解说·译者附言》，中华书局1921年版。

了强有力的批评。他撰写了《张东荪现原形》一文，认为张东荪有一种人所不及的特长，就是前言不顾后语，自己反对自己。他称张东荪原来是一个假社会主义者，自己将假面具揭破了，现出了原形。不久后，李达又翻译了《共产党宣言》和《哥达纲领批判》等两部著作，对社会主义的真义做了明确的解释，指出社会主义应该推倒资本主义，废止财产私有，要将一切工厂、一切机器、一切原料都归于劳动者手中管理，实行"各尽所能，按劳分配"的原则。李达还驳斥了张东荪等"走狗学者"的假社会主义，指出社会革命、社会主义革命的呼声在中国大陆一天一天地高涨，许多的走狗学者也讲起社会主义了，他们只是口头讲，内心未必赞成，只是胡乱地讲，内心未必尊重。李达还驳斥中国无地主资本家、没有阶级区别、不能提倡社会革命等谬论，称中国不仅有国际资产阶级，而且有本国的资产阶级，他们对中国无产阶级进行了最残酷的剥削和压迫。指出只有社会主义才能解决社会问题，只有社会主义才能使劳动者不饿死不冻死，不受资本家压迫。

在遭到梁启超、张东荪等人的驳斥后，李达于1921年发表了一篇《讨论社会主义并质梁任公》的长文。这篇文章是讨伐假社会主义中最有分量的。李达在文章中指出，这次社会主义问题论战的实质是同情于资本家与同情于劳动者两派之间的斗争，是社会主义与反社会主义两方面的斗争。李达在文中对假社会主义的反动理论进行了系统、全面的批判。

首先，他批判了"马克思主义不适合中国的国情"、"中国无劳动阶级"、不能提倡社会主义的谬论。梁启超认为马克思主义不适合中国的国情，中国与欧美不同，中国实业不够发达，产品贫乏，无法均产，中国没有无劳动阶级，目前最为迫切的就是要如何使中国多数的人民变为劳动者。于此，梁启超认为社会主义在中国行不通。李达对这种谬论称：中国工业的发达虽不如欧美、日本，但中国无产阶级所受的悲惨，比欧、美、日本无产阶级更为惨痛。中国是劳动力过剩，不能说没有劳动阶级。所以，社会主义运动的根本原则不能因为中国现实社会与欧美略有不同而改变，它也是适合中国国情的。其次，他痛斥中国唯一的出路是奖励资本家开发实业，走资本主义道路的谬论。李达指出，社会主义者并不反对开发实业，只是用什么方法去开发实业，什么才是中国的真正出路。他将社会主义制度的本质与资本主义制度的本质做了分析和对比，指出世界朝社会主义方向发展的历史趋势和将中国引向社会主义道路的重要性。李达论证了社会主义是中国的唯一出路，并认为要在中国发展资本主义恐怕不行。再次，李达在文章中还揭露所谓的"矫正资本家"、"务取劳资协调"的阴谋。李达指出社会主义运动是要完全地撤废自由竞争和私有财产这个现实社会中的万恶的根源，改良主义的社会政策则只是略微缓和社会问题，并没有根本解决社会问题。要想让资本家能够善待劳动者，则只能使劳动者呻吟于资本家的掠夺支配之下，资本家是决不能靠空话劝诱就能觉悟的。他们款待劳动者，无非是想减轻罢工的损失，能够安稳地扩张自己的资本势力，使劳动者安于现状而不思反抗。他揭露出梁启超打着"矫正资本家"的幌子麻痹工人阶级的阴谋。最后，李达在文章中捍卫马克思主义关于社会革命的原理。李达对社会革命的含义、根源、目的以及社会主义运动的内容及手段都进行了详细的说明。指出：马克思所说的社会革命，就是要使社会的组织完全解体。即要破坏和消除旧的经济基础和上层建筑，建立和发展新的经济基础和上层建筑，实现由一种新的更高级的社会形态代替另一种社会形态的变革。他指出：社会革命就是为实现社会主义而进行的革命。李达还进一步分析了社会主义运动的内容和社会革命的目的。指出：社会主义运动，就是用种种手段方法实现社会主义社会。社会革命的目的即在推倒有阶级有特权的旧社会，组织无阶级无特权的新社会，推翻资本主义，最终实现共产主义。李达还着重论述了实行社会革命的根本手段，指出：要达到社会革命的目的，就是厉行非妥协的阶级斗争。他还在文章中谈到中国共产主义者务必做到："一、网罗全部劳动者、失业劳动者，组织社会主义的工会，为作战之训练。二、培养管理支配生产机关的人才。三、结合共产主义信仰者，组织巩固之团体，无论受国际的或国内的恶势力的压迫，始终为支持共产主义而战。

四、社会党人不与现政党妥协，不在现制度下为政治活动，要行有效的宣传为具体的准备。"① 这次论争划清了真假社会主义的界限，捍卫了社会主义真理。

不仅批判基尔特社会主义，李达还对无政府主义展开了批判。无政府主义是打着共产主义的招牌，同马克思主义作对的一种小资产阶级思潮。五四运动以前，无政府主义在当时的各种"社会主义"思潮中占据优势。李达则在《共产党》月刊上对无政府主义进行了批判。特别是 1920 年 5 月和 12 月李达发表了《无政府主义的解剖》和《社会革命底商榷》两篇文章，驳斥了无政府主义的荒谬主张。首先，李达批驳了"一切国家都是祸害"的谬论，论述无产阶级专政的必要性和重要性。李达在文中阐述了马克思主义的国家观，援引了马克思、恩格斯的观点，指出国家是阶级支配的一个机关，是一阶级压迫他阶级的机关。李达批驳"一切国家都是祸害"的谬论，指出两种性质根本不同的国家，他称资产阶级的国家是特权阶级的国家，但无产阶级的国家则不是特权阶级的国家，这从理论上驳倒了无政府主义的国家观。李达还对无产阶级专政的重要性和必要性作了论述。他称无产阶级要取得革命的胜利，必须打碎资产阶级的国家机器。其次，李达还揭露所谓"绝对自由"的欺骗性，剖析无政府主义的反动世界观。指出：无政府主义是空中楼阁，不要中央集权也属于空想。绝对的自由和绝对的平等是没有的，那些个人的绝对自由和社会的绝对平等也是有利于资产阶级而不利于无产阶级的幻想。最后，李达还批判了生产管理上的分散主义和分配上的绝对平均主义。李达认为共产主义的生产组织是集中的，无政府主义的生产组织是分散的，共产主义的原则主张把一切农业工业的生产机关，都移归中央管理，有时因生产机关的种类不同，或移归地方管理。无政府主义的原则却不然，主张破坏中央的权力，要将一切生产机关，委诸自由人的自由联合管理。无政府生产组织最大的缺点就是不能使生产力保持均平，生产处于无政府状态。要克服无政

① 《李达文集》（第 1 卷），人民出版社 1980 年版，第 72 页。

府主义的缺点，就必须要依赖中央的权力。在分配原则上，李达也批判了无政府主义者不顾社会发展和生产水平而主张实行各尽所能，各取所需，阐明社会主义阶段还只能实行按劳分配的原则。反对无政府主义的斗争持续了一年多，经过李达等早期共产党人的持续有力的批判，中国的无政府主义者的思想理论武装很快就被解除了，从而划清了马克思主义与无政府主义之间的界限。

此时的李达还批判了第二国际的修正主义，他在《共产党》创刊号上发表《第三国际党（即国际共产党）大会的缘起》的文章，谴责第二国际搞的不是社会主义，而是和资本家妥协的改良主义、议会主义。李达还在 1921 年《新青年》第 8 卷第 5 号上发表《马克思还原》，进一步阐明马克思主义的原则，揭露修正主义对马克思主义的背叛。李达将马克思的社会主义定义为科学社会主义，当作无产阶级的完备的思想理论体系。李达还在《新青年》第 9 卷第 2 号上发表《马克思派社会主义》的文章，逐个批判了考茨基的"正统派社会主义"、伯恩施坦的"修正主义"，以及工团主义、组合社会主义等，阐明了科学社会主义的一系列问题。李达还批判了第四国际的"左"倾思潮，批判了第四国际的错误理论和路线。他在《评第四国际》一文中，批判了否定党的领导的谬论，论述坚持无产阶级政党领导的必要性和重要性；批判拒绝利用合法斗争否定工农联盟等错误主张，阐明共产党对农民和资产阶级的正确决策。他还阐明了党的领导的作用，阐明无产阶级对资产阶级和农民的基本态度，有助于年轻的中国共产党制定正确的路线方针政策。

三　共产党"一大"的组织者和筹备者

1920 年初，李大钊、陈独秀等人开始探讨中国共产党的成立问题。当时李达一直主持着党的发起组的工作。党的发起组成立后，便积极开展工人运动，深入地宣传马克思主义，并取得了显著成绩。为了宣传党的主张，《新青年》也从第 8 卷第 1 号开始，改为党在上海的机关刊物。李达参加了《新青年》的编辑工作，并且经常为《新青年》写稿。为了能够更好地宣传党的主张，统一党内的思想，1920 年 11 月，党在上海发起组织创办党内机关报《共产党》月刊，由李达负责主编。这是党在创建之际宣传马克思主义、进行党的知识教育的一个重要的理论刊物。这个刊物旗帜鲜明地宣扬了中国共产党的主张。根据党的实际工作需要，《共产党》着重宣传列宁的建党理论和学说，以及共产党的一些基本知识，介绍了俄国共产党和国际共产主义运动中的某些建党的经验。

李达是中国共产党"一大"的筹备人和组织者。1921 年 6 月，共产国际的代表马林和赤色职工国际代表尼可尔斯基来到中国。他们在上海最先与李达、李汉俊等晤谈。李达报告了上海及其他地方的党的组织工作的情况。共产国际的代表认为中国共产党的建党基础和时机已经成熟，并建议迅速召开全国性的党的代表大会，以宣告中国共产党的成立。根据共产国际的建议，李达分别与广州的陈独秀和北京的李大钊等人进行了商量，确定在上海召开中国共产党第一次全国代表大会。李达由此担负了党的一些筹备工作。李达作为发起成员，写信通知北京、武汉、长沙、济南等地以及留学生的共产主义小组，要他们各派两名代表以出席在上海举行的第一次全国代表大会。李达作为上海的代表参加了"一大"。大会期间，李达还起草文件，负责处理大会事务。

中国共产党成立后，李达任中央宣传主任，他负责党的宣传教育工作，并取得了不少成就。他主持建立了中国共产党的第一个出版机构——人民出版社。李达在《新青年》第 9 卷第 5 期上发表《人民出版社通告》，"通告"中列出"马克思全书"15 种，其中有《马克思传》、《工钱劳动与资本》、《价值价格与利润》、《哥达纲领批判》、《共产党宣言》、《法兰西内乱》、《资本论入门》、《剩余价值论》、《经济学批判》、《革命与反革命》、《自由贸易论》、《神圣家族》、《哲学之贫困》、《犹太人问题》、《历史法学派之哲学的宣言》，"列宁全书"14 种，如《列宁传》、《国家与革命》等。另还打算出"康民尼斯特（共产主义）丛书"11 种，其他理论性书籍 9 种。李达还主办了上海平民女校，平民女校分为高级班、初级班。李达还在《劳动者与社会主义》、《劳工神圣颂》、《五一运动》等文章中，热情地歌颂了劳动者用劳动创造世界的宏伟大业。他在《先驱》上，用笔名发表了《俄国的新经济政策》的文章，从"俄国共产党执政时代预定的政策与现在政策之比较"、"俄国新经济政策实行之马克思主义的基础"、"俄国新经济政策实行以后的利害"等三个方面，系统阐述新经济政策是苏联共产党根据马克思主义原理结合本国实际制定的政策，认为"即令自由贸易而发生私人的资本主义"，也不会危及苏维埃政府的存在。他有力地驳斥了共产主义敌人对苏俄的诬蔑和攻击。李达不愧是马克思主义传播的先驱，建党之初著名的理论家、宣传家。

1922年7月，李达出席了党在上海召开的第二次全国代表大会。11月，李达应毛泽东的邀请，前往长沙担任湖南自修大学校长。针对当时湖南江亢虎的社会党，李达撰写了《社会主义与江亢虎》一文，在长沙《大公报》上连载。李达认为，江亢虎号称社会主义研究大家，但对于社会主义还没有多大的研究，而且江亢虎虽然到过俄国，但对于俄国的社会革命也没有丝毫的了解。李达认为江亢虎不懂社会主义，但还要借社会主义来欺骗社会，导致谬种流传；江亢虎也根本不了解俄国社会，却要处处引用资本家诽谤老农的话来宣传，以添加自己能够接近军阀官僚的资本。李达最后指出，江亢虎所提倡的社会主义并不是真正的社会主义，只是温情主义。他所主张的"社会主义"，实际上是"官僚的社会主义"、"走狗的社会主义"，由此戳穿了江亢虎社会主义的假面具。

李达在批判江亢虎假社会主义的同时，进一步宣传了马克思的科学社会主义原理。李达阐述了科学社会主义的理论依据，着重提出马克思所提倡的社会主义，首先是有着唯物史观学说，以此说明社会革命的发生和经过；再是剩余价值学说，以说明资本主义的发展及崩溃；最后是阶级斗争学说，以此说明无产阶级推翻资本主义政权的手段和方法。同时他还阐明了社会革命的含义与进行社会革命的步骤。

　　毛泽东与李达等人在长沙以自修大学的名义，创办《新时代》月刊，李达担任主编。1923 年 4 月《新时代》正式发行，《发刊词》称："本刊与普通校刊不同，普通校刊兼收并列，是文学的杂货店，本刊却是有一定主张和一定宗旨的。同人自信都有独立自强的精神，都有艰苦不屈的志气，只因痛感社会制度的不良和教育机关的不备，才集合起来，组织这个学问上的'亡命之帮'努力研究致用的学术，实行社会改造的准备。……本刊出世的使命实在非常重要。将来，国家如何改造，政治如何澄清，帝国主义如何打倒，武人政治如何推翻，教育制度如何改革，文学艺术及其他学问如何革命，如何建设等问题，本刊必有一种根本的研究和具体的主张贡献出来，目的借此引起许多志同道合的人们从事这种社会改造的事业和研究。"①这就是《新时代》的宗旨，希望能够以社会改造作为自己的目标。

　　1923 年 4 月到 7 月间，《新时代》共出版 4 期，每期的发行量都是 2000 份。李达在《新时代》上发表有《何谓帝国主义》、《为收回旅大运动敬告国人》、《德国劳动党纲领栏外批评》、《马克思学说与中国》、《中国工商阶级应有之觉悟》、《旧国会不死大盗不止》等，这些文章着重宣传了党的民主革命纲领，宣传了党的革命统一战线。李达在《何谓帝国主义》一文中，用大量的事实揭露了帝国主义侵略中国的罪行和支持中国军阀的丑恶嘴脸。他在《马克思学说与中国》一文中，驳斥了胡适等人散布的马克思主义不适合于中国的谬论，希望能够将马克思主义与中国实际相结合，由此研究中国如何应用马克思学说改造社会的问题。此外，他还在文章中，针对张国焘的"左"倾观点和陈独秀的右倾观点，阐明了自己对国共合作的看法和主张。

　　李达虽然参与了中国共产党的建立，做出了巨大的贡献，但是在 1923 年，他退出了中国共产党。李达在谈到他自己离开党的原因时，指出那个时候党内有很多人比较注重实践，都是马克思主义的实践家，而自己却被安上了研究系的头衔。那个时候他认为应该专

---

　　①　《发刊词》，《新时代》（创刊号）1923 年 4 月 15 日。

心地研究马克思主义，而对革命采取了消极的态度，希望从事于理论的研究和传播。所以，他在脱党后，就开始专任大学教授，过起了书斋生活。

四　马克思主义研究成就卓越

此后的李达并没有放弃对马克思主义的研究和宣传，也没有放弃对马克思主义的信仰。1923 年 11 月，自修大学被军阀赵恒惕强令解散，他即到湖南法政专门学校担任学监兼教授。后来，这个学校改为湖南大学法科，李达继续担任教授。当时的李达即是著名的马克思主义学者了，许多青年人慕名而来。李达每次讲课都能够力求联系社会实际，并事先编写讲义，他将唯物史观题为《社会学》，后来他将这部讲义称作《新社会学》，1926 年由湖南现代丛书社正式出版，定名《现代社会学》。这是李达在多年的教学与研究的基础上，用文言文写的一部关于马克思主义的哲学性著作。李达的这部著作总共有 18 章，约 17 万字，前面的 13 章论述历史唯物主义，他以唯物史观学说作为根据，将社会发展和变革的最后决定力量视为生产力，将生产力与生产关系的基本矛盾当作社会构成的基础，以此出发，论述社会的起源、发展、变革，以及社会意识、阶级与国家、空想社会主义与科学社会主义，从而指明中国的社会性质、革命对象、革命领导权和革命前途等内容。在阐述唯物史观后，他还用 5 章的篇幅，系统地讲述了科学社会主义的基本内容。《现代社会学》在我国实际上开了研究唯物史观和科学社会主义的先河。

在大革命期间，虽然李达脱离了党组织，但还是积极参加党领导下的革命活动。1926 年北伐军攻克武汉后，李达受邓演达的邀请，到武汉主持中央军事政治学校的招生，担任政治教官，兼国民革命军政治部编审委员会主席。1926 年底，中央军事政治学校政治科由广州迁至武汉，李达负责讲授和编写社会科学概论。1927 年，李达被聘为农民问题讨论委员会常务委员。期间，李达还受毛泽东的嘱托做过唐生智的统战工作。党组织在湖南还创办了省党校，李达担任教育长，主持教务。"马日事变"后，李达和家人雇了一艘木船，匆匆离开长沙，半个月后，才秘密回到家乡零陵。

李达在家乡住了4个月，由于国民党反动派加紧搜捕，他不得不离开家乡，再次潜回长沙，后得到李汉俊的信件，要他到武昌中山大学任教，于是，他即乘船离开湖南前往武汉，受聘于武昌中山大学，即今天的武汉大学。此时的武汉处在国民党白色恐怖之下。1927年11月中旬，李达为逃离国民党的追捕，与家人前往上海，一直居住到1932年夏。李达虽然脱离了中国共产党，但与大多数的共产党人一样，始终坚持着马克思主义理想。1928年冬，李达与友人在上海创办了昆仑书店，出版了不少革命书籍。1930年，在国内首次出版马克思的《资本论》（第一卷第一分册）、《政治经济学批判》和恩格斯的《反杜林论》等。1932年，李达创办了笔耕堂书店，在国民党反对革命文化实行反革命文化的条件下，仍然编辑、出版了不少马克思主义的著作。

在上海期间，李达依旧从事革命的学术研究活动，翻译和撰写了不少有价值的理论著作。他翻译有穗积重远的《法理学大纲》、山川菊荣的《妇女问题与妇女运动》、塔尔海玛的《现代世界观》、杉山荣的《社会科学概论》、河上肇的《马克思主义经济学基础理论》等著作，译书的态度非常严谨，他尽量确保译文准确无误。比如他在翻译《现代世界观》的时候，最初是根据两种日文译本着手翻译，后来又对照了德文本重新校正。李达译书的目的非常明确，就是为了宣传马克思主义，推进中国革命的相关理论研究和研究事业的发展。这些书籍的翻译，为学习马克思主义的人提供很好的教材。

除了翻译书籍外，李达还发表了《中国产业革命概观》、《社会之基础知识》、《民族问题》3部专著。《中国产业革命概观》一书探讨了中国的社会改造问题。李达指出，要知道现代中国社会究竟是怎样的社会，只有从经济里面去探求。该书大量引用了马克思主义的观点，科学地分析了半殖民地半封建社会中国的经济状况和发展趋势。认为在帝国主义侵略不被打破的情况下，要发展中国的产业是没有可能的。这本书高度评价了中国所开展的工人运动和农民运动，指出，中国工人运动蓬勃地发展，工人在各处开展同盟罢工，充分表明中国工人阶级已成为中国革命的急先锋，已经成为反抗资本主义的战士。而农民运动，也已经成为反对帝国主义和封建势力的主要力量，表现出为革命而奋斗，为自己求出路。

《社会之基础知识》一书是李达分析中国社会革命问题的重要著作。李达在书中阐述了马克思主义关于社会发展的一般原理，揭示了现代资本主义和帝国主义的基本特征，并阐述了被压迫民族和被压迫阶级建立联合战线的可能性与必要性，指出被压迫民族和被压迫阶级两者共同的革命对象是帝国主义，两者都是反对帝国主义的。同时对中国社会的性质、革命的性质和前途进行分析。李达认为中国既是半殖民地的社会，也是半封建的社会。中国革命，要打倒帝国主义，也要铲除封建主义。前者属于民族革命的性质，后者属于民主革命的性质，最后必然达到社会革命，达到社会的进化。

《民族问题》一书概述了马克思列宁主义关于民族问题的基本原理。李达指出，要想了解世界和中国革命的理论和策略，就必须研究民族问题。他分析了民族问题产生发展的历史过程以及帝国主义时代的民族问题，进而论述了被压迫民族的革命与被压迫阶级的革命的关系，认为殖民地半殖民地的民族革命是无产阶级世界革命的一部分。这3部著作，运用马克思主义的基本原理，从不同的角度出发探求了中国的社会性质、革命性质、革命前途以及中国革命与世界革命的关系，很好地回答了1927年大革命失败后中国向何处去的问题。

后来李达到北平从事教学活动，仍然在研究和宣传马克思主义。在北平期间，李达深入地研究了马克思主义哲学、政治经济学、历史学和货币学，并且翻译和撰写了很多有价值的理论著作，取得了不少成就。在马克思主义哲学方面，李达撰写了《社会学大纲》的著作和《辩证逻辑与形式逻辑》等论文，还与人合译了《辩证法唯物论教程》；在经济学方面，李达撰写了《经济学大纲》、《货币学概论》两本著作，并撰写了《中国现代经济史之序幕》、《中国现代

经济史概观》等文章，还与人合译《政治经济学教程》；在历史学
方面，他编写了一部长达近千页的《社会进化史》。这些著作、译著
在学界发生了积极的影响，特别是《社会学大纲》、《经济学大纲》、
《辩证法唯物论教程》、《政治经济学教程》，其影响很大。

　　《社会学大纲》总共40余万字，系统地阐述了辩证唯物主义与
历史唯物主义的基本原理。全书分为5篇，唯物辩证法占有1篇，
历史唯物论占4篇，但唯物辩证法占有全书一半的分量，写了4章。
第一章，详尽地考察了唯物辩证法产生之前的历史，以及发生、发
展的历史过程，表明唯物辩证法是人类全部知识的总计、总和与结
论。第二章，论述辩证唯物论的一般性特征、唯物辩证法的对象，
世界的发展与世界知识史的概观，阐明辩证法、认识论与伦理学是
同一科学。第三章，全面论述马克思主义的辩证法。第四章，论述
以实践为基础的马克思主义认识论，分析人类认识的辩证过程。《社
会学大纲》出版后，他立即将此书寄给毛泽东，毛泽东对此有很高
的评价，并详细做了眉批。《社会学大纲》的流传相当广泛，以至在
解放区、国统区都有《社会学大纲》的影响。《社会学大纲》被认
为是李达在30年代研究马克思主义哲学的最重要的理论成果，是他
成为著名马克思主义哲学家的标志性著作。

　　《经济学大纲》全书有700多页，同样是一部重量级著作，是李
达在30年代从事马克思主义政治经济学研究的标志性成果。李达不
是为了研究经济学而研究经济学，而是为了促进中国经济的发展才
去研究经济学，这与中国许多的经济学家不同。以往的经济学家很
多都是对资本主义经济进行研究，或者是将资本主义经济与社会主
义经济并列到一起进行研究，他们都没有关注到中国经济的具体情
况。李达指出："我们研究经济学，能够只知道注意于世界经济，反
而忽视了中国的经济么？我们能够说中国现代的经济，和欧美各资
本主义国家的经济一样，认为没有研究的必要么？这种谬误，在稍
有现代的常识的人们都是知道的"。他主张广义经济学，除了研究历

史上各种依序发展的经济形态以外，还必须研究中国经济。① 他希望
通过这样的研究，能够理解经济进化的一般原理在中国经济状况中
具体的呈现姿态，具体的特征，以获取具体的经济理论，了解中国
经济的来龙去脉。李达的这本书出版以后，立即送到延安请毛泽东
审阅。这本书也很快地在国民党统治区流传开来，不少从事经济学
研究的青年学者都受到这本书的影响，逐步地摆脱了资产阶级经济
学的影响，开始接触马克思主义政治经济学的一些原理。《社会学大
纲》与《经济学大纲》的出版，标志着李达在研究马克思主义哲学
和政治经济学上取得的卓越成就。

五　马克思主义教学的实践

8 年抗战，李达的人生也处于颠沛之中。不过依旧在为马克思主
义宣传做出努力，1939 年 4 月，重庆的进步工作者创办了《理论与
现实》这一大型学术刊物，李达担任编辑委员。在该刊第 1 卷第 2
期上，李达发表了《形式逻辑扬弃问题》的长篇文章，提倡理论的
现实化和学术的中国化。抗战后，李达到湖南大学任教，于 1948 年
1、2 月，先后出版《先资本主义的社会经济形态》、《新社会学大
纲》两本受到读者广泛欢迎的专著。其间还出版了《法理学大纲》，
这部书于 1947 年脱稿，由湖南大学分上、下两册石印，作为法律系
的教材。现在能够找到的只有残存的上册，其中李达论述了法理学
的一些基本问题，比如法理学与世界观及社会观，法理学的对象、
任务与范围，法理学的研究方法，等等。其中还论述了法律与国家
的关系，法律的本质与现象，内容与形式，对西方各个法学流派，
他也用相当的篇幅进行了介绍和批判。《法理学大纲》被认为是一部
优秀的法学著作。从这本著作中，能够看出李达利用马克思主义的
观点开辟了研究法学的新路子。

---

① 李达：《经济学大纲》，国立北平大学法商学院 1936 年版，第 27—30 页。

新中国成立之初，李达参加了新政协的筹备工作，并出席了中国人民政治协商会议第一届全体会议，当选为委员，1949 年 12 月，由刘少奇介绍，毛泽东等人作为证明人，党中央批准李达为中共正式党员，重新加入中国共产党。此后李达一直献身于教育事业，先后担任了中国政法大学副校长、湖南大学校长、武汉大学校长等，并兼任中国科学院中南分院副院长、武汉分院院长；被推选为中国科学院哲学社会科学学部委员、常委。

1949 年 12 月，李达被任命为湖南大学校长。李达到湖南大学后，首先，他紧紧地抓住思想改造这一个中心环节，对全校师生进行思想教育。密切地配合湖大的党组织，进行思想政治工作。李达在全校成立了政治课委员会，号召全校的师生员工学习共同纲领，以及社会发展史、时事政策、中共党史、毛泽东选集等。李达亲自上课，并且主编了《社会发展史讲义》，这对全校的政治理论学习和时事政策学习起到了很大的推动作用。李达在总结新中国成立后 3 年在湖南大学的工作经验称："我有一点感想，就是从一个旧型大学转变到新型的人民大学，首先要解决的就是新旧矛盾问题，这是一个主要矛盾。要解决这个主要矛盾，其方法就是思想改造，我们抓住了这个中心环节。从大体的方向说来，这是没有错误的。现在的事实也证明了。"①

1953 年初，中央人民政府任命李达为武汉大学校长。此后他在武汉大学工作了 13 年，一直到去世。李达到武汉大学后，狠抓马克思主义的教育，他认为，要办好高等教育，必须要有马列主义作为思想武器。只有师生员工提高了马列主义理论水平，才有分辨是非的能力，才能够将学校办好。李达到武大后，亲自组建了马列主义教研室并兼任主任，加紧培养马列主义理论师资。在 1953 年暑假，他还率领马列主义教研室的中青年教师到庐山备课，亲自审阅教师们撰写的教学大纲，指导马列主义基础课程的改革。后来，李达还创办了马列主义夜校，组织教师系统学习马列主义、毛泽东思想。

---

① 《在欢送会上李校长的讲话》，《人民湖大》1953 年 1 月 28 日。

为了能够掀起理论学习的高潮，1959 年 2 月，学校组织成立了以李达为首的马列主义政治理论教育委员会，下面还设有办公室和哲学、政治经济学、科学社会主义、中共党史 4 个教研室，并由学校党政主要负责人分别兼任教研室主任。委员会由党委常委、总支书记和有关同志组成。同年 7 月，李达在《新武大》上发表了《掀起理论学习的高潮》专文，联系当时的实际，深入分析专业理论工作的落后状态，指出我国理论水平还没有达到应有的高度，也未能做出应有的成绩。

新中国成立后，李达虽然在高校担任了行政职务，却没有忘记对马克思主义理论特别是毛泽东哲学思想的研究和宣传。李达对毛泽东十分尊敬。1950 年 12 月，毛泽东的《实践论》重新发表，李达立即以很高的热情对这篇著作进行宣传，在短短的几个月时间里，他撰写出《〈实践论〉——毛泽东思想的一个基础》、《怎样学习〈实践论〉》、《〈实践论〉学习提纲》等文章，深入地讨论了《实践论》的基本观点。在这些文章中，李达提出必须将毛泽东思想作为全国人民统一的意志。他紧接着还撰写了《〈实践论〉解说》的著作。1952 年 4 月，毛泽东的《矛盾论》重新发表后，他又撰写了《〈矛盾论〉解说》，努力宣传毛泽东的哲学思想。

李达的《〈实践论〉解说》与《〈矛盾论〉解说》是 50 年代中国哲学界研究毛泽东哲学思想的主要成果，是在毛泽东的关怀下撰写而成的。在写作《〈实践论〉解说》的时候，李达为了解说得更加准确，每写完一部分，就将稿子寄给毛泽东审阅修改，毛泽东在收到稿件后，即审读并亲笔修改。李达的两个《解说》有着显著的特点，一是用丰富生动的例子全面而详细地讲解了《实践论》和《矛盾论》中的每一个重要的论点，深入浅出，非常生动，对于一些关键的地方，解析得尤其详细。他运用马克思主义哲学的基本原理，比较准确地解说了《实践论》和《矛盾论》的一些基本观点。在《解说》中，李达非常重视毛泽东对马克思主义哲学的发展。在《〈实践论〉解说》中，李达认为毛泽东发展了列宁关于认识真理、认识客观实在的辩证途径，还认为毛泽东发展了马克思学说的"哲学家们只是用不同的方式解释世界，而问题在于改变世界"的原理，发展了列宁关于"没有革命的理论就不会有革命的运动"的原理。

李达的《解说》不拘泥于毛泽东的个别词句、个别观点，能够比较全面、准确地阐述毛泽东思想。毛泽东原来在《实践论》中写道："中国人民对于帝国主义的认识"，第一阶段是表面的感性的认识的阶段，表现在太平天国运动和义和团运动等笼统的排外主义的斗争上。李达在解说这一句话的时候，并没有拘泥于毛泽东将太平天国革命列入排外主义的判断，而是采取了实事求是的态度，将义和团运动算作排外主义。毛泽东在修改李达的《解说》的时候，肯定了他将太平天国运动不列入排外主义的观点。《〈实践论〉解说》原稿中对帝国主义的认识有一段话，没有对中国人民曾经有过的排外主义认识做出概括，也没有对辛亥革命实际上所起到的反帝作用这一点进行评价，毛泽东在这两处均作了修改。李达也非常重视毛泽东的修改，在发表《解说》单行本的时候，加进了毛泽东的修改。由此可见李达对于毛泽东思想的解读不拘泥于个别词句、个别观点，给我们做出了很好的榜样。

晚年依旧从事著述的李达

1954 年，党中央发动批判胡适反动思想的运动，李达积极响应党的号召，连续发表了《胡适哲学思想批判》、《胡适政治思想批判》、《胡适思想批判》、《胡适反动思想批判》等著名文章和小册子，对胡适的反动思想进行了全面系统的批判。

后来，李达还主编了《唯物辩证法大纲》，这是李达主编的最后一部哲学著作，是他计划编写的《马克思主义哲学大纲》的前半部分。从 1961 年到 1965 年，李达为编写这本书贡献了他晚年最后的全部精力。

1966 年 8 月 24 日，李达离开人世，终年 76 岁。

〰〰〰〰〰〰〰〰〰〰〰〰〰〰〰〰〰〰〰〰〰〰〰〰〰〰〰〰

李达属于典型的学者，非常坦率，并敢于表达自己的观点，从来不喜欢附和别人。他撰写和翻译了大量理论著作，坚持宣传马克思列宁主义，并积极参加革命活动。在宣传马克思主义、宣传毛泽东哲学思想方面做出了卓越的贡献。李达对马克思列宁主义进行的研究和宣传，为近代中国马克思主义中国化进程贡献了自己毕生的精力，既是时代的需要，也为国家和社会的发展献出了自己的力量。第一，五四期间，李达即开始了对马克思主义的学习和宣传，在当时的报刊上发表了许多文章，对当时的基尔特社会主义和无政府主义进行了系统的批判，使人们能够更好地理解和学习科学社会主义，他自己也因此成为了一个忠实的马克思主义者。第二，李达是中国共产党的创始人之一，他所主办的刊物，着重宣传了列宁的建党理论和学说以及共产党的一些基本知识，介绍了俄国共产党和国际共产主义运动中的某些建党的经验。这为中国共产党做了必要的理论准备。此间，他还通过揭露江亢虎的假社会主义，进一步宣传了马克思的科学社会主义原理。不久后他出版了《现代社会学》，开了我国研究唯物史观和科学社会主义的先河。第三，他将毕生的精力都放到了对马克思列宁主义的宣传和研究上，为党的发展做出了重要的理论贡献。如出版了中国人写的第一本马克思主义哲学教科书；还翻译了大量的国外的有关马克思主义的著述，将之介绍给国人；新中国成立后致力于对毛泽东思想的宣传，将毛泽东思想当作全国人民统一的意志；晚年还主编了《唯物辩证法大纲》。李达的学术经历，反映了当时进步知识分子寻求救国救民真理的共同历程，李达的思想理论成果，在一定程度上推进了中国思想现代化的进程。

参考文献

1. 唐鉴：《唐确慎公集》，中华书局 1924 年版。

2. 《魏源集》，中华书局 1983 年版。

3. 梁启超：《清代学术概论》，上海古籍出版社 1998 年版。

4. 《李达文集》第 1 卷，人民出版社 1980 年版。

5. 《毛泽东早期文稿》，湖南出版社 1993 年版。

6. 杨昌济：《达化斋日记》，湖南人民出版社 1978 年版。

7. 易白沙：《帝王春秋》，岳麓书社 1984 年版。

8. 《蔡和森文集》，湖南人民出版社 1978 年版。

9. 饶怀民：《杨毓麟集》，岳麓书社 2001 年版。

10. 《郭嵩焘诗文集》，岳麓书社 1984 年版。

11. 《郭嵩焘日记》，岳麓书社 1981 年版。

12. 皮锡瑞：《师伏堂日记》，湖北省图书馆藏本。

13. 皮锡瑞：《师伏堂诗草》，长沙思贤书局甲辰本。

14. 皮锡瑞：《师伏堂骈文》，长沙思贤书局甲辰本。

15. 皮名振：《皮鹿门年谱》，商务印书馆 1939 年版。

16. 《陈天华集》，湖南人民出版社 1982 年版。

17. 王兴国编：《杨昌济文集》，湖南教育出版社 1983 年版。

18. 马廉颇：《晚清帝国视野下的英国——以嘉庆道光两朝为中心》，人民出版社 2003 年版。

19. 李文海、孔祥吉编：《戊戌变法》（第一册），巴蜀书社 1986 年版。

20. 李沛诚：《杨昌济教育思想简论》，湖南教育出版社 1983 年版。

21. 《新民学会文献汇编》，湖南人民出版社 1979 年版。

22. 郭泰：《唯物史观解说》，中华书局 1921 年版。

23. 王兴国：《郭嵩焘评传》，南京大学出版社 1998 年版。

24. 李肖聃：《湘学略》，岳麓书社 1985 年版。

25. 湖南省社会科学院历史研究所：《湖南历史资料》，湖南人民出版社 1958 年版。

26. 杨世骥：《辛亥革命前后湖南史实》，湖南人民出版社 1985 年版。

27. 《蔡和森的十二篇文章》，人民出版社 1980 年版。

28. 郭廷以：《郭嵩焘先生年谱》，台北"中央研究院"近代史研究所 1971 年版。

29. 钱基博：《近百年湖南学风》，中国人民大学出版社 2004 年版。